浙江青年发展报告（2023）
——新时代的青年创业

浙江省青年工作联席会议办公室◎编

浙江工商大学出版社
ZHEJIANG GONGSHANG UNIVERSITY PRESS
·杭州·

图书在版编目(CIP)数据

浙江青年发展报告. 2023：新时代的青年创业 / 浙江省青年工作联席会议办公室编. -- 杭州：浙江工商大学出版社, 2024. 12. -- ISBN 978-7-5178-5933-8

Ⅰ. D432.855

中国国家版本馆CIP数据核字第2024G0651T号

浙江青年发展报告(2023)——新时代的青年创业

ZHEJIANG QINGNIAN FAZHAN BAOGAO (2023)——XIN SHIDAI DE QINGNIAN CHUANGYE

浙江省青年工作联席会议办公室　编

策划编辑	姚　嫒	
责任编辑	姚　嫒	
责任校对	夏　佳	
封面设计	胡　晨	
责任印制	祝希茜	
出版发行	浙江工商大学出版社	

（杭州市教工路198号　邮政编码310012）

（E-mail：zjgsupress@163.com）

（网址：http://www.zjgsupress.com）

电话：0571-88904980,88831806(传真)

排　版	杭州朝曦图文设计有限公司	
印　刷	杭州高腾印务有限公司	
开　本	787 mm×1092 mm　1/16	
印　张	20.5	
字　数	369千	
版 印 次	2024年12月第1版　2024年12月第1次印刷	
书　号	ISBN 978-7-5178-5933-8	
定　价	95.00元	

编委会

序　言

　　创业是促进经济社会发展的活力之源，是持续优化经济结构、增强经济增长内生动力的重要抓手。青年是祖国的前途、民族的希望、创新的未来、创业的主力军。作为浙江创业者和企业家队伍中的新鲜血液，新时代青年创业者肩负着传承荣光、继往开来的重大使命。近年来，一批批学历高、视野宽、创意多、冲劲足的浙江青年创业者和企业家接过时代的接力棒，在新时代的广阔天地里用敢为人先的探路激情谱写出了一首首新的浙商创业史赞歌。

　　2024年春节团拜会上，习近平总书记指出"要进一步全面深化改革……充分激发全社会创业创新创造活力"。2024年2月，浙江省委召开全省"新春第一会"，省委书记易炼红强调要全面加强"三支队伍"建设，将高水平创新型人才和企业家队伍作为创新深化、改革攻坚、开放提升的重要支撑。为了更好地探寻新时代浙江青年创业发展脉搏，全面落实浙江省委"新春第一会"的有关要求，助力三个"一号工程"和"三支队伍"建设，共青团浙江省委联合浙江省青年发展研究中心、浙江省青年研究会以"新时代浙江青年创业样态"为切入点开展调查研究，编写形成《浙江青年发展报告（2023）——新时代的青年创业》一书。

全书共分"浙江高质量发展过程中的青年创业""青年创业支持体系构建与效能""青年创业多样实践"等3个篇章,并附上11例"青年创业典型样本"。通过实证研究和理论分析,本书充分展示了浙江青年创业者的整体面貌,以及他们在助力共同富裕示范区建设、传统产业转型升级、乡村振兴等工作大局中奋勇谋发展、谋改革、谋创新的生动实践和重大贡献,并细致描绘了"创二代"、返乡创业大学生、女性创业者等不同群体和创业典型的创业和成长轨迹,展现了浙江青年以创新和毅力书写生动未来篇章的奋进姿态。同时,本书基于对多元化青年创业支持体系的"解剖",对如何优化青年人才创业环境进行了深入探讨,以期为化解民营企业"代际风险"、推动高质量发展提供学理分析。

总之,本书兼具学术分析和人物叙事,从不同的维度和视角理性又温情地对新时代的浙江青年创业进行精准刻画、全面呈现,为进一步推动青年创业工作提供智力支持。

由于时间仓促,本书难免存在错误或疏漏之处,敬请各位专家学者和广大读者朋友批评指正!

目 录

三、青年创业多样实践

附录:青年创业典型样本

一、浙江高质量发展过程中的青年创业

开篇语

　　省第十五次党代会提出,在高质量发展中奋力推进中国特色社会主义共同富裕先行和省域现代化先行的奋斗目标。高质量发展是指以创新驱动、协调发展、绿色发展、开放发展、共享发展为主要内容的发展理念和发展路径。推动制造业转型升级、大力发展数字经济、强化科技成果转化、促进乡村振兴、加大开放融合力度等是践行上述新发展理念、推动浙江高质量发展的必由之路和必然要求。本篇在对当前浙江青年创业群像特点、发展趋势、时代特征等进行全方位展示的基础上,将青年创业置于浙江经济社会发展的宏观结构之中,对青年创业在推动制造业转型升级、数字经济发展、科技成果转化和乡村振兴等方面所发挥的社会功能进行分析,着力探索青年创业在促进浙江高质量发展过程中的多维作用。

浙江省青年创业发展现状、问题与促进策略的调查分析

一、调研背景

习近平总书记指出,"创业是推动经济社会发展、改善民生的重要途径"。已有数据显示,截至2022年,我国市场主体[①]总量约1.69亿户,比10年前增加近2倍,形成了支撑我国市场经济发展的庞大的用户基础。创业带动大量就业,为实现年均新增超过1300万人员就业的目标提供了有力支撑。2022年6月,习近平总书记在考察香港科学园时强调,青年人是全社会最富有活力、最具有创造性的群体,也是推动创科发展的生力军,要为青年铺路搭桥,提供更大发展空间,支持青年在创新创业的奋斗人生中出彩圆梦。

一直以来,浙江是民营经济大省,也是创业的沃土。近年来,浙江省委、省政府在"八八战略"引领下,全力推进"两个先行",全面实施三个"一号工程"。民营经济和创业创新的发展环境得到持续改善,发展生态不断优化,经济发展的新动能和新活力得

[①] 《中华人民共和国市场主体登记管理条例》(以下简称《条例》)规定,市场主体是指在中华人民共和国境内以营利为目的从事经营活动的下列自然人、法人及非法人组织:(一)公司、非公司企业法人及其分支机构;(二)个人独资企业、合伙企业及其分支机构;(三)农民专业合作社(联合社)及其分支机构;(四)个体工商户;(五)外国公司分支机构;(六)法律、行政法规规定的其他市场主体。市场主体应当依照《条例》办理登记。未经登记,不得以市场主体名义从事经营活动。法律、行政法规规定无须办理登记的除外。

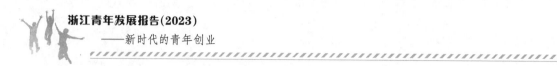
以持续释放。作为创业这一经济活动的关键主体、重要力量,新时代的浙江青年在浙江这片沃土之上又在"书写"怎样的"创业故事"呢？与父辈创业者相比,新时代的浙江创业青年呈现出怎样的精神面貌和发展路径,又面临着怎样的困境呢？

基于此,本研究围绕"青年创业"的主题,以"创业青年"为研究对象,剖析当前创业青年的发展环境、群像特征、发展趋势和面临的问题,以期通过调查研究,总结规律、发现问题,并提出有针对性的对策和建议,为推动浙江省青年创业、助力浙江省经济发展提供研究支撑。

二、调研方法

为了更加全面、真实地了解全省各地创业青年发展的实际状况,本研究主要采用问卷调查和深度访谈的研究方法。

(一)问卷调查

课题组采用分层抽样的方式,面向全省11个设区市的创业青年(活跃在科技创新、乡村振兴等领域)发放问卷。问卷涵盖了创业青年的基本人口学特征、创业状况、创业资源、创业环境、创业能力、创业绩效、遇到的困难以及创业者精神等方面的内容。经前期发动,共回收问卷2096份,其中有效问卷2090份,问卷回收有效率达99.71%。

(二)深度访谈

随着青年创业群体日益多元化,不同年龄、地域和创业领域的青年创业群体展现出各自独特的发展特征和诉求。为了准确把握浙江不同创业青年群体的发展现状与成长需求,以及他们对当地青年创业环境和政策的认知及实际利用情况,课题组采用了深度访谈法。在充分考虑浙江省各设区市经济发展现状和产业分布情况等因素的基础上,选取了来自杭州、宁波、温州、绍兴、金华、衢州、丽水等地的活跃在科技产业、制造业、现代服务业、对外贸易、电子商务、文化旅游等领域的109名创业青年开展深度访谈。同时,为了全面了解不同区域青年创业的整体面貌和青年创业工作的开展情况,课题组还对部分设区市的青年企业家协会和团组织相关工作人员共10人进行了访谈。访谈对象的信息分布见表1。

表1　访谈对象的信息分布

地区	人数/人	地区	人数/人
杭州市	13	温州市	27
金华市	16	绍兴市	6
丽水市	22	宁波市	16
衢州市	19		

在对访谈资料的编码处理上,按照访谈地点、性别、访谈序号的组合进行编排。其中,访谈地点由设区市地名的拼音首字母代替,性别编码中M为男性,F为女性,数字表示访谈进行的时间。

三、青年创业发展的时代语境

从时间维度看,与父辈创业者相比,新时代的浙江创业青年所面临的时代背景、发展环境都发生了比较大的变化。摸清这些线性变化是理解新时代青年创业发展状况的基础和必要前提。

(一)青年创业支持逐渐制度化

改革开放初期,国家逐步放开非公有制经济和个体经济发展限制。一批具有创业精神和冒险意识的青年纷纷投身市场经济,开启了初代创业浪潮。随后,国家不断出台相应政策,鼓励和支持私营企业发展。2010年发布的《国务院关于鼓励和引导民间投资健康发展的若干意见》,有效地激发了非公有经济发展的活力,标志着我国进入制度性系统支持创业经济的阶段。2015年《政府工作报告》提出"打造大众创业、万众创新和增加公共产品、公共服务'双引擎'"。这一时期,创业的理念和实践得到了全面提倡,创业人群范围覆盖了大学生、农民工、退役军人、归国人才等社会主体,全社会掀起了"大众创业、万众创新"的浪潮。2018年,《国务院关于推动创新创业高质量发展打造"双创"升级版的意见》发布,这意味着我国的创业扶持政策进入一个更为精细和高效的阶段,也将支持重点放在了那些能够有效促进经济结构转型的领域,如科技企业、创新型商业、创新型工业制造等。从逐步放开非公有制经济、鼓励个体经济,到"大众创业"浪潮的到来,再到以"创新"为主基调的创业氛围的形成,创业为中国经济发展和产业结构转型做出了重要贡献。随着全社会创业氛围不断浓厚、创业主体日益多元化,特别是2021年9月《国务院办公厅关于进一步支持大学生创新创业的指导意见》发布以来,青年创业的重要性日益显现,也逐渐被纳入创业这一经济行为的社会框架和制度框架中,成为被激励、被支持的重要对象之一。随之而来的是,青年创业尤其是以大学生创业为代表的支持体系逐渐完善,青年创业创新的活力和动力得到充分激发。

(二)青年创业外部环境日渐优化

浙江是改革开放先行地,是市场经济发展的佼佼者,涌现出了"温州模式""义乌经验"等经验和做法。从"鸡毛换糖"到"世界市场",从在故乡打拼到"无浙不成商""无浙不成市",民营经济发展良好的浙江一直致力于营造良好的营商环境,完善创业服务体系,优化创业扶持政策,持续在政企服务、市场环境、资源要素供给等方面向创业者提供支持和倾斜。整体上,随着浙江民营经济的发展,青年创业外部环境日渐优化。主要体现在以下几个方面:一是创业的政务服务更加便捷高效。一直以来,浙江都是政务服务改革的先行省份之一,不断优化企业的政务服务流程,简化办事手续,提高政务服务的便捷性和效率,降低市场主体制度性交易成本,打造高效能的服务型政府。如浙江省创新实施准入准营、迁移、股权转让等"一件事"改革,全省企业开办时间从8.6天压缩至1个工作日。二是创业的市场环境不断优化。浙江省政府一直致力于打造法治化、规范化的市场环境。如浙江省率先制定《浙江省企业竞争合规指引》,发布全国首个《互联网平台企业竞争合规管理规范》省级标准;出台全国首个促进平台经济高质量发展的实施意见;推进全国首个公平竞争审查规章立法,率先推行公平竞争集中审查试点。数据显示,2018年以来,浙江省累计审查文件57054件,修改或不予出台1280件;清理文件140770件,修订或废止3817件,促进了商品和要素在更大范围内畅通流动(佚名,2023)。此外,还严厉打击垄断协议、滥用市场支配地位、虚假宣传、刷单炒信等违法行为。2018年以来共查处市场垄断案件13件、不正当竞争案件8125件。这些做法都为创业者创造了更优良的经营氛围和发展环境。三是创业资源要素供给更加全面有力。浙江省政府不断优化青年创业支持政策体系，持续在税收、资金、场地、平台搭建、创新支持等创业资源要素方面加大供给力度。如近年来浙江省不断推动完善创业担保贷款支持政策，持续加大针对高校毕业生等重点人群创业就业的支持力度。一方面，持续优化政策。先后出台《中国人民银行杭州中心支行 杭州省财政厅关于印发〈浙江省创业担保贷款实施办法（试行）〉的通知》（杭银发〔2016〕6号）、《关于做好创业担保贷款贴息等有关工作的通知〉的通知》（浙财金〔2016〕26号）、《浙江省财政厅 浙江省人力资源和社会保障厅 中国人民银行杭州中心支行转发财政部 人力资源社会保障部 中国人民银行关于进一步加大创业担保贷款贴息力度全力支持重点群体创业就业的通知》（浙财金〔2020〕43号）等政策文件，相关政策机制进一步健全。另一方面，加大扶持力度。率先将个人创业担保贷款额度由国家规定的15万元提高至50万元，贷款利率上限由各地结合实际确定。扩大扶持对象，所有在浙初次创业人员都可申请创业担保贷款。其中，在校大学生和毕业5年以内的高校毕业生等重点人群可申请由政府设立的创业担保基金提供担保的贷款，也可选择以抵押、质押、保证、信用等其他方式提供担保。根据《浙江省人力资源和社会保障厅关于省十四届人大一次会议温120号建议的答复》，2022年，全省发放创业担保贷款1万笔，共42.28亿元，贴息1.57亿元。总之，随着浙江整体营商环境的不断优化，浙江青年创业的底气更加充足。

四、浙江青年创业者的人口学信息

（一）男女性别比例持平，"她力量"崛起明显

调研数据显示，男、女创业者的比例分别为53.54%和46.46%，女性创业者人数约占总人数的一半，"她力量"崛起明显。这背后既离不开女性自我经济意识的强化，也离不开全社会创业生态系统的开放和融合发展，更离不开"社会资源性别壁垒的瓦解"。调研中，一位女性创业者说："我们当地政府很重视和支持女性创业，这几年县里有搞诸如'十佳女性创业者'典型选树的活动。我们很受鼓舞。"（编号：LSF01）现在的女性在社会生产和经济活动中有了更多的选择空间、更多的资源整合渠道，在创业这个赛道之中展现出更多女性的潜能和力量。

（二）普遍学历偏高,呈现倒"U"形分布

近些年来,随着国民教育普及面的不断扩大,青年创业者的学历层次较父辈创业者而言有比较大的提升。调查问卷数据显示,普高(含中职、技校)及以下学历创业青年占7.36%,大专学历创业青年占19.85%,本科学历创业青年占比最高,达62.27%,还有10.52%的硕士及以上学历创业青年。从代际比较的视角看,与父辈创业者相比,创业青年整体学历水平明显提升。与大多草根出身、从事传统行业的"创一代"相比,受过良好教育的青年创业者们在接受了专业化企业管理、金融管理、产品营销等方面的教育学习后,拥有更新的经营管理理念,发展出更新的创业模式和创业思维。此外,与父辈创业者相比,青年创业者大多是互联网化新商业文明时代的"原住民",他们掌握时代脉搏跳动的节奏,更容易了解新时代的消费者诉求,更容易接受互联网、电商、跨境、区块链等新概念,并把这些概念应用于创业实践中。

（三）"浙里"创业包容度高,青年看好浙江潜力

浙江省统计局发布的《2023年浙江省人口主要数据公报》显示,2023年末全省常住人口为6627万人,与2022年末相比,增加了50万人,人口流入规模居全国前列。除了土生土长的浙江青年,浙江省创业青年群体中不乏户籍从外省迁入浙江的新浙江人和户籍始终在外省的非浙江人。浙江以其蓬勃的经济活力和开放的人文环境,吸引了五湖四海的青年来到这片热土上创业。问卷调查结果显示,上述三类青年来浙创业最主要的三大原因是"市场潜力大""地理位置优越"和"创业政策优惠"(见图1)。这说明无论是市场潜力、自然区位还是政策条件,浙江都是适宜青年创业的土壤。因此,如何进一步吸引外来青年来"浙里"创业,如何进一步提升浙江本土青年在"浙里"创业的能力,是值得深思的问题。

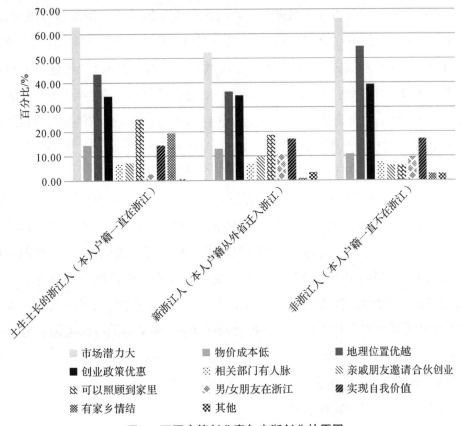

图1 不同户籍创业青年来浙创业的原因

五、浙江青年创业的现状和特征

(一)创业领域：轻资产、多产融合特征显著且领域选择受多因素影响

1. 聚焦轻资产领域，多产融合趋势明显

问卷调查显示，近半数(46.14%)受访青年选择在第三产业创业，38.54%的青年在第一产业创业，仅有26.65%的青年创业领域属于第二产业。而从第三产业细分行业来看，创业人数位居前三的行业分别是住宿和餐饮业、批发和零售业、文体娱乐业[①]，

---

① 文化、体育、娱乐业的简称。问卷中行业划分标准按照2019年国家统计局执行的《国民经济行业分类》(GB/T 4754-2017)。访谈调研结果发现，青年在住宿领域的创业多是以投资相对较少的民宿业为主。

分别占到第三产业创业青年人数的23.94%、23.59%和21.51%。所以整体来看,浙江青年创业领域主要集中在第三产业,其中又以轻资产行业为主。相对而言,创业门槛较高、对启动资金要求较高的制造业涉及人数较少。这一判断在"您创业的启动资金"问题的回答中得到进一步印证。数据显示,近四成创业青年的启动资金在15万元以内。这是因为青年群体在创业伊始受到启动资金、人脉资源和技能积累等因素的约束,难以在以重资产为特征的领域寻找合适的创业机会,相反,"船小好调头",轻资产行业以其投入小、规模小、好转型为特征,深受创业青年喜爱。

调研还发现,浙江青年的创业领域呈现出从单一产业逐步走向多产融合的特征。问卷调查结果显示,在选择了"第三产业"的创业青年中有不少人填写了"农业"或是"种植",说明第一、三产业的融合式创业已颇具规模。针对衢州、丽水等地创业青年的访谈也印证了问卷调查的结果。如农业领域的创业青年往往会在坚持主业的同时,通过开辟研学路线、探索农产品深加工等途径实现多产融合,增加创业营收。一位来自衢州的乡村创业青年放弃高薪回乡接手茶园,将父母创办的茶园业务进行多产有机融合,打造了"农业龙头企业+合作社+基地+农户+销售+培训研学+旅游"的三产融合发展经营模式,更好地促进农村产业生态的进一步完善。

2. 创业领域选择存在群体差异

具体而言,在性别上,男性比女性更容易在知识技术壁垒较高、风险较大的技术创新领域创业。12.73%的男性会选择在信息传输、软件和信息技术服务业领域创业,而在这些领域创业的女性人数仅占6.38%;女性更倾向于在文体娱业领域(24.65%)和教育业(14.01%)等更强调服务品质的领域进行创业,而选择这两个领域的男性人数仅占18.51%和7.13%。在教育背景上,从问卷数据趋势分析来看,学历越高的青年群体越倾向于在第三产业领域创业,越少在第一产业领域创业。硕士研究生青年在第三产业领域创业的比例达到55.56%,在第一产业领域创业的比例仅为23.08%;而普高(含中职、技校)及以下学历的青年在第一产业领域创业的比例达到51.41%,在第三产业领域创业的比例仅为25.54%。在创业前的社会身份方面,数据显示,创业前身份与创业领域存在一定关联性。创业前为农业劳动者(包括农、林、牧、渔)的,选择继续在第一产业领域创业的比例最高,达到57.58%,其次是退役士兵/军人(47.79%)。创业前为新兴领域职业青年(快递员、外卖员、网络主播、网络作家)的,在第三产业领域创业的比例最高,达到53.61%。

3. 青年创业领域选择呈现地域差异

创业注重情境,不同地域的创业活动因地域差异呈现出不同的特点。调研发现,浙江省内各地的资源禀赋及其差异性也是影响青年选择创业领域的重要因素之一。浙江素有"七山一水两分田"之称,也是全国岛屿最多的省份,多样化的地貌特征让浙江11个设区市拥有特色各异的资源禀赋。"靠山吃山,靠水吃水",浙江的创业青年发挥独特的地域优势,融入别具特色的地方元素,在创业大潮中奋力拼搏。

如杭州是浙江省省会、长三角副中心城市、华东地区中心城市之一,北通上海,西连安徽,与湖州、嘉兴、绍兴、金华和衢州等5个设区市相连接,是颇具规模的国际性综合交通枢纽城市。近年来,杭州坚定实施创新驱动发展战略,以科技创新驱动高质量发展为主线,不断完善科技创新政策体系,形成了鼓励创新的浓厚氛围。在交通便利、政策完善、氛围浓厚等多重因素的推动下,杭州培育出一大批科技型企业。2022年,杭州国家高新技术企业达1.27万家,专精特新"小巨人"企业达208家,拥有"独角兽"企业39家、"准独角兽"企业317家,全年技术合同交易额突破1000亿元(毛郅昊、汪涵,2023)。也正是在这样的环境下,不少青年积极将个人科研成果和技术转化为创业资本,涌入科技创新的创业赛道。

杭州某高校2019届毕业生赵某在该校医学实验中心开展医学研究的过程中发现,国外生产的生命科学实验器具存在精准度低、操作复杂、再用率偏低和功能单一的痛点,由此带来了研究失误、成本高昂、环境污染的问题。同时,细胞分子生物学实验器具在生命科学产品中占有重要地位,市场广阔。面对市场亟待创新力量的客观背景,赵某带领团队研发了多种新型器具,并以技术创新为底气,参加各类创业创新大赛。2017年,赵某发明的"新型细胞离心培养瓶"获校第十七届"挑战杯"大学生课外学术科技作品竞赛二等奖和第三届(波斯坦)杯杭州市大学生科技创新大赛科技创新奖;2018年,该成果荣获第四届浙江省"互联网+"大学生创新创业大赛银奖。在此契机下,赵某开始着手创办杭州曜晖生物科技有限公司,由此开启科技成果转化创业之路。2019年8月,该公司成功在浙江省股权交易中心新四板挂牌。随着公司产品不断成熟,核心专利越来越丰富,赵某的公司跻身国家高新技术企业行列,离千万元销售额的目标也越来越近。

赵某的案例展现出了杭州在培育和孵化青年科技创新创业项目上的独特优势:一是背靠优质的高校资源。在浙江,杭州的高校资源远超其他设区市,而高校在创新体系中发挥着创新源头的作用，是科技成果转化链条中重要的成果供给方。二是依靠成熟的创业赛事完美实现成果转化的"最后一公里"。赵某从各级各类创业赛事起步，依托赛事获得了相应的创业资源扶持。三是杭州的股权交易中心、风投机构等配套设施较省内其他设区市更加丰富、便利，更便于赵某进行融资，以支撑需要大量资金投入的科技研发工作。得益于杭州的土壤，赵某的科技创新创业才能生根发芽。

再如，丽水地处浙江省西南部，素有"中国生态第一市"的美誉，是"绿水青山就是金山银山"理念的先行实践地。丽水90%以上的区域是山地，素有"九山半水半分田"之称。面对深入腹地的区位条件和缺少平原的地貌地势，勤劳务实的丽水人民在保护生态的同时，积极拓宽绿水青山等生态资源的市场化转化渠道，将生态优势和自然资源转化成创业资源。《丽水市国民经济和社会发展第十四个五年规划和二〇三五年远景目标纲要》也明确"生态经济化、经济生态化"的发展方向，并将生态工业、国家级全域旅游示范区、现代特色服务业、水经济等作为现代化生态经济体系的重点。2023年，生态环境部发布的第三季度地表水环境质量状况和2023年11月全国城市空气质量报告中，丽水成为全国唯一水质量和空气质量均进入前十名的城市。基于这样的自然资源和农业资源优势，乡村文旅成为丽水青年创业的主要赛道之一。

2016年，原本在云南丽江开民宿的丽水籍青年谷某到云和梯田游玩，被坑根村的原始村貌所吸引，富有乡土情怀的她最终选择留在坑根村。她租赁了村里一栋闲置老房，并对其进行了一年的改造装修，于2017年正式"变身""云谷山房"民宿。之后，谷某又陆续从村民们手中租赁了20间牛栏、灰寮等，将其改造成咖啡屋、小酒吧、山野杂货铺、木玩工坊等，从单纯住宿升级到综合体验性消费，让游客能够更好地体验美丽乡村，过"向往的生活"，乘兴而来，兴尽而归。

青年们充分将丽水的生态、农业、农耕文化等资源进行经济转化，而谷某只是丽水创业青年的一个缩影。类似的案例在丽水比比皆是，如松阳县的麻某、青田县的徐某等等。

(二)创业规模：以小微型企业为主，但规模稳中有扩

1. 以小微型企业①为主

问卷调查数据显示，在企业用工方面，78.39%的受访者的用工规模在10人及以下。在企业营业额方面，33.09%的创业青年近一年企业营业收入在50万元及以下。根据国家统计局现行的《统计上大中小微型企业划分办法(2017)》对不同行业企业规模划定的标准，大多数浙江省创业青年创办的企业属于小微型企业。

2. 发展受疫情影响有限，企业规模稳中有扩

考虑到新冠疫情可能对企业生产经营造成影响，问卷调查中设置了与此相关的问题。结果显示，与疫情期间相比，有51.7%的浙江青年表示企业保持原有规模或有所扩大，而24.53%的浙江青年表示企业规模存在不同程度缩减，仅有4.72%的企业完全停产。"疫情期间，国外经销商担心交通不通畅会导致货物供应不足，因此加大了订单量，我们的生产规模反而扩大了。"(编号：JHM02)

面对未来规划，有超过一半(52.66%)的青年打算在未来一年保持当前规模，有34.13%的青年打算扩大生产经营规模。官方数据显示，近5年，全省市场经营主体总量年均增速在8%以上，相比2019年底，总量增加275.75万户，增长38%。2021年7月，清华大学五道口金融学院讲席教授、常务副院长廖理发布研究报告《新冠肺炎疫情下中国创业市场分析》(廖理等，2021)，对新冠疫情期间中国不同行业、不同地区、不同规模的创业市场进行了分析。该研究发现，虽然受到新冠疫情的影响，但中国创业市场的活跃度并没有发生明显变化。分地区看，东部地区不仅创业数量最多，增长速度也最快；从规模来看，新创企业的增长主要来自注册资本低于100万元的小微企业。研究结论符合浙江省整体创业情况。整体而言，浙江青年创业规模稳中有扩，受疫情影响比想象中要小。

(三)创业动机：经济理性仍占主导，但价值理性导向明显

在经济学领域，已经有相当多的学者从"理性经济人"的理论视角讨论创业等经

---

① 本文对企业规模划分的标准参照国家统计局出台的《统计上大中小微型企业划分办法(2017)》，该办法选取从业人员、营业收入、资产总额等指标或替代指标，并结合行业特点制定具体划分标准。

济行为主体的动因机制。在该理论框架中，追逐利益乃至实现利益最大化是经济行为主体的核心动机。调研发现，在"经济理性"动机驱使下追求物质利益仍是当前促使青年创业最主要的动力因素。在"您最主要的创业动机"这一问题中，有54.82%的创业青年选择"为了获取财富而创业"。然而，随着中国的经济实力、科技实力、综合国力不断迈上新台阶、取得新跨越，与父辈相比，新时代中国青年物质发展环境更为优越，精神成长空间更为充足。他们已经基本摆脱了"基于生存理性需要"的创业动力逻辑，更希望在实现财富积累的基础上，为实现自我成长、贡献社会价值而进行创业。问卷调查数据显示，"为实现自己的梦想而创业""为改变世界和人们的生活/创造社会价值而创业"和"为了能够从事感兴趣的事而创业"等选项分别获得了38.78%、25.61%和21.37%的青年支持。整体来看，获取财富、追逐梦想、创造社会价值、满足个人兴趣爱好是当下青年创业动机的核心关键词。

在访谈中也发现，新时代的浙江青年创业者们不仅仅只是从工具理性的角度考量个人创业的经济效益、物质收益，更多的是在价值理性的支配逻辑之下，将个人创业行为和实践置于社会需要、国家发展的语境中加以考量，具有强烈的社会责任感。一位在农村创业的青年提到，"我在国外已经有永久居住权了，因为乡土情结，我还是想回到家乡，为我家乡的经济发展出一份力"（编号：QZM03）。更有青年创业者直言："创业时我会思考，（我的）产品到底能给国家和社会带来什么呢？我们青年创业者所肩负的使命到底是什么呢？提升企业竞争力、提升国家竞争力就是青年创业者应该有的社会责任。"（编号：HZM04）究其原因，新时代的青年创业者的个人成长和企业发展都充分享受到了改革开放所带来的时代红利，多数已然"摆脱生存需求逻辑"的青年创业者致富思源，富而思进，将"回馈社会""促进社会发展"作为其创业行为的精神动力和追求目标。

（四）网络支撑：初期家庭支撑重要性突出，后期市场网络关系依赖程度增强

创业成功往往不是靠一人之力，需要家庭、朋友和社会等方面的支持。已经有相当多的学者充分论证了原生家庭对青年创业动机、创业领域、创业资源支持、商业思维等方面的影响。与此同时，已有的研究显示，创业不同阶段需要的支撑力量存在明显差异。在创业初期，家庭的因素、朋友关系网络等原生性初始网络支撑作用明显。

在对"最近一次创业的启动资金来源"的回答中,有81.23%的青年表示启动资金来源于"个人或家庭积累",有36.41%的青年表示启动资金来源于"合伙人共同出资",另有15.45%的青年表示启动资金来源于"亲友借贷"。在对创业政策信息来源渠道的调查中,有50.02%和45.82%的青年表示是通过亲朋好友和网络了解到创业政策信息。可以说,在创业初期,创业青年在资金、人力、人脉上对家庭和朋友的依赖程度较高。有位从事民宿行业的创业青年说:"我最初就是和两个朋友一起创业的,启动资金是100万元,我们三个人一起凑的,现在也主要是我们三个人在经营。"(编号:QZF05)而随着创业实践的发展和创业阶段的变化,家庭的作用会显著下降,而商业伙伴或同乡会、行业协会等关系网络以及政府扶持政策的作用会显著上升。不难发现,创业发展的过程就是创业青年由依赖初始网络到依赖市场网络的过程。在对一些处于发展稳定期的创业青年的访谈中,不少人强调了行业组织、同学组织、同乡组织等资源对于其发展的重要性,也表现出了参与这些社交网络活动的积极性。"我是市青年企业家协会的会员,我觉得协会举办的一些交流学习活动挺好的,给我们坐下来沟通的机会,有时候聊着聊着,合作就谈成了,希望能有更多这样的机会。"(编号:NBF06)

(五)营商环境:整体满意度较高,行政管理相关满意度最高

"水深则鱼悦,城强则贾兴。"营商环境是衡量市场经济健康发展的重要指标之一。党的十八大以来,习近平总书记高度重视优化营商环境,强调"营商环境只有更好,没有最好"。2023年浙江省政府工作报告把持续优化营商环境作为"一号改革工程",对浙江积极构建"亲""清"政商关系,为营造市场化、法治化、国际化一流营商环境工作做出重要决策部署。

在对浙江营商环境满意度评价进行分析时发现,浙江创业青年对浙江整体营商环境评分均值达到了3.98(满分为5分,下同)[1],其中"市场服务便利"评分达到了4.00,还有"基础设施完善""市场潜力较大"等9项指标评分超过了3.90,而在各类创业营商环境指标中选择"很差"和"非常差"的占比均低于5%。(见表2、图2)在调研过

---

[1] 将"非常差"赋分为1、"很差"为2、"一般"为3、"很好"为4、"非常好"为5,分别乘以各项指标程度选择占比,即分数=1×"非常差"占比+2×"很差"占比+…+5×"非常好"占比。

程中,许多创业青年也纷纷表示对浙江省的营商环境非常满意。"由于土地限制,我们综合考虑了人力、原料供应等因素,在外省设立分厂,但是那边的营商环境就没有浙江省这么好。"(编号:NBM07)可见,青年创业者对浙江的总体营商环境评价较高。

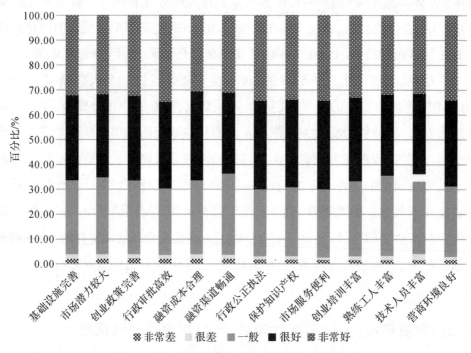

图2　浙江省创业青年营商环境各细项评价表

表2　浙江省创业青年营商环境评价表

指标	基础设施完善	市场潜力较大	创业政策完善	行政审批高效	融资成本合理	融资渠道畅通	行政公正执法	保护知识产权	市场服务便利	创业培训丰富	熟练工人丰富	技术人员丰富
均分	3.92	3.91	3.93	3.99	3.88	3.89	3.99	3.98	4.00	3.95	3.91	3.90

良好满意度的背后离不开浙江省政府的长期努力。近些年,浙江连续出台了《浙江省实施优化营商环境"10+N"便利化行动方案(2.0版)》《浙江省营商环境优化提升行动方案》等政策,持续强化顶层设计,完善政策体系,进一步优化营商环境,不断提升区域发展竞争优势。2023年8月,在浙江省举行的优化营商环境支持市场经营主体高质量发展新闻发布会上,浙江省市场监管局发言人介绍了浙江省优化营商环境、

培育壮大市场经营主体的重点举措,包括深化商事制度改革、完善新型监管机制、健全集成赋能机制、创新监管服务理念、强化监管执法、优化要素赋能。同年,《浙江日报》的一篇报道《为了营商环境更舒适,浙江走出舒适区——"一号改革工程"如何攻坚》指出,浙江提出了营商环境优化提升的目标定位——"对标国际一流,锚定国内最好"(施力维,2023)。广大浙商是浙江的宝贵财富,而青年创业者是浙江民营经济发展的新希望,浙江营商环境的不断优化,促使筚路蓝缕的浙商"四千"精神再度焕发。

(六)心理状态:韧性增强,求稳求变心态交织

1. 拥有更积极的心理韧性

在国际贸易摩擦、经济下行、竞争加剧等复杂环境的影响下,青年创业的心理韧性也在增强。在访谈中,更多的青年企业家使用"奋斗""坚持不懈"等积极正向的形容词描述个人和公司的发展现状,这些积极情绪对他们的创业发展形成了强有力的支撑。

2. 追求步步为营"稳扎稳打"

通过问卷调查和访谈发现,面对市场中的风险、不确定性及发展机遇,大部分青年创业者采取更为"稳妥"的策略。一位来自台州的"创二代"说:"虽然我们公司的销售业务也在尝试着往电商方向转型,也在迭代升级我们的产品线,但是我现在步子还不想迈太大,不想投入过多,要一点点慢慢做。"(编号:TZF07)这种步步为营的心态让不少企业扛住了疫情带来的负面影响。

3. 敢于抓住机遇"创新突破"

在追求稳定的同时,青年创业者也能保持创新意识,敏锐抓住市场机会,及时有效地接收市场信号,有针对性地开展生产经营活动。还有许多青年创业者率先在战略性新兴产业和科技前沿领域进行探索尝试,使企业成为具有核心竞争力的专精特新企业。青年创业者们的创新创业活动有力地推动了浙江省产业结构优化和产业技术升级,为浙江省经济的高质量发展做出了重要贡献。

六、浙江青年创业面临的问题与困境

(一)全球经济下行和市场需求低迷叠加冲击

1. 国际形势复杂,外贸影响较大,国际创业资源流动受阻

近年来,世界政治经济的动荡,如地区战争、贸易冲突频发,以及全球通货膨胀压力的增加,都对国际创业资源的流动造成了重大影响。根据世界银行的最新报告,2024年全球经济增长率预计将放缓至2.4%,并在2025年略回升至2.7%。在这种情况下,青年创业者面临更大的不确定性和挑战,也给当前青年创业带来了一系列"连锁反应"。如一些外贸型企业订单减少,产量降低,企业营收严重下滑。在金华,跨境贸易创业者普遍表示"今年外贸营业额较去年有两三成的下降"。除此之外,还有创业青年提到国际形势对于企业融资的影响:"现在国内外形势都不太明朗,资本也比较谨慎,加上中美关系也有点紧张,外资要么进不来,要么不愿意进来。所以我们现在融外资是比较困难的。"(编号:WZM08)

2. 国内经济发展放缓,社会消费规模缩小

当前,中国经济面临内需不足和消费增速放缓的挑战,在一定程度上影响了经济增长的动力。根据东方财富证券数据中心的统计(见图3),中国消费者信心指数在2022年大幅下滑,并在2023年10月依然处于较低水平。特定消费领域,如烟酒、汽车、旅游等非必需品的消费相对疲软,主要是因为疫情期间居民收入受损,人们更倾向于储蓄而非开支。世界银行的数据也反映了这一趋势(见图4),2019年以前,中国的国内总储蓄占GDP的比重呈下降趋势,显示出较强的消费意愿,但自2019年起,居民的储蓄意愿持续增强,表明了消费者信心的不足。

而这些因素势必会对企业发展、青年创业实践产生"连锁反应"。调研组在访谈一位轰趴馆创始人时了解到,其门店在疫情放开后,营业额比疫情前下降了两三成,娱乐性消费呈现下降趋势。一位经营茶叶和农副产品的个体户也表示:"经历过疫情之后,大家的储蓄观念都变强了,而我卖的茶叶、土特产这些都不是生活必需的东西,受到的影响非常大。"(编号:JHF09)

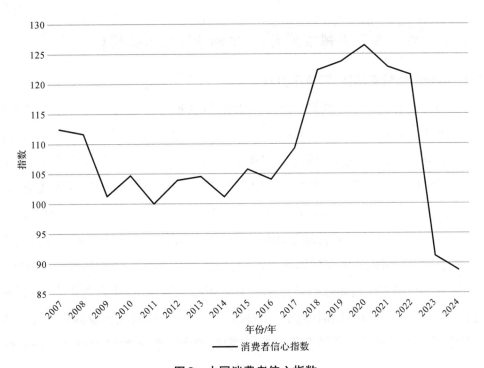

图3 中国消费者信心指数

数据来源:东方财富证券数据中心

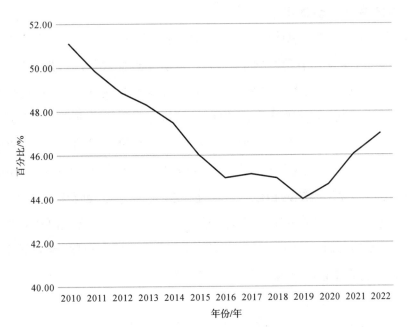

图4 2010—2022年中国总储蓄占中国GDP比重

数据来源:世界银行

(二)创业竞争压力越来越大,整体创业环境有待优化

1. 创业门槛越来越高,竞争压力增大

一方面,随着各行业竞争的加剧,领域细分程度提高,行业法规和要求日益严格、复杂,当下消费者对产品和服务的品质、可持续性、个性化的期待也持续提高。因此,对创业主体的机会识别能力、风险评估和规避能力、资源拥有量及整合能力、法律和财务等相关知识储备、市场开拓能力、公司经营管理能力等方面的要求也相应更高,这些都在无形中增加了创业的"资源成本",拉高了创业的"隐形门槛"。如一位创业青年说:"以前老一辈都是自己家里能做出来什么(东西)就拿出来卖掉。现在是不可能的,我们创业要考虑非常多的因素,成功也需要天时、地利、人和。"(编号:WZM10)

另一方面,当前国内多数行业市场容量不断趋于饱和,行业内卷加剧,创业青年在寻找市场定位和发展空间时面临更多挑战。一位在民宿领域创业的青年说:"这几年民宿行业发展太快了,很多人涌进来,竞争非常大。我感觉民宿行业快接近饱和了,后续我看看能不能转行到'小院经济'这个领域。"(编号:QZF05)访谈中,不仅是民宿行业,电商、文旅、种植等行业的创业青年都表达了"行业竞争压力大"的观点。

2. 营商环境有待进一步优化

虽然青年创业者对浙江的总体营商环境评价较高,但部分领域、部分行业的营商环境仍有改进空间,主要集中在"融资成本合理""融资渠道畅通"方面,紧随其后的是"技术人员丰富""市场潜力较大""熟练工人丰富""基础设施完善"等方面(见图5)。首先,技术人才短缺问题直接影响到创业项目的创新能力和技术进步。浙江虽然在吸引高层次人才方面采取了多项措施,但在新兴技术领域,高质量的技术人才仍然不易获得。其次,基础设施的完善程度直接关系到创业项目的运营效率和成本控制。对于青年创业者而言,除了传统的物理基础设施,数字基础设施、创新孵化平台、共享实验室等也同样重要。浙江部分城市受城市能级、城市规模及地方金融体系发展程度等因素的影响,城市金融产业发展较不成熟,留人引人的能力有限,导致城市整体上在资金和人力等创业要素的支撑等方面是有限的。

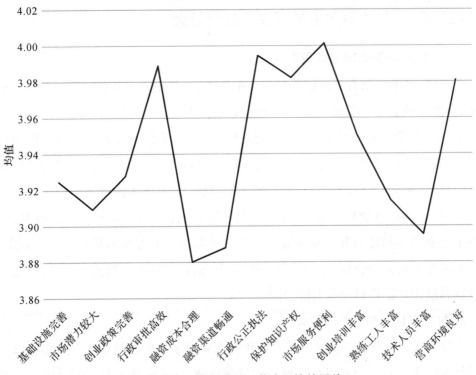

图5 创业青年对浙江营商环境的评价

3. 部分行业受政策影响较大,创业政策效能发挥有待提高

调研发现,有些政策可以给青年创业带来资源,产生较明显的加持作用。但有些政策又会给创业者带来较为明显的负面影响,如教培行业和数字化改革相关产业。在衢州,一位创办了日语辅导机构的青年表示,"受'双减'政策影响,日语高考这一块业务萎缩明显,企业目前只能依靠留学培训维持生计"(编号:QZF11)。在温州,一家主要从事数字化软件和智能安防的创业公司的创始人告诉我们,"目前政府推进数字化改革的力度较以往弱了许多,不仅面向政府的业务少了许多,面向企业的业务也受到了较大影响"(编号:WZM12)。此外,部分地区还存在政策知晓率较低、政策门槛较高和力度偏弱等问题,在访谈中有部分创业青年表示"没怎么关心过政策,我这种小公司,也不是什么高科技的企业,应该享受不到什么政策"(编号:JHF13)。

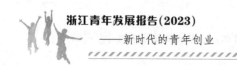

(三)资金、技术等创业资源需求缺口较大

1. 融资难、融资贵问题依旧存在

在浙江,尽管有政府各种创业扶持政策的支持,青年创业者在实际运营和发展过程中,仍然面临着不小的资金挑战。问卷调查数据显示,有77.75%的青年创业者认为资金是其创业过程中最需要的条件和资源。特别是在需要大量前期投资的行业中,如高科技产业、制造业、农业等领域,对资金的需求尤为迫切。这不仅包括启动资金,还有在企业运营过程中的持续资金需求。贷款成为很多创业者解决资金问题的一种方式,但同时也带来了新的问题,如高昂的贷款利息和还款压力,这些问题严重影响了企业的盈利能力和长期发展。一位农业领域创业青年因基础建设的需要,资金的需求越来越大,先后向银行贷款1000余万元,虽然每年公司盈利较多,但是高额的贷款利息还是让其感觉压力很大。

2. 技术和创业知识需求量大

问卷调查数据显示,有33.29%的青年创业者表示他们在技术和创业知识储备方面面临着困难。一方面是当今世界技术发展迅速,新技术和工具不断涌现。一些青年创业者可能难以跟上这种快速的变化。另一方面是理论知识和实践技能之间往往存在差距。青年创业者可能在创业理论学习上有所准备,但缺乏将这些知识运用于创业实践的经验。此外,由于青年创业者的时间、资金等资源往往是有限的,他们需要在市场研究、产品开发、团队管理等不同任务之间分配精力和资源,这可能导致他们在个人技术和知识储备方面投入不足。随之给创业青年带来较大的本领恐慌、自我怀疑等心理压力。

3. 人脉等资源沉淀不够

由于创业青年的年龄和经验相对有限,他们通常缺乏足够的行业经验和人际网络。加之,在某些行业或地区,资源和机会可能集中在少数已经建立起强大人脉的人手中,因此创业青年在人脉资源开拓、社会网络链接等方面存在一定的困难。问卷调查数据显示,有14.29%的青年创业者表示他们在人脉资源积累方面面临着困难。但值得说明的是,这一问题只是阶段性的,会随着青年创业实践的不断开拓而得到缓解,创业青年也会在创业实践过程中不断积累自己的社交网络资源,形成以自己为核心的创业社交版图。

4．创业主体预期不足，发展信心有待提振

受上述因素的影响，加之目前行业竞争较大，一些企业发展后劲不足。调查数据显示，超半数创业青年的企业(51.62%)处于"盈亏不稳定"的状态，还有近10%的创业青年的企业处于亏本状态，而这也直接影响了创业青年们的发展预期和发展信心。超半数的创业青年(52.66%)准备在未来一年内保持当前企业规模，甚至有12.08%的创业青年打算缩减生产规模。访谈中，一位创办了一家鞋厂的青年说："我的手工鞋厂每年利润约100万元，现在如果升级生产线至少需要200万元，但是未来市场前景不明朗，不敢盲目扩大产能，一旦亏损是无法承受的。"(编号：WZF14)

七、对策建议

首先，恢复和扩大需求是促进当前经济持续回升向好的关键所在，也是不断激发内循环动力和提振青年创业者信心的重要举措。一是要促进消费恢复和增长。可采取措施(如发放消费券、消费补贴)鼓励消费，消除制约大件消费、绿色消费、住房消费等的相关因素，推动消费增长。鼓励战略性新兴产业发展，以新供给创造市场新需求。加快传统产业数字化转型步伐，以新产品、新消费场景、新服务业态发掘消费潜力。二是要发挥政府投资的带动作用，激发民间投资活力。优化投资结构，在打基础、利长远、补短板、调结构上加大力度；发挥政策性、结构性金融工具的作用，引导更多社会资本参与到符合国家发展规划和产业政策导向的重大项目中来。三是要坚持把发展经济的着力点放在实体经济上。要有针对性地加快补齐我国产业链供应链短板弱项，推动短板产业补链、优势产业延链、传统产业升链、新兴产业建链，增强产业发展的接续性和竞争力，同时优化重大生产力布局，促进各类要素合理流动和高效集聚，确保国民经济循环畅通。

其次，要持续优化营商环境，护航企业高质量发展。经营主体的决策是否具备长期性取决于营商环境和政策环境的稳定性。因此，一是要深入推进营商环境优化，提升"一号改革工程"效力，落实《浙江省营商环境优化提升行动方案》要求，促进全省营商环境优化升级。二是要继续深化简政放权、放管结合、优化服务改革，不断打造宜商惠企的政务环境。实施准入准营"一件事"改革，打通市场主体对隐形壁垒的意见反馈渠道，建立处理回应机制。持续优化青年创业者与政府部门沟通机制和渠道，精

准排摸企业对营商环境的需求和问题点,打造差异化、精准化的企业服务制度。三是要构建多元融资平台,加强政府扶持资金对青年创业者的支持力度。创新传统银行贷款模式,探索新型"青年创业者经营贷"。加快组建省融资担保有限公司,设立青年创业者支持专项计划,对青年创业者提供融资性担保,并在担保费用上进行优惠和减免。四是进一步创新招工载体,为青年创业者的企业提供多种层次、不同形式的优质招聘平台和机会,强化人力资源供给,破解企业发展过程中的人力资源困境。

此外,还要做好解释工作,加强外联外扩,持续加大推动浙江企业"走出去"的政策支持力度。不断深化"千团万企拓市场抢订单行动",支持企业全方位参与共建"一带一路",帮助企业走出浙江,走出国门。要重点培育一批外向型青年创业企业,探索实施"支持创业青年'走出去'"专项行动计划,做好面向青年创业者的境外投资创业培训、税收服务、信贷支持、海外创业咨询和信息交流等服务。

供稿单位:浙江省团校、浙大宁波理工学院

撰稿人:蔡宜旦、卫甜甜、刘炳辉、程德兴、张洁、徐欣来

新时期浙江"创二代"群体特征变化与发展战略转向

一、研究背景

2023年12月召开的中央经济工作会议指出,2023年我国经济虽逐步回升向好,但仍面临着有效需求不足、部分行业产能过剩、社会预期偏弱、风险隐患较多等问题与挑战,国内大循环存在堵点,外部环境的复杂性、严峻性、不确定性也在上升。民营经济是推动中国经济社会发展的重要力量,优化民营经济的营商环境、推动民营经济高质量发展对改善我国经济下行局面有着重要意义。2023年7月发布的《中共中央 国务院关于促进民营经济发展壮大的意见》指出,为促进民营经济发展壮大,应"引导民营企业践行新发展理念,深刻把握存在的不足和面临的挑战,转变发展方式、调整产业结构、转换增长动力,坚守主业、做强实业,自觉走高质量发展之路"。浙江省是民营经济发展的大省,民营企业也是浙江经济的最大特色和最大优势。

"创二代"群体作为民营经济中的新鲜血液,在浙江创业青年中颇具代表性和重要性。经过改革开放40余年的发展,第一代创造财富的企业家逐渐老去,"创二代"群体规模不断增大,我国将迎来历史上规模最大的财富传承(王名等,2021)。然而,家族企业在生命周期上往往逃不过"富不过三代"的魔咒,根据最新调研,中国家族企业中拥有正式书面继承方案者的比例仅为6%。还有数据表明,我国家族企业的平均寿命只有24年,目前只有不到30%的家族企业能进入第二代,不到10%的家族企业能进入第三代,而进入第四代的只有大约4%。家族企业生命周期短,家族企业接班难,已成为困扰很多中国民营企业家的难题。(佚名,2016)与海外相比,我国民营企业家还面对着转型升级、大国竞争等一系列传承的额外负担和挑战(王名等,2021)。企业的代际传承问题不仅关乎企业的存亡,更关乎我国未来的经济社会发展与国际竞争力。因此,关注"创二代"的群体特征、创业动因、企业现状、困境挑战和未来预期有助于把握民营经济发展趋势,激活民营经济发展潜力。

二、研究概况

(一)概念定义

对本研究而言,"创二代"是指父辈通过创业获得了一定的产业基础,而子代拥有继承权且继续创业的人。与"富二代"不同,"创二代"群体的特殊性在于"创"字,即他们站在前辈的肩膀上,拥有更清晰的创新思路和更前沿的创业理念,并积极运用新理念大胆创新创业。

综合来看,"创二代"可大致分为两类:一类为接手家族企业、推陈出新型。此类"创二代"前期往往以企业员工的身份参与到家族企业的管理中,熟悉企业业务流程,不断规划并推进企业的转型升级,如引进前沿的数字化管理方式,为企业注入新的活力。除了逐步接手家族企业外,为适应时代发展的需求,他们也尝试在父辈产业的基础上开展其他相关业务或创建企业,此类业务或企业同家族企业多为上下游关系,如从手工茶到茶园品牌,从人工养殖到数字化养殖,从传统农业到家庭农场,等。还有部分"创二代"在接手家族企业之后选择投资看好的新项目或新行业。另一类为开辟全新领域、另起炉灶型。此类"创二代"出于满足个人兴趣、实现个人价值等原因放弃接手父辈企业,选择开辟与父辈创业领域完全不同的创业赛道。

(二)研究方法与调研过程

本研究选取了浙江省杭州市、金华市、丽水市、宁波市、温州市、衢州市等民营经济结构各具特色的设区市,由当地共青团组织根据年龄在35周岁以下、已接手家族企业或创立新企业等条件进行筛选推荐,共访谈31位不同性别、不同学历、不同专业背景、不同创业领域和阶段的"创二代"青年。此外,本研究还访谈了设区市的团组织、青年企业家协会负责人共12位,以全面了解浙江省"创二代"青年的基本情况。

本研究采用半结构式访谈,围绕被访者的个人信息、公司现状、创业经历、政策享受和创业感受等内容进行深度访谈,并结合被访者的个人陈述进行拓展性访谈。

在访谈的基础上,本研究按照访谈地点、人物姓氏、性别、创业年份的组合对访谈资料进行编码,其中访谈地点、人物姓氏均由其名称汉字的拼音首字母代替,性别编码中男性编码为M,女性编码为F,数字代表被访者所在企业的创业年份(见表1)。值得说明的是,有些"创二代"的创业年份为其接手的家族企业创办时间,有些"创二代"的创业年份为其自主创办企业的时间。

表1 被访者基本信息

序号	编号	性别	创业时间	创业地点	创业领域	家族创业领域	出生年份	学历	专业
1	HZWM2021	男	2021	杭州	创意科技	建筑工程、养殖等	1999	本科	景观装置
2	HZXM2016	男	2016	杭州	文化娱乐业	建筑工程	1993	本科	企业管理
3	HZCM2017	男	2017	杭州	文化娱乐业	包装厂	1997	本科	食品科学、政治与公共管理学
4	HZZM2022	男	2022	杭州、绍兴	农创客、科技领域	建筑工程	1998	本科	投资学
5	JHHM2015	男	2015	金华	康复产品制造	建筑工程	1990	初中	无
6	JHSM2013	男	2013	金华	服装制造	服装制造	1985	本科	电气工程及自动化
7	JHBM2020	男	2020	金华	渔具垂钓制造	服装制造	1994	本科	计算机
8	LSLM2011	男	2011	丽水	电商	小生意	1984	硕士(美国)	旅游管理
9	LSWM2012	男	2012	丽水	苔藓科技	建筑工程	1987	本科	园艺技术

续表

序号	编号	性别	创业时间	创业地点	创业领域	家族创业领域	出生年份	学历	专业
10	LSZM2015	男	2015	丽水	社会商业服务	不详	1988	不详	不详
11	LSCM2013	男	2013	丽水	快递柜	竹炭外贸	1991	硕士(香港)	品质管理
12	LSQM2017	男	2017	丽水	农产品销售、餐饮住宿	养殖业、种植业	1996	专科	工程造价
13	LSXM2018	男	2018	丽水	塑料制品	塑料制品制造	1996	本科	电影电视配音
14	YHLF2010	女	2010	云和	茶园品牌	手工茶(碧螺春)	1993	本科	农业
15	YHLM2015	男	2015	云和	数字化养殖	养殖业(猪)	1989	本科	畜牧兽医、计算机
16	YHDF2002	女	2002	云和	餐饮、新农人	水产干货	1989	武术学校	无
17	NBHM2010	男	2010	宁波	果蔬农场	传统农业	1990	本科	土木工程
18	NBHM2013	男	2013	宁波	电力器具制造(父子创业)	电器制造	1991	硕士(英国)	企业管理
19	NBLM1993	男	1993	宁波	钢结构制造	钢结构制造	1991	硕士(英国)	金融、数学
20	NBGF1995	女	1995	宁波	机械制造	机械制造	不详	本科(英国)	会计
21	NBLF2016	女	2016	宁波	汽车座椅	汽车座椅	不详	本科(英国)	不详
22	NBYM2018	男	2018	宁波	新能源电机	机械制造	1990	硕士(美国)	电气工程
23	NBSM2003	男	2003	宁波	炊具制造	炊具制造	1994	本科(日本)	游戏
24	QZLM2011	男	2011	衢州	观赏鱼	不详	1983	本科	针灸推拿
25	QZFM2018	男	2018	衢州	铝业	铝业	1992	本科(美国)	服装设计与工程

续表

序号	编号	性别	创业时间	创业地点	创业领域	家族创业领域	出生年份	学历	专业
26	QZZM2012	男	2012	衢州	渔业文化园	渔业文化园	不详	不详	不详
27	QZJM2015	男	2015	衢州	进出口贸易、农场	养殖业（梅花鹿）	1991	硕士（新西兰）	经济
28	WZLM2014	男	2014	温州	建筑材料	建筑材料	1993	函授	管理
29	WZWM2009	男	2009	温州	珠宝、商场、酒店	珠宝、商场、酒店	2000	本科	经济
30	WZHM1989	男	1989	温州	鞋业制造	鞋业制造	1991	本科	工商管理
31	WZJM2018	男	2018	温州	琴行	装修	1992	本科	不详

三、"创二代"的群体特征

（一）"创二代"与父辈企业家的差异性特征

1. 学历普遍提高

2023年浙江青年创业发展问卷调查的数据显示，有约72%的浙江创业青年为本科及以上学历，所学专业多为经济学、管理学、工学，而且"创二代"青年因其自身家庭经济条件的优势，有更多的机会接受优质教育资源，甚至是出国留学。本次调查的31位"创二代"青年中，10位有海外留学经历。同时，很多"创二代"出国留学会选择经济、金融、管理相关专业，在一定程度上为未来家族企业管理或投资并购提供了较好的学识和视野支撑。高学历代表着"创二代"青年拥有更多的学习资源和更高的人力资本，母校也能够为其提供优质的社交网络平台和创业资源。如对创办技术驱动型企业的"创二代"而言，高学历带来的专业知识可以帮助其进行更为精细的技术管控和创新。

我觉得一般来说确实是高学历(的人)创业成功的概率更高一点,因为他的圈子和学校的资源更加优秀,比如你在大学里面创业,学校会提供资源,校友可能会拉你一把。(编号HZZM2022)

母校内会有很多"双创"的政策支持。我最初的创业场地就是在我们校内的一个国家大学生创业基地。(编号HZWM2021)

但有些"创二代"认为创业对学历没什么要求,较强的学习能力比高学历更重要,因为学校中学习的是某一领域的知识,而创业则需要市场环境分析、风险控制、企业管理等综合性的知识储备,这些都需要创业者在创业过程中不断摸索,不断学习,不断反思,从失败中积攒经验。

我觉得学历不代表什么,知识储备是更重要的,学历只能证明你在某一个领域拥有专业知识,并不代表你在创业当中就能有很好的发展,因为专业领域和创业是不一样的,创业要求的不仅是对一个专业领域要精通,而是对所有领域都要了解。(编号HZXM2016)

我觉得创业(对学历)是没有什么要求的,在我们这个行业内也不乏很多可能在知识积累上并没有特别出众,但是在社会经验或认知层面具有很好接纳、拓展、吸收、学习、展现能力的人。(编号HZWM2021)

2. 创业领域发生变化

正如前文所述,"创二代"需要做的不仅仅是继承家族企业,更重要的是促进家族企业转型升级或创新发展。从本次调查来看,"创二代"的创业领域逐步从农业、制造业、建筑业等第一、第二产业转变为人工智能、元宇宙、直播电商等新兴产业,创业领域的转变顺应着时代发展的需求,能够不断推动浙江的民营经济高质量发展。无论是高科技领域的创新,还是乡村建设的深入,抑或是互联网经济的繁荣,"创二代"都做出了不可或缺的贡献。同时,许多有海外留学经历的"创二代"也借助自身在海外积攒的社会资本,带领企业拓宽海外市场,提升了浙江民营企业的国际竞争力。

我感觉现在(年轻人)会更加倾向于围绕直播电商去做,因为近几年直

播电商非常火,而且从我们公司的销售情况来看,直播电商也确实已经慢慢PK掉了传统的电商平台。(编号JHBM2020)

因为我身边聚集了很多创业青年,我也跟很多老一辈的企业家交流,大家选择的赛道会有非常大的区别。可能老一辈的创业者在二次创业的时候,还是会选择一些传统赛道,创业青年们可能会选择像直播、人工智能、元宇宙这些赛道。哪怕是做传统的赛道,在打法上也会有非常大的区别,年轻的群体可能会更激进一些。(编号LSLM2011)

3. 创业导向发生变化

并非所有"创二代"都在追逐前沿热点领域,也有"创二代"在传统赛道摸爬滚打并创造出一片属于自己的天地。无论是农业、制造业还是零售业,都有"创二代"活跃的身影,而他们也用自己的努力向业界证明着,在传统领域,创业青年也可以闪闪发光,同时也为这些传统行业带来新的活力和生机。比如浙江青年"农创客"带领农民增收致富,绍兴的一位"农创客"持续关注国家粮食安全问题,将无人机技术应用于作物生产,极大提高了作物生产效率。

然而,无论是传统赛道还是全新赛道,"创二代"的创业导向都发生着阶段性的变化。在创业初期,创业者往往以盈利为导向,注重企业的生存问题,而在有一定的经济基础之后,创业者逐渐开始强调个人价值的实现和企业社会责任的承担,在创业过程中融入个人情怀,把握时代风口,抓住发展机遇。

由于"创二代"青年具有先赋性身份的优势,因此他们往往能够更快地完成从生存型创业到发展型创业,从盈利导向到机会导向,从追求物质利益到追求精神价值等方面的转变。这种创业导向的变化也可以在一定程度上提升创业青年的幸福感和获得感。(魏江、权予衡,2014)

我选的是事业,而不仅仅是创业。我觉得我这一辈子做不完这个事业无所谓,最起码我打下一个基础了。我不仅仅是为了赚钱,现在的创业青年慢慢会有情怀起来。(编号LSWM2012)

我之前从事过其他工作,后来我开始反思,我既然不缺钱,我为什么要去干这些事情?人活在这世上,其实最重要的就是黄金阶段的10年。我

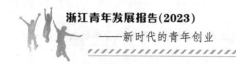

应该干点什么,我觉得这样才是有意义的人生。(编号LSCM2013)

我父亲那个年代的人,可能考虑的是对一个家庭的责任以及温饱方面的问题,我们这一代年轻人其实饭都是能吃饱的,可能更多的是考虑精神层面的一些东西。(编号WZJM2018)

正因为"创二代"注重创业的情怀和价值,强调企业的社会责任感,许多"创二代"主导的企业正在以社会企业的形式在乡村产业振兴、精准扶贫、绿色可持续发展、残疾人困难帮扶等社会公益事业中发挥着重要作用。他们通过创造就业机会、分享企业红利、缓解社会问题等方式促进区域的发展,实现先富带动后富。

疫情期间我们要配合政府工作人员的精准管控和隔离点秩序的维护,我们付出了非常大的努力,这也体现了我们企业的社会价值和社会作用。(编号LSZM2015)

我今天中午刚刚跟街道里的几个领导去帮助农户带货,我们是免费帮他们带货,不收佣金。(编号JHBM2020)

我们企业始终坚持生产资源与农户共享,我不能赚农民的钱,我要让农民赚钱;坚持企业员工共享企业发展红利,也就是现在都在讲的合伙人机制;坚持不同的公司或部门共享市场信息、销售策略;等等。(编号QZZM2012)

正是创业导向的不同导致了两代人创业方式的差异。老一辈的草根创业者有更强烈的生存需求,在创业过程中可能更加求稳、脚踏实地,讲求"看得见"的成效,正所谓"不见兔子不撒鹰"。而"创二代"有更多的底气和魄力去承担风险以谋求更长远的发展机会。这种差异也是时代进步所塑造的,20世纪八九十年代的商业环境与当前的商业环境有很大的不同,当时的创业者只要勤恳努力就能有所收获,但随着市场竞争压力的增大,继续保持原来的创业思维只会故步自封,"创二代"需要"放长线钓大鱼",接受企业或项目发展的沉寂期。

我认为和父辈的最大区别就是思维理念,老一辈创业者是以制造业思维为主,提高生产效率是他们的主要任务,那个时代是制造业的天下,供给和需求是很明确的。但是到了现在供给太同质化了,又没有那么多人消化(商品)。(编号 HZCM2017)

现在的问题是谁都能造东西,但是不一定有好的销售渠道。所以现在我反而看中的是做一个什么样的渠道。(编号 LSCM2013)

我觉得我们父亲那一辈的优点可能是脚踏实地,他们所在的行业是在解决实际的吃穿住行等需求,我这边解决的并不是当下最直接的需求,可能是人们视觉上、精神上的交互体验,所以我在做的是如何让想象力落地。(编号 HZWM2021)

(二)"创二代"与父辈企业家的一致性特征

1. 企业家精神的传承

浙江老一代企业家凭借着"走遍千山万水、说尽千言万语、想尽千方百计、吃尽千辛万苦"的"四千"精神,坚忍不拔、敢为人先、善于拼搏,从而创出一片天地,成就一番事业。本次调研发现,浙江"创二代"们不仅继承着家族企业,也同样传承着前辈们的优良浙商精神。访谈对象们多次提到创业需要有不可磨灭的热情和信心,不能三分钟热度,因为创业是艰苦的,也是颇具挑战的,如果没有坚定的信念,很难带领企业继续走下去。除此之外,创业还需要有大的格局,只有跟着国家的大方向发展,才能把握现实的社会需求,继而促进企业发展。

我感觉这么多年我还是学习了很多老一辈的浙江企业家身上的浙商精神,就是那种敢想敢干、吃苦耐劳的精神。(编号 LSZM2015)

我觉得不管是老一辈也好,还是我们年轻人也好,大家都是能够吃苦的,这些是所有浙商身上共性的东西。(编号 LSLM2011)

我觉得只要肯好好钻研,任何行业都可以做大做强,就是要沉下心来到行业里去摸索、观察。(编号 JHSM2013)

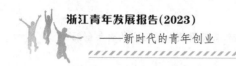

2. 对宏观大环境的把握

虽然"创二代"与其父辈企业家在创业领域、创业导向和创业方式等方面均有所差异，但创业一事没有本质上的区别，都需要企业家们对时代的发展方向有独特的理解和把握。他们都会遭遇挫折和挑战，同样也会有新的机遇和风口，只是不同时代下有不同的创业实践和方式。

不同于父辈所处的创业环境，当前"创二代"企业面临着部分行业产能过剩、外贸受限等不确定性风险。

如全球经济发展放缓导致外需收缩，我国对外贸易受到国外压制，一些发达国家对中国采取提高关税等贸易保护主义措施，从而降低了民营企业的出口需求（中国人民大学中国宏观经济分析与预测课题组，2023）。许多以外贸为主的民营企业因此转向国内贸易，但国民消费需求近几年持续低迷，部分行业的商品同质化问题严重，行业竞争持续加剧，如宁波一位从事炊具制造的"创二代"表示，炊具的新品设计很容易被仿造，业内产品整体压价导致利润率下降，竞争非常激烈。

> 最近几年国外对我们进行打压，我们很多出口企业其实现在日子都不好过。因为我国生产了世界上60%的产品，我们需要（国外）那么多人来消化，但是现在人家都不要我们的东西，要跟我们玩"脱钩"。（编号 QZLM2011）
>
> 订单量明显减少了，就是不采购了，有些买家可能原来是在你这儿采购的，现在他就直接转到欧洲那边去了。我身边的很多朋友也是这样子的，都说外贸今年非常难，订单量少了30%以上。（编号 NBYM2018）
>
> 普遍性的困难是现在整个行业太卷了，你只要一不努力，就没有市场份额。就拿我们渔具行业来讲，相较于去年（2022年），其实整个大盘下滑了20%—30%，像尾部的小品牌商可能就熬不过这个冬天了。（编号 JHBM2020）

但许多"创二代"也成功搭上了时代发展的列车，互联网的普及、物流通信技术的升级都为新时代的企业发展奠定了基础。如浙江省发达的物流交通和当今社会便捷的通信技术使得越来越多的"创二代"有条件到各地投资，甚至走出国门、走向世界，也吸引着越来越多的外资企业在中国落地生根，"地瓜经济"由此得以实现。

可以说我们得益于互联网时代,如果我创业再早10年,大家早就已经找不到我们(种植苔藓的公司)了,我们出生在一个好的时代,在互联网上一搜就知道我们,所以我们是属于坐等客户上门的那种比较独特的公司。(LSWM2012)

由此看来,每个时代都有不同的创业机遇或挑战,对于新时代的"创二代"而言,父辈的经验和畅想或许已不再适应当今的环境,但上一代企业家敢闯敢干、勇于创新、审时度势的企业家精神仍值得学习和弘扬。

四、"创二代"的创业动因

2018年第四次经济普查数据显示,浙江省家族企业的存活率远高于全国平均水平,那么为什么浙江的"创二代"会选择"接业"或"再创业"呢? 为什么浙江的家族企业传承率会比其他省份高呢?

(一)家庭的资本支持

"创二代"从小成长于创业家庭这一环境中,在父辈创业过程中自然而然会学习、内化和社会化关于创业的底层认知,并潜移默化地接受创新创业思维,进而激发其创业潜质。在访谈中有多名被访者表示,其所在家庭会强调"宁愿睡地板,也要当老板"的观点,可见家庭的创业氛围在很大程度上影响着其对未来的选择。

我的父母就是言传身教,他们不会告诉我怎么创业,但能够让我更好地理解创业是怎么一回事,家里的创业氛围给我种下创业的种子,打工是不可能的。(编号 HZCM2017)

从小学开始就在家里帮忙,做生意这一块,家里什么地方需要帮忙我都会去。等于从小就是在这种做生意的环境下长大的,所以轻车熟路,接得很顺手。(编号 YHDF2018)

我其实在高中阶段就已经开始学习公司里的一些管理制度,中间我也

犯过一些错误，父辈就会及时指导，他们的指导是非常重要的。（编号 QZFM2018）

除了家庭中创业文化的熏陶，"创二代"在创业过程中还可能在启动资金、社会关系、创业经验和社会影响力等方面获得父辈的帮助和支持。对于初创者而言，启动资金的获取是至关重要的，"创二代"倘若有意愿在全新的领域创建企业，不仅可能得到家庭的经济支持，而且面临资金流动性约束①的可能性也较小。此外，父辈在创业时所积攒的社会关系网络和家族企业的社会影响力也可以给"创二代"带来资金、市场信息、销售渠道等方面的支持，使其更有能力和底气承担创业带来的不确定性，大大提高了创业的成功率。除了资金和人脉等工具性支持，访谈对象最常提及的是父辈提供的经验指导和心理支持，虽然当前的创业环境不同于往日，但父辈的创业经验分享仍能够在一定程度上降低"创二代"的试错成本。

因为我和合伙人都是第一次创业，所以我们很多时候也都是摸着石头过河，其实也会有很多的试错成本，然后也会咨询父辈的一些意见。（编号 HZXM2016）

遇到分歧，我跟他会坐下来好好讨论，然后我会更多倾向于倾听他的意见，因为我父亲有丰富的企业管理经验，无论是眼光还是战略方面，很多时候他都比我更好，有些时候我可能只是看到眼前的利益，但他可能考虑到未来更多的东西。（编号 NBHM2013）

所以就是说相比起自己创业，可能在家里的基础上进行二次创业成功率会更高。加上之前在相关领域有资源，回来接班从事家里的产业可能上升的速度会更快，空间会更大。如果说后续有更好的机遇去再次创业的话，当然也是更好的。（编号 WZWM2009）

---

① 银行等信贷机构根据家庭或者个人财富为申请者发放贷款，如果财富不足，并对创业活动产生了影响，即财富系数显著为正，一般称其受到流动性约束。

（二）创业的同伴效应

同伴效应是指某一行为主体会受到其所在同伴组内其他主体的影响,从而做出相同的行为选择。创业行为的同伴效应主要体现在"创二代"受到其同伴网络中创业者的影响而选择追随或模仿。首先,社会网络承载着信息的传播与交流的作用。在家族企业中成长起来的年轻人的社会网络中有较多的"创二代"或草根创业者,这种社会网络是"创二代"学习企业管理、风险分析等前沿知识的重要渠道,也会为"创二代"带来重要的商业资源和优秀的创业伙伴(王磊等,2022)。其次,社会网络也间接影响着行动者的价值观和行为选择(程诚,2017),"创二代"在同伴、网络的濡染下,其思维方式和人生价值观的选择都会受到网络的同化影响,有更大的可能选择创业这一途径以实现人生价值。最后,由于当前外部市场环境的不确定性因素较多,尚未创业或刚刚迈入市场的"创二代"很难估计各种市场状况发生的概率,对同伴群体的追随或效仿便成了权宜之计,从而选择与同伴在相同的创业领域中发展。

> 亲朋好友凑到一起聊的也都是创业的话题。(编号 NBLM1993)
> 因为是在这个圈子里,所以我身边接触的"创二代"挺多的,大家的创业意识都挺好的。(编号 WZWM2009)

（三）浓厚的创业氛围

浙江省是我国民营经济大省,有着良好的创业土壤。近年来浙江省充分利用创业园区、科技孵化器、高校和科研院所等平台资源,为创业者打造良好的工作空间和资源共享空间。同时政府的惠企政策也逐步落地实施,为民营企业提供创业补贴、免费创业场地等,还鼓励大学生参与创新创业赛事,为高校毕业生提供创业贷款、生活或租房补贴,不断推动着浙江省大学生创业高质量发展。在本次调研中,就有多名"创二代"提及自己在创业过程中享受过政府的支持政策,如杭州市一位从事文娱行业的"创二代"表示自己在大学毕业后创业时享受过房租减免、奖金补贴等优惠政策。这些惠企政策对刚刚迈入创业行列的年轻创业者而言是一种鼓励和支持,能够给予其获得感和幸福感,增强其信心和力量。

　　我感觉浙江最大的优势就是灵活,真正能让企业感受到政府的温暖,真正为企业解决困难。比如说我们碰到了矛盾点或者政策申请的时候碰到了困难点,政府的解决力度是非常大的。(编号LSZM2015)

　　浙江省开放包容的惠企政策不断吸引并支持着"创二代"们实现创业愿景,同时,政府也立足创业者的需求,通过数字化改革等手段提高政府的办事效率,大幅减少创业者办事的时间成本和经济成本。良好的政商关系促进了政商之间的互利共赢。由中国青年创业就业基金会开展的青年创业专题研究显示,2020年中国青年创业友好城市排名前50位中,浙江省有9座城市入围,分别为杭州、宁波、嘉兴、金华、湖州、温州、绍兴、舟山、台州,这表明浙江省整体创业环境良好,创业氛围浓厚,这也是浙江省"创二代"愿意继承家族企业的宏观因素之一。

　　金华的交通便利,各种服务类的企业(如快递等)会比较集中,刚刚开始创业的我也可以很容易弄懂许多东西,整个氛围还是比较适合创业的。(编号JHSM2013)

五、"创二代"的创业困境

　　并非所有"创二代"都愿意接手家族企业。根据相关机构关于2018年家族企业的调查报告,受访者中愿意为家族企业工作的下一代家庭成员人数仅有58%。其中,愿意接手家族企业的部分年轻人也表示在接手的过程中遇到诸多困难。

(一)个人兴趣背离父辈期望

　　不愿意继承家族企业的年轻人大多是因为其对家族企业所从事的行业不感兴趣,从中找不到价值感和获得感,他们会选择在全新的领域自立门户或寻求其他就业途径。由于目前浙江地区的家族企业多以制造业、批发零售业、建筑业等传统行业为主,而年轻人更倾向于接触新兴事物,当传承凝聚父辈心血和情感的企业和自己真正感兴趣的事业发生冲突时,"创二代"容易陷入两难的境地。

> 温州(企业)以传统鞋厂、眼镜厂、服装厂居多,其实二代不太喜欢去接班,大家可能都是像我一样,比较喜欢一些新的东西,可能去做电商、互联网,也可能做一些自己喜欢的东西。(编号WZHM1989)

> 我不想做父辈那一行的原因是我觉得我没有在里面找到存在感和价值感,因为那个行业已经自成一套体系了。(编号HZWM2021)

(二)创业思路存在代际鸿沟

不接手家族企业而选择另辟蹊径的"创二代"与其父辈在观念上常常会产生分歧。创业需要时间和金钱的积累,不可能在创业初期就立刻获得成效,而且创业可能产生沉没成本,付出不一定会带来回报。因此,不愿意接班的"创二代"在创业初期常常不被父辈理解,需要"创二代"不断与父辈沟通交流,合理地采纳父辈建议,以达成自创企业与家族企业的互惠共赢。

> 因为毕竟我们创业的领域也是很多父辈难以理解的。我们刚开店的时候,我们的父亲就会觉得我们是不想工作,就想在外面玩,说这不是一个正经工作。(编号HZXM2016)

> 目前我就是想完善公司的数字化运营管理,但是对于我父亲那一代人来说,可能你跟他讲这个东西他也没有概念,他会觉得这个东西没有必要,而且创造不出什么价值,反而还要花很多钱,所以在这一块就会产生冲突。(编号WZWM2009)

(三)求变但不敢变

选择接手家族企业的"创二代"也并非一帆风顺,他们在帮助企业转型升级的过程中面临着难以服众、"蝴蝶效应"等问题,心理压力普遍较大。在本次调研中,"创二代"多为本科或研究生毕业后继承家族企业,由于资历较浅或所学专业不对口而在家

族企业管理时缺乏威望,难以服众。

> 我父亲会把控一下大方向,因为像我刚来(公司),一些老员工还是会不听我的,就还得我父亲来管理。(编号 QZFM2018)
>
> 跟家族企业老员工的接触上,可能有时候在认知上面会有差异,另外就是刚回来也不服众,所以说在跟老员工的接触交流方面存在比较大的障碍。(编号 WZWM2009)

此外,由于传统行业中的家族企业的管理模式已经定型,"创二代"在制度改革时面临着"牵一发而动全身"的局面,如宁波一家从事工程机械制造的家族企业面临数字化转型问题,但企业中的员工技术能力普遍较低,导致在转型前期需要花费大量的时间和金钱对企业员工进行培训,反而在短期内降低了企业的生产效率,而且培训效果也并不显著。父辈在创业初期靠着吃苦耐劳、努力勤奋而打下"一片江山","创二代"需要担负养活员工、壮大企业规模、承担社会责任的使命和社会压力,对于他们来说,失败并不是个人的事情,而是整个家族、整个企业的损失。因此,"创二代"们多抱有"求变但不敢变"的挣扎心态,在创业过程中承担着较大的心理压力。

> 我要数字化转型,就面临着裁员,但像我们家族企业里面肯定会有一些亲戚,我很难去推进这件事情。(编号 NBYM2018)
>
> 如果是草根创业者,大不了失败了从头再来,失败了败的也是自己。但(创)二代不行,(家族企业)规模越大,二代的心理压力会越大。(编号 WZLM2014)

六、"创二代"的政策诉求

虽然本次调研中"创二代"对政府的扶持力度和浙江省的创业环境均较为满意,但从整体看来仍存在进一步提升的空间,如开展更具针对性的培训课程、优化创业论坛的形式、加强小城市人才吸纳能力等。

(一)增强创业培训的针对性

虽然当前一些政府部门会定期组织开展"创二代"的培训活动,但据被访者反映,这些培训所学内容大多较为宽泛,作用效果有限,缺乏具有针对性的培训,如专门针对科技创新、养老服务、直播电商等特定新兴领域的培训。因而,要不断丰富培训内容,让"创二代"群体有更大的选择空间。鉴于"创二代"在接手家族企业时产生的心理压力等问题,为其提供心理疏导与人文关怀也是十分必要的。

除此之外,可以开展一对一的导师帮扶,依靠前浪带动后浪,带领创业者"少走弯路"。对于"创二代"而言,父辈企业家可能难以跳出亲缘关系,在指导子代创业方面具有一定的局限性,可能会束缚子代创业者的思想甚至双方产生观念分歧或冲突,外部的创业导师可以从中起到调节和补充作用。

> 能够让我们这些"创二代"有更多的学习机会,学习如何去接手家里的企业,如何把家族企业提升一个高度。(编号WZWM2009)

> 虽然我也参加了社会上的一些课程,这些课程往往不够深入,大框架没有任何问题,但是我想能不能去做针对性更强的培训,这个也是我比较感兴趣的,参与感也会更强。(编号HZWM2021)

(二)优化创业论坛的形式

虽然当前各类创新创业论坛为创业者提供了内容丰富的知识、经验交流、行业信息、社会资源等支持,但此类论坛多以"后浪"倾听"前浪"的形式进行,创业青年还需要与老一辈企业家平等对话。青年企业家协会等组织可以进一步优化创业论坛的形式,使得论坛更开放平等、自由包容,如以圆桌论坛的形式加强创业者之间的互动,促进多元声音的展现与交流,为初创者答疑解惑,帮助他们解决问题。

此外,还需要为"创二代"与其父辈企业家提供交流互动的平台,如讨论会、工作坊等,倾听彼此的想法、经验与观点,减少代际差异,缩小代际鸿沟,以帮助"创二代"企业实现高质量发展。

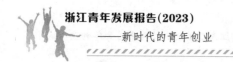

平等对话很重要,比如说我们在一个论坛里面,年轻人跟这个行业内的权威人士去沟通,探讨当今时代的发展,而且我认为在对话上应该是平等的,而不是去佐证他人的观点。一个论坛的讨论是需要有争辩的,而不是一片祥和。(编号HZWM2021)

(三)加强二、三线城市的人才吸纳能力

由浙江大学管理学院和浙江大学全球浙商研究院科研团队共同撰写的《2016浙江省创业发展报告》显示,浙江省内各区域创业要素分布不均,"具体表现为高层次创新创业人才、专业性创业服务组织、科技金融资源等创业要素资源相对短缺,且向杭州、宁波两大城市集聚"。本次调研发现,目前浙江省内仍存在这种状况,大型城市凭借其优质基础设施、创业资源等产生虹吸效应,使得越来越多的优秀人才向杭州、宁波等大城市流动、聚集,而经济相对落后的小城市很难吸引到优秀人才。在本次调研中,金华、台州等地的"创二代"表示即使招聘到优秀人才,也很难留住人才,无法满足企业的用工需求。因此,要结合浙江省各城市的自身条件和未来发展目标优化人才引进策略,不仅要关注一线城市的人才引进,更要从宏观层面合理把控和分配资源,通过系列优惠政策满足二、三线城市的人才需求。

电商这一块能够单独带项目的人比较难找,大多数人倾向于在杭州、上海这样的城市发展,我能招到的基本上是略懂专业技能的人,需要再进行培训,但是培训了之后留不住,还是往大城市走。(编号JHBM2020)

七、总结与展望

虽然近年来受到新冠疫情与国内外各类风险挑战的影响,我国部分"创二代"的企业受到打击,但本次调研发现大多数"创二代"青年对企业的未来发展仍抱有乐观自信的态度,都在观望新的"创业风口",以求抓住发展机遇。

与父辈企业家相比,浙江"创二代"的学历普遍提高,为其所在企业带来丰富的专

业知识和社会资源;此外,"创二代"的创业领域逐步转向人工智能、直播电商等新兴产业,不断适应着时代发展与社会需求的变化;同时,在创业导向方面,更多的"创二代"追求机会导向,不仅关注企业当下的盈利现状,还将目光放得更长远,追求未来的发展机遇。虽然"创二代"与父辈在创业的诸多方面存在差异,但他们同样传承且弘扬着前辈们的浙商精神,敢闯敢干、勇于创新,把握时代风口,迎接机遇挑战。

"创二代"凭借其丰富的专业知识和前沿的创业思维,为我国民营经济注入新的活力,但是当前浙江省"创二代"在家族企业的管理和转型过程中仍面临着诸多问题与困境,如个人兴趣与继承父业相背离、创业思路与父辈企业家存在代际鸿沟、在接手企业过程中难以服众等,这些困难使得"创二代"在创业过程中承受着巨大的心理压力,处于"求变但不敢变"的挣扎状态。浙江省"创二代"企业的高质量发展,仍需要个人、家族、社会、政府的多方合作与努力,比如从微观层面提供更具针对性的创业培训,从宏观层面加强二、三线城市的人才吸纳能力等。

供稿单位:东南大学

撰稿人:高如燕

"厂二代"推动制造业转型升级的行动策略、存在问题及对策建议[1]

一、研究背景

　　制造业是立国之本、强国之基,是国家经济命脉所系。近年来,我国制造业生产能力大幅增长,极大地满足了国内市场供应,有效地改善了人民生活水平,为国民经济行稳致远提供了充足动力。浙江省从制造业起步,制造业是浙江高质量发展的经济根基,亦是浙江实现共同富裕的产业基础。浙江省拥有四大世界级先进产业群,产业数字化指数持续保持全国第一,在2023年为全国提供了规模以上工业增加值22388亿元。2023年浙江省出台《浙江省"415X"先进制造业集群建设行动方案(2023—2027年)》,以建设4个世界级先进产业群、15个"浙江制造"省级特色产业集群和一批高成长性"新星"产业群为战略目标,提出全面打造全球先进制造业基地。

　　20世纪80年代中后期,随着国务院颁布《中华人民共和国私营企业暂行条例》,浙江一批个体工商大户向私营企业发展,浙江民营工业经济也由此发展。如今,第一批浙江省制造业企业家已迈入古稀、耳顺之年,制造业企业新生代力量不断崛起。相比第一代,制造业领域新生代力量拥有更高学历,相关新闻报道也频繁提及"厂二代"

---

① 本文系2024年中国青少年研究会重点课题"青年创业动因机制、模式分析与支持体系研究:基于浙江的调查"(项目编号:2024A08)阶段性成果。

们出色的海外教育背景。可以说,制造业领域受过良好教育的新生代力量已然成为浙江制造业发展的主体,是推动浙江制造业转型发展的中坚力量。

制造业领域新生代力量是否能够快速成长、强势崛起,不仅关乎一家制造业工厂的成败,更关乎浙江制造业的未来和前途。党的二十大报告指出,"支持专精特新企业发展,推动制造业高端化、智能化、绿色化发展"。作为制造业强省,如何做好浙江省制造业领域新生代力量的培育引领工作,助推他们在制造业领域崭露头角,推动浙江制造业再攀高峰,是贯彻落实"八八战略"的必然要求,也是推动浙江经济高质量发展的关键之举。

基于此,为深入了解浙江省制造业领域新生代力量的发展现状,把握浙江制造业领域创业青年当前的困难挑战和政策需求,本研究对浙江不同地区、不同细分行业的制造业领域展开调研,力求梳理现状、发现问题,并在此基础上有针对性地提出切实可行的对策建议。

二、调研情况

(一)调研对象

对本研究而言,制造业领域青年创业者的概念内涵主要包括"制造业""青年"和"创业"三个子概念。其中,"制造业"强调研究对象所从事的行业领域,"青年"强调研究对象的年龄层次。中共中央、国务院于2017年印发的《中长期青年发展规划(2016—2025年)》将青年的年龄范围划定在14—35周岁,但考虑到创业行为一般发生在法定成年之后,本文将研究对象的年龄限定在18—35周岁。

在事实层面,制造业创业需要巨额资金投入,从筹建到生产需要大量的时间成本,且制造业市场竞争激烈、行业进入壁垒高,因此青年受资金约束、人脉积累不足等因素的影响,通常会选择在投入少、回报快、灵活度高的领域开展创业活动。在浙江,大量的制造业企业由父辈创立,再代际传承到子辈手中。因此,在调研过程中,制造业领域创业青年中"厂二代"较为多见。故本研究将"制造业领域创业青年"聚焦在18—35周岁的"厂二代"群体。

(二)调研方法

本次调研主要采用了访谈法和文本分析法两种方法。

访谈法:本次调研选取了浙江省宁波市、温州市、衢州市、丽水市等地的13名年龄在35周岁以下的制造业领域"厂二代"进行深度访谈。通过结构式个案访谈,了解其个人基本情况、企业转型升级的进展情况、当前的发展瓶颈和政策需求等。

在对访谈资料的编码处理上,按照访谈地点,受访人员姓氏、性别,访谈日期的组合进行编码。其中访谈地点、受访人员姓氏均由其名称汉字的拼音首字母代替,性别编码中M代表男性,F代表女性,数字表示访谈开展的月日。(见表1)

表1 访谈人员信息编号表

性别	所在地	编号
男	丽水	LSXM1128
男	丽水	LSYM1129
男	衢州	QZWM1110
男	温州	WZHM1116
男	温州	WZLM1116
男	宁波	NBHM1228
男	宁波	NBWM1228
男	宁波	NBLM1228
女	宁波	NBLF1228
女	宁波	NBGF1228
男	宁波	NBSM1228
男	宁波	NBZM1228
男	宁波	NBYM1229
男	宁波	NBXM1229

文本分析法:根据浙江政务服务网和文献资料,了解各地面向制造业企业的相关政策及其实施情况;根据统计局数据资料和相关报告,了解浙江省制造业的发展历程和未来方向。

三、"厂二代"推进企业转型升级的行动策略

在本文中,行动策略是指在当前宏观经济和市场环境背景下,为顺应制造业转型升级的浪潮,企业领导者所采取的变革方法和实施路径。调研发现,浙江省制造业领域的"厂二代"在推动企业转型升级等方面有着清晰的发力点,包括产品侧的升级、管理侧的革新、借力宏观政策、抓牢机遇风口等。

(一)产品线路的改革,产品技术的升级

大力发展新质生产力是我国在新发展阶段构筑国家竞争新优势的战略选择,加速推进新技术、新产品落地应用是加快形成新质生产力的重要内容。具体到制造业企业发展,产品线路和产品技术是制造业企业发展的"生命线",对企业发展尤为重要。尤其是在培育新质生产力的背景下,产品线路和产品技术的迭代升级成为制造业转型升级和高质量发展的关键举措。调研发现,"厂二代"们在推动企业转型升级的过程中对前沿技术、产品更新给予了充分的关注。

不同文化的相互碰撞、海外教育的熏陶培养、信息技术的更新升级让"厂二代"具备高层次的学历、国际化的视野和多样性的社交网络。在接手父母的企业后,他们会依据自身的知识储备、当前的市场行情和对发展势头的预判,做出产品线路增删、销售模式更改、市场投放创新等决策。

> 疫情时期物流受阻,线下市场受到巨大冲击,但以亚马逊为代表的跨境电商快速发展,为企业开拓线上市场提供机遇。我们积极探索海外销售市场,最初海外市场投放以美国为主。近年来,我们也逐步开发中东、东南亚市场。因为欧美市场的旺季一般是在下半年,而上半年多为淡季,中东、东南亚市场的淡旺季则与之相反。开发不同的海外销售市场有利于持续增加企业订单。(编号:NBHM1228)

习近平总书记强调,"科技创新能够催生新产业、新模式、新动能,是发展新质生产力的核心要素……要及时将科技创新成果应用到具体产业和产业链上,改造提升

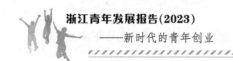

传统产业,培育壮大新兴产业,布局建设未来产业,完善现代化产业体系"。科技创新有助于提升产品质量、增加产品种类,是产品推陈出新、企业保持竞争力的关键支撑。产品种类从单一走向多元、生产技术从粗放转向集约,产品技术的蝶变升级关乎企业的生命存续。"千淘万漉虽辛苦,吹尽狂沙始到金。"随着市场需求的变化和科学技术的发展,"厂二代"致力于将新技术融入产品研发,将新办法带入生产管理,为企业的长久发展注入新鲜动力。

> 我们基本上把全球所有国家的机器全都研究了一遍,并梳理出一个从易到难的对标阶梯。我们首先锚定韩国,其次是日本,最后是德国。如果能成功对标这些工业强国生产的机器,那么我们将在这个领域迈出非常大的一步。中国目前没有该领域的国家标准,我们正计划牵头去制定国家标准。(编号:NBXM1229)

(二)人员管理的创新,办公流程的更迭

2024年,在浙江省委"新春第一会"上,浙江省委书记易炼红强调全面加强"三支队伍"建设,深入实施"八八战略"。在新质生产力培育和企业转型升级的过程中,高素质的人员队伍是企业变革的支撑,高效的办公流程是企业走向现代化的保障。调研发现,打造管理现代化的制造业企业,培育高素质、高技能的人才队伍往往是"厂二代"推动企业转型升级的破局之处。

在调研过程中,许多"厂二代"反映,父辈们早先招聘进来的员工为工厂奉献了一辈子,员工的子辈也相继进入工厂工作。这种情况一方面提升了员工的忠诚度,增加了人员的稳定性,但在另一方面,由于老员工的学历水平较低、年龄偏大,不利于高素质、高技能人才队伍的建设,不利于企业转型升级。因而,随着工厂规模扩大、企业员工数量增加,如何更行之有效地管理庞大的人员队伍,让"大象起舞",是浙江"厂二代"面对的一道难题。

但与"创一代"不同的是,"厂二代"与员工之间并未构建紧密的关系,打造创新型、技能型人才队伍以满足企业转型的需求是其更为看重的考量目标。接触了新管理办法和管理技术的"厂二代"给出了他们的答卷:采用企业数字化管理方式。通过

数字化和信息技术,对企业运营进行全面深入的优化,全过程追踪项目进度、了解员工工作情况,从而提高企业管理效率和企业市场竞争力。新的数字化管理系统可能会遇到老员工的反对,毕竟老员工在长时间习惯了传统的管理方式之后会存在"路径依赖",对新方法、新工具存在抵触心理。"厂二代"必须从更长远的角度为企业谋划,力排众议建立企业数字化管理制度。

> 在推进"机器换人"的过程中,"创二代"虽然能获得父辈管理者的支持,但是有些老员工是抗拒的。因为老企业里面有很多员工在招进来的时候还没有结婚,但是现在他们的孩子都已经结婚了,相处时间非常久,这个时候要对他们的薪酬模式进行更换,或者裁撤低效员工,他们会难以接受。况且,家族企业中肯定有许多员工是沾亲带故的,即有一定亲属关系,所以推进革新的时候就更加困难。(编号:NBYM1229)

(三)战略导向的洞察,机遇风口的把握

习近平总书记主政浙江期间,面对浙江土地面积小、自然资源匮乏等条件约束,提到了"地瓜经济",指出必须跳出浙江发展浙江。2023年1月,浙江省委提出实施"地瓜经济"提能升级"一号开放工程",打造更具韧性、活力、竞争力的"地瓜经济"。在"地瓜经济"战略的导向下,一些"厂二代"将目光投向了省外地区和海外国家。而省外建厂和海外建厂要求企业必须满足省外的规章制度和国外的法律制度,尊重差异性的文化,同时也倒逼企业学习先进的管理制度和科学技术,加速企业转型。

> 由于宁波市一线工人的工资普遍较高,同样的薪酬体系放在河北,就属于高薪待遇,因而,相比宁波,企业在河北更易招聘员工。此外,由于宁波工业用地紧张,且当前在宁波的工厂有可能面临征地拆迁。企业出于对冲风险、降低成本、靠近原料产地等方面的考虑,响应"地瓜经济"号召,在河北省建立新公司。(编号:NBLM1228)

与此同时,客户维护成本高、销售渠道不畅、品牌形象仍待提升等问题迫使浙江

"厂二代"在维护线下销售渠道的同时,布局线上营销平台。小红书App搜索关键词"厂二代""回国接厂",能看到许多"大小姐""公子哥"留学回国接手父辈工厂的Vlog[①]。这些Vlog生动展现了"厂二代"们在进厂前后生活发生的翻天覆地的变化:进厂接班前,他们或是在海外留学、享受美好生活,或是在大公司上班的职场精英,或是在创业开公司的过程中实现了人生理想。"厂二代"进厂接班后面对的是新老交替的冲突矛盾、瞬息万变的市场形势、如履薄冰的公司管理……在宁波调研时发现,许多"厂二代"都为公司宣传、产品推介开设了抖音账号,通过拍摄工厂车间的生产过程、各类产品的细节展示或是贴近现实的剧情来扩大线上平台的知名度和影响力。新型的宣传手段和宣传理念让原本仅仅面向上下游工厂的传统制造业企业走进了大众视野,让更多的普通人也看到了企业生产经营情况。这不仅帮助企业获得更大的名气,也加速了企业转型升级。

> 希望可以关注一下我的抖音账号,目前已经有7万多粉丝了。我们公司的产品和设备都会通过抖音和微信视频号不断向外推介。(编号:NBXM1229)

四、转型升级过程中的问题

在浙江省制造业蓬勃发展的背后,浙江"厂二代"面临着诸多困难挑战,包括家族企业代际传承中的摩擦、浙江省工业用地紧张、部分行业产能过剩、人员招聘困难等。

(一)"厂二代"难以服众,新旧想法摩擦多

作为一种企业发展战略,转型升级需要企业两代领导人合力推进,也需要全体员工的共同努力。调研发现,企业两代领导人在企业是否需要转型以及企业如何转型等决策上可能存在代际冲突,而这些冲突会对"厂二代"树立权威、家族企业实现权力代际转移等提出挑战。

"厂二代"们是在老工人们眼前成长起来的年轻人,他们在留学之后能否将理论

---

① Vlog(Video Log)是指视频日志、视频博客,作者以影像代替文字和图片,记录日常生活,上传网络与网友分享。

应用于实践,带领着企业和工人们在激烈的市场竞争中找到最合适的细分赛道,为企业带来生存和发展的机遇,是需要时间考察和验证的。"厂二代"们需要做的是走进车间、深入一线、从头学起、触类旁通。如果没有工厂一线的工作经验,就难以完成企业的顶层设计;如果没有对市场趋势的敏锐嗅觉,就难以在瞬息变化的市场中捕捉商机;如果没有对自身和同行的准确判读,就难以在激烈竞争中拔得头筹。无论是财务人事、采购销售,还是研发运营,"厂二代"必须对企业的方方面面都加以学习了解,方能获得父辈的肯定和工人的认可。

> 刚开始接手工厂,因为我不主管生产这块工作,我认为自己不需要去接触生产流程,只要做好销售就行了。但是,后来我发现这种想法是错误的。我还是需要从基层每一道工序、每一个步骤扎扎实实学习。老板不是只需要打理好财务、对接好客户就万事大吉了。如果我对产品一窍不通,别人一问三不知,手下的工人就不会把我当回事。但如果他们发现我的专业性远在他们之上,他们就会信服我。(编号:NBYM1229)

制造业"创一代"实现了从零到一的跨越,经历了大浪淘沙的检验,在市场中杀出重围,建立公司和工厂。对于工厂车间和人员的管理、市场变动的判断……"创一代"早已拥有心得体会,并形成一套立足所在行业和地区经济环境的成熟价值观念。但是,过往的成功经验能否带领着制造业企业在产业转型升级的过程中再创辉煌?大力发展数字经济、促进制造业高端化发展、加快传统产业转型升级是浙江省建设现代化产业体系的重要抓手。制造业企业转型意味着突破旧思路、适应新形势,而在"深水行船急转掉头"的过程中,企业面临着结构性调整,"厂二代"能否带领企业迎难而上、勇涉险滩,实现企业在战略、产品、营销等多方位的转型,这仍需时间来验证。

在制造业转型升级的过程中,拥有经历过时间和市场检验的成功经验的"创一代"与了解世界前沿资讯但尚未全然接手企业的"厂二代",在价值观念、形势判断等方面必然存在分歧。这种涉及企业运营管理等方面的分歧在亲情的夹杂下显得更为复杂和难以调解。在调研过程中,我们发现"厂二代"为了解决家族企业在代际传承过程中新旧权威的摩擦,做出过诸多努力。

如果我跟父辈在企业决策上产生了较大的分歧,我会尝试和父亲坐下来好好讨论。更多的时候,我会选择听从他的意见,因为他比我拥有更丰富的市场经验,眼光独到、战略准确。我可能更加关注眼前的利益,但是他会有更加长远的打算。(编号:NBHM1228)

我有很多朋友,他们的长辈还在经营企业,企业里也有很多"老功臣"一直追随父辈,他们提出的一些新的想法很难被父辈们采纳。之前,我去听过方太集团茂总的很多演讲,他认为不同家族企业的代际传承形式不一,但没有一代人能把所有的事情都干完。根据个人所长,进入自己热爱或擅长的领域即可。比如,你擅长沟通,就想办法做销售或是管理。但如果我父亲还在世的话,我可能不愿意接手公司,我会打算另创领地,避免不必要的思想冲突。(编号:NBLM1228)

(二)土地约束严重,"小民企"声音微弱

浙江省在经历过早期粗放式发展后,土地生产要素短缺,存量不足、增量有限,使用成本不断上升。根据浙江省统计局的数据,浙江省陆域面积10.55万平方公里,2023年浙江省国有建设用地供应计划合计34296.8公顷,其中工矿仓储用地11589.5公顷。相较于江苏、山东等制造业大省,浙江省的陆域面积狭小,又因生态保护红线、永久基本农田和城镇开发边界等三条控制线的存在,浙江省工业生产用地面积进一步受限。为实现土地空间结构优化与经济结构发展变化相呼应,浙江省必须完善土地节约集约利用制度,打造认可度高、复制性强、实效性好的节约集约用地"浙江模式"。

对于制造业企业来说,浙江工业用地紧张,势必会推高工业地价,增加企业生产成本。对于渴望扩大生产规模、拓大工厂占地规模、面临产业转型升级的制造业企业来说,获得更多用地指标显得尤为困难,因而也就限制了他们进行工厂改建或是扩大工厂规模。

我们的工厂土地刚好遇到拆迁,眼下我们也不知道该去哪里租地新建工厂了。目前,政府没有明确土地拆迁的补偿办法,为此,我也感到头痛。毕竟,这个工厂去年的亩均产值可达50万元。厂房整体搬迁也是行不通

的，毕竟一个厂有上百个员工，他们背后是上百个家庭，有些员工的孩子已经在本地读书了。工厂整体搬迁，员工怎么办？他们的家庭怎么办？（编号：NBLF1228）

在市场经济背景下，一定程度的垄断竞争、大小企业分化，以及"大鱼吃小鱼"是正常的市场现象。若以盈利能力、现金流等指标衡量企业是否成功，那么越是成功的企业，越是有能力从事研发、销售、并购等活动，进而越是有可能收获更多资源。头部制造业企业的崛起，能为地方政府带来更多的企业税收、提高地方财政收入，能为劳动力市场提供更多的就业岗位、提升地方就业率。

但头部企业的强势发展也可能对中小企业的成长带来一些负面影响。例如，头部企业凭借其庞大的生产效能和可靠的市场口碑，势必会抢占更多的市场份额，中小企业靠头部企业"吃剩"的订单维持运转更容易陷入生存困境。中小企业在技术创新方面相对落后，缺乏自主研发能力和创新能力，导致产品同质化严重，难以获得竞争优势，更难以在产业转型升级的浪潮中经受住市场检验。

地方政府在执行落地国家产业政策、制定企业扶持政策的时候，为了快速了解地方产业的发展现状和困境，考虑到人员就业和企业税收等因素，通常会更关注头部企业。在这种情况下，中小企业的需求和困难可能会被忽略，中小企业的呼声难以被政府部门听到，致使中小企业相比头部企业更难享受到相关的优惠政策或精准帮扶政策。

政府行为偏向支持头部企业。以我自己十年的工作经历为例，我仍旧没有办法关注到行业细分领域的走向趋势，这是正常的。推己及人，市级领导要面对整个城市那么多的企业，他们是没有精力和时间认识每一个企业的负责人的，最高效的办法是对接行业内头部企业的负责人。但这就会给我们小企业带来一些困难，比如，企业遇到了一些问题，我们希望获得领导的关注，但是我们不认识领导，领导也不认识我们，问题该找谁来解决呢？（编号：NBLF1228）

（三）部分行业产能过剩，复合型人才短缺

2023年12月召开的中央经济工作会议指出，进一步推动经济回升向好需要克服一些困难和挑战，其中包括"部分行业产能过剩"。随后，中央财经委员会办公室有关负责同志详解2023年中央经济工作会议精神时明确指出，"部分新兴行业存在重复布局和内卷式竞争，一些行业产能过剩"。

根据国家统计局的数据，除了2020年第一季度，2020—2023年规模以上工业产能利用率[①]基本维持在73%以上，其中2020年第一季度至2021年第二季度整体呈现曲折中上升的趋势，但是2021年第二季度至2023年第四季度整体呈现曲折中略有下降的趋势。2023年全国工业产能利用率为75.1%，较2022年下降0.5个百分点。（见图1、表2）

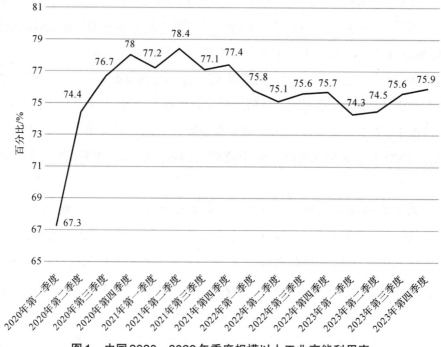

图1　中国2020—2023年季度规模以上工业产能利用率

数据来源：国家统计局

---

① 产能利用率是指实际产出与生产能力的比值，即产能利用率=实际产出/生产能力×100%。其中，企业的实际产出是指报告期内生产的产品产量或产值；企业的生产能力是指在报告期内，在劳动力、原材料、燃料、运输等保证供给的情况下，生产设备（机械）保持正常运行，企业可能实现的，并能长期维持的产品产出。

表2 2023年四季度规模以上工业产能利用率

行业	四季度		全年	
	产能利用率/%	比上年同期增减/%	产能利用率/%	比上年同期增减/%
工业	75.9	0.2	75.1	−0.5
制造业	76.0	0.2	75.3	−0.5
电力、热力、燃气及水生产和供应业	74.4	0.4	73.0	0.2
石油和天然气开采业	92.1	0.8	91.4	−0.6
食品制造业	71.3	−0.6	70.3	−1.4
纺织业	76.2	0.0	76.4	−0.8
化学原料和化学制品制造业	76.7	0.7	75.3	−1.4
医药制造业	75.4	−2.2	74.9	−0.7
化学纤维制造业	85.7	6.5	84.3	2.0
非金属矿物制品业	64.7	−2.5	64.7	−2.3
黑色金属冶炼和压延加工业	76.4	2.9	78.2	1.9
有色金属冶炼和压延加工业	79.6	0.2	79.5	0.2
通用设备制造业	79.2	−0.1	79.2	0.0
专用设备制造业	77.5	0.0	77.5	−0.1
汽车制造业	76.9	3.7	74.6	1.9
电气机械和器材制造业	77.1	−1.9	77.0	−0.3
计算机、通信和其他电子设备制造业	77.6	−0.9	75.7	−2.1

数据来源：国家统计局

　　分行业来看，非金属矿物制品业、食品制造业较其他工业的产能利用率较低，而石油和天然气开采业、化学纤维制造业、有色金属冶炼和压延加工业以及通用设备制造业等行业的产能利用率较高。

　　部分制造业行业存在产能过剩问题，尤其是传统产业的产能利用率较低，市场需求疲软，相关企业面临淘汰风险。部分行业产能过剩是加快产业升级的现实缘由，产业高端化转型是避免部分行业产能持续过剩的解决路径。因而，传统制造业企业推

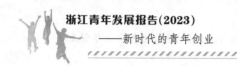

动落实转型升级,锚定数字化、智能化、高端化发展已迫在眉睫。

面对部分行业产能过剩的现实情况和政府"腾笼换鸟"整治淘汰低效高耗企业的攻坚行动,浙江省制造业企业必须时刻关注顶层规划、市场行情和产业政策,在细分行业内寻求突破、在专业赛道上保持精进、在创新领域中攻坚克难。然而,企业转型并非一日之功,转型也需要技术投资成本、人力资源成本、业务流程重构成本、风险管理成本等大量成本。高昂的转型成本和市场的不确定性,让企业承担着巨大的转型风险,因而企业自发转型的内驱力不足。

随着高端制造业产业转型升级加快,企业岗位更多依靠创业驱动和全要素生产率提升,而对传统要素的依赖程度大幅降低,高端制造企业对智能化技能人才的需求不断加大,企业对员工在设备调试、操作、保养、维修以及专业计算等方面的技能要求更高。人员招聘难,招聘复合型人才难上加难。吸引员工、留住员工、培养员工始终是摆在制造业企业面前的一大难题。由于浙江省地处东南沿海、经济发达,人员薪酬相对中西部地区存在溢价,尤其是车间一线工人的工资收入水平,在调研过程中,许多制造业企业家表示车间一线工人的月工资可在8000—10000元。但即使是这样的工资水平,招工仍然是极其困难的,尤其是那种有一定文化水平兼具动手操作能力的复合型人才,更是难寻。即便是企业招聘到了合适的年轻员工,他们在接触一线工作之后,受各种因素的影响,流动性和流失率较高,职业稳定性不够。

> 随着这个行业逐渐获得关注,市场竞争更为激烈,前期人才培养不足,人员招聘非常困难,企业的解决办法就是先招一个研发主力进来,然后让他多带新手,慢慢培养研发人才。(编号:NBLF1228)

五、总结与反思

在传统制造业企业转型升级的过程中,浙江"厂二代"在微观上对企业产品推陈出新、更新迭代产品技术;在中观上加强创新型、技能型人才队伍建设,打造现代化企业管理制度;在宏观上敏锐洞察政策的战略导向,把握时代的风口。

在发展困境方面,"厂二代"短时间内难以在企业树立权威,新、老企业领导者由于管理观念和教育背景的差异,代际摩擦冲突频发。浙江土地面积狭小,土地约束严格,制造业企业转型升级的土地需求往往难以被满足,且中小制造业企业的发展困境更是难以被知晓。部分行业产能过剩,市场竞争加剧,也迫使企业探索新型产品、开拓细分市场。产业的转型升级,企业的高端化、数字化、智能化发展必须坚持以人为本,而具备高素质高技能的人才短缺是摆在企业发展面前的首要难题。

针对上文提到的各种问题,浙江"厂二代"能否破除困境,关系着制造业企业能否成功转型。一是"厂二代"要加强公司业务知识的学习。过硬的专业知识储备、合适的管理方法是确保"厂二代"获取企业员工信任、树立公司管理者权威的关键。"厂二代"要保持谦虚态度,秉持开放观念,深入生产一线,学习业务相关知识,了解公司管理流程。系统掌握各部门的工作定位,梳理各板块的工作重心,结合自身所长管理业务板块。深耕负责的业务板块,与父辈管理者积极交流沟通、弥合分歧、缓解摩擦。二是加强交流学习。青年企业家协会等平台要定期组织针对"厂二代"群体的交流活动,帮助"厂二代"分析企业发展问题、协商解决办法。要畅通发声渠道,让中小企业的困境得以关注,并推动相关政策规划出台和落地实施。三是抓牢当前浙江政策红利。利用相关政策文件,抓住"地瓜经济"的风口导向,努力跳出浙江看浙江,利用其他地区的优势资源推进企业的生产发展、推动产业的转型升级。加强校产孵化项目制合作,借助高校和科研院所的科研资源实现产品技术的创新突破。加快科技创新成果的落地应用,在产品细分市场中占据先导地位。

供稿单位:浙江省青年发展研究中心、浙大宁波理工学院

撰稿人:张洁、蔡宜旦、刘炳辉

数字经济领域青年创业实践及对数字化社会形成的影响

一、引言

数字经济是指以数据资源作为关键生产要素、以现代信息网络作为重要载体、以信息通信技术的有效使用作为效率提升和经济结构优化的重要推动力的一系列经济活动。近年来,中国数字经济持续保持强劲发展趋势,数字经济规模呈现持续增长态势。数字经济涵盖传统产业和新兴行业,不断推动传统产业与新兴产业、三次产业的融合进程,使得创业具有开放和广阔的发展前景,从而激发并推动了广大青年的创业好奇心和创业实践。青年群体的创业活动呈现出新形态,即主动投身数字经济领域,以数字创业实践参与社会发展。有研究表明,数字经济能够通过显著提高创业活跃度而推动经济高质量发展。青年是数字经济领域创业的主要群体,其创业实践能够运用数字技术对传统产业发起变革,并对既有商业模式产生巨大的影响。随着青年不断投身数字经济,青年创业实践对于社会发展的促进作用备受关注。然而,青年在数字经济领域创业有何特征?青年缘何选择投身数字经济领域创业?其创业实践对全社会的数字化转型产生了哪些影响?这些问题值得进一步分析和论证。

二、研究方法

本研究采用访谈法和扎根理论的研究方法,对浙江省30位活跃在数字经济领域的青年创业者进行了半结构访谈和现场探究。扎根理论适用于理论的探索和发现,同时可以解释真实创业情境中发生的有意义的现象。因此,本研究通过程序性扎根理论,采用开放式编码、主轴编码和选择性编码等分析范式,对数字经济领域创业青年所选择的行业细分领域进行了概念化分析,对访谈中提及的关键概念与主题进行了分类与归纳,以期为数字经济领域青年创业和发展趋势提供新的研究路径。在访谈文本的基础上,整理出数字经济领域青年创业的典型案例。通过对这些案例的深入分析,分析创业者在数字经济领域的实践特征及其对数字化社会形成的具体影响。

三、研究结果

(一)数字经济领域青年创业特征与成因

青年是数字经济领域创业的主力军。当代青年与数字技术同生共长,具备极强的创新意识、更高的可塑性、持续迸发的创业活力、更强的新兴技术接受能力和敢于挑战新生事物的冒险精神。本文将对数字经济领域青年创业的实践特征及其成因加以分析,明晰青年创业活动的内生动力机制,为数字经济领域创业的青年人才培养和政策支持提供启示。

1. **数字经济领域青年创业的特征**

(1)创业动机以机会导向型为主

典型案例:永嘉的青年创业者潘某某,经过在行业内长时间的积累和沉淀,敏锐地捕捉到口腔健康领域的潜在市场,并以新媒体和数字平台为宣传渠道,积极把握创业机遇,成功实现了从单店创业到创立公司的跨越。公司专注于为齿科提供增值服务和产品,在行业内颇具影响力。潘某某认为,民众口腔健康意识的提升为她的创业提供了广阔的空间。在创业过程中,潘某某对温州乃至浙江省的创业环境持积极态度,期待政府能在推广口腔健康意识方面发挥更大作用,进而探索更多的创业发展空间。

潘某某的创业经历充分体现了在数字经济背景下青年创业的机遇导向，也表明了青年对数字经济领域创业机会的可行性存在广泛共识。数字经济的发展加快了创业机会的涌现，创业者所选取的行业及商业策略主要源于所发现的创业机遇，并以自主创新式的发展折射和观照社会数字经济发展的难点、痛点与热点问题。在潘某某的案例中，她不仅关注到口腔健康市场的潜在需求，还通过数字平台进行自主创新。相对于以创业资源为导向的传统创业模式，以机会为导向的创业模式更具可持续性和发展韧性。这意味着经济领域的创业青年在相当程度上突破了传统创业的资源依赖，能在发现和把握机会的过程中快速做出创业决断。创业决断是青年创业者开展创业行动的前提，具有形成机会信念和转化不确定性感知的双重过程属性。一方面，青年抱着学习的态度勇敢试错，其机会信念主要在高校及毕业后的几年间形成，受到高等教育的影响较大。另一方面，由于青年社会经验较少，其对创业风险的预估通常较为乐观，不确定性感知的转化过程较为仓促。案例中，潘某某正是在不断学习和试错的过程中，形成了自己的机会信念，并成功将不确定性感知转化为实际创业行动。

（2）创业胜任力以专业特长为基础

典型案例：中航智慧是一家智慧城市运营企业，主要开发智慧城市相关项目，创立者林某某以其电子信息工程的专业背景为基础，进行相关领域创业，体现出了强烈的专业应用性。林某某于2014年加入北京航空航天大学温州研究院，为政府提供智慧城市规划，积累了丰富的技术经验。2017年，他选择辞职创业，并专注于民生领域的项目，与政府紧密合作，推出了婴幼儿托育平台和智慧养老平台等创新项目。他的公司团队主要由高校相关专业人员组成，与高校教授展开项目合作，确保研发技术的先进性和实用性。这种极强的专业应用性使其公司在市场上具备了较强的竞争力，业绩连年翻番。

林某某的案例充分展示了数字经济领域创业青年所具备的较强专业应用性。数字经济时代的创业胜任力需要创业者具有相应的智能、技能和经验。必要的专业技能和数字素养是青年聚合数字新业态资源的基础。林某某正是通过将所学专业与创业活动深度结合，将创新想法转化为实际成果。研究表明，拥有互联网相关操作技能的青年的创业意愿更强。以高校学生为典型代表的青年群体将自身所学专业与创业活动深度结合，并在创业实践中验证其创新想法的有效性。访谈案例进一步揭示了不同专业背景的创业者所选择的多样化创业路径。例如，计算机专业的毕业生利用所学的大数据和人工智能技术,创办了科技公司;具备医学护理背景的高校学生倾向于开展医疗咨询、健康管理等领域的创业活动;工程专业背景的创业者则大多选择在工业领域开展创业实践。教育会提高人们的创造力和自信心,受过高等教育的青年往往会因其受过的专业教育抓住各种商业机会。数字创业活动通常需要对最新的数字技术和工具有深入的了解和全面掌握,包括云计算、大数据分析、人工智能、区块链等专业技能。这要求青年创业者同时具备技术技能和数字素养,并能够灵活运用以开发产品或提供服务。在所学的专业和技术相关专业领域表现良好的高校学生通常具备较高的创业胜任力。因此,青年在数字经济领域进行创业实践的过程与应用自身专业特长进行价值创造的过程并行。

(3)创业过程以合作共创为路径

典型案例:青年创业者许某某毕业于浙江大学城市学院,在校期间,他就与同学一起尝试了小规模的创业项目,为后续创业之路打下了坚实的基础。毕业后,许某某更是紧跟数字经济浪潮,将创业方向扩展到多个行业,他充分利用数字化营销手段,通过社交媒体、短视频平台等渠道进行品牌推广,实现了品牌知名度和用户群体的快速提升和增长。他强调团队成员的重要性,认为合作是创业成功的关键。许某某鼓励团队成员积极参加数字化培训和学习,提升个人的数字化素养和创新能力,为团队发展贡献力量。

对于数字经济领域创业青年而言,创业团队不再是单打独斗,而是在创业生态系统中与高校、社会、企业等合作共创。许某某的创业经历也充分体现了这点,他充分利用学校创业孵化平台的资源,与导师和团队成员紧密合作,共同推进创业项目的发展。

值得一提的是,这不仅仅体现在许某某的创业经历中,访谈案例中的大部分在校大学生都借助了学校创业孵化平台所提供的资金支持和导师指导,这为他们的创业之路提供了有力保障。一些乡村旅游领域创业者则选择与当地政府及村民紧密合作,共同推动乡村旅游的发展。同时,还有部分创业者积极与电商平台合作,借助其强大的市场推广能力,拓宽创业渠道和市场空间。根据产业聚集理论,数字经济领域青年创业实践呈现多元化聚集和专业化聚集双重态势。新态势的良性发展得益于创业团队互利共赢的心态,体现了数字经济形态本身的包容开放。值得注意的是,数字经济领域创业团队的主要特征之一是将用户作为价值创造逻辑的一部分,能够主动地收集和处理潜在客户需求、新技术或新市场的大量信息和反馈。许某某的案例为我们展示了数字经济时代青年创业的新模式和新趋势：一方面，在数字经济背景下客户价值被无限放大，客户与企业直接进行的交换服务实现了生态系统价值共创的具体机制。另一方面，客户在数字平台的消费记录与评价反馈机制为创业团队改进产品和服务提供了直接依据。用户群体成为创业团队的伙伴，青年创业者与其共建创新生态系统。青年创业者通过融入创新生态系统、加强团队合作与创新、注重用户价值共创等方式，可以在数字经济领域实现更广阔的发展空间和更高的创业成功率。

2. 数字经济领域青年创业的成因

典型案例1：从事网络安全业务的青年创业者陈某某，毕业于某大学广告学专业，曾在广告公司工作，也担任过杂志社的记者与编辑。后来她接触到信息技术服务，发现其中蕴含的无限潜力与广阔市场前景，决定转向网络安全领域创业。她与计算机专业的技术负责人共同创办公司，为政府单位和企业提供网络安全服务。陈某某计划扩展业务范围，开发安全工具和软件产品，以应对市场挑战。此外，她公司所在的国家大学生科技园提供的租金减免等政策优惠也为公司发展提供了有力支持。

典型案例2：温州创业青年李某某作为温州创业青年的代表，其创业经历深受所在城市创新氛围、创业教育和创业支持政策等因素的影响。温州作为民营经济的重要发源地，其浓厚的创业氛围和创业文化对李某某产生了深远影响，推动他投身于创业之路。此外，政府的创业支持政策和优惠措施，如土地政策等，也为他的企业发展提供了有力支持。李某某的成功不仅是个人的主观选择和努力的结果，更是温州创业生态系统中多种外部因素共同作用的体现。

青年创业者的活力和创新推动着社会的发展和变革，鼓励青年在数字经济领域创业是挖掘数字经济增长潜力的关键。数字技术被广泛应用并逐渐形成数字化社会。《中国青年报》发布的"青年与数字经济"调查显示，约有75.1%的受访青年愿意在数字经济领域就业或创业，对我国未来数字经济发展的信心很大。案例1中的陈某某，其创业之路正是数字经济时代青年创业活动的一个缩影：通过自身的努力和不断学习，成功转型为网络安全领域的创业者，她的经历充分体现了数字经济时代的无限可能性，以及对创业者的包容性。本次深入访谈研究的调查结果显示，青年创业者选择数字经济领域创业的主要原因有：市场空间大、发展前景好、收益高、与自身专业契合度高等。在深入访谈中，众多创业者提及，创业领域的选择不仅深受所在城市文化氛围的熏陶以及家庭教育的潜移默化影响,更与数字经济时代的独特机遇和挑战紧密相连。数字经济时代为创业者提供了前所未有的文化氛围,这种文化氛围不仅为青年创业者提供了丰富的创业灵感和更多际遇,更在无形中塑造了他们的创业理念和价值观。他们积极拥抱数字化转型,将数字经济与传统产业融合,探索出全新的商业模式和成长路径。数字经济的崛起促进了产业的集聚和升级,为创业者提供了更多的合作机会和资源支持。案例2中李某某作为温州创业青年的代表,其成功同样得益于数字经济时代与城市文化的双重影响,温州的创业氛围和文化为他提供了良好的创业土壤,而政府的创业支持政策和优惠措施进一步推动了企业发展。因此,除创业者主观选择的因素以外,青年创业还受到所在城市创新氛围、个人创业教育、区域产业聚集程度、青年创业榜样和创业支持政策等外部因素的影响。

高等教育时期是青年人才从专业化过渡为社会化的关键时期,亦是在校学生产生创业意向并开始创业准备行为的关键阶段。因此,在高等院校,高质量的专业教育与创业教育的有机结合是培养创业人才的最佳途径。受访青年表示,大学在读期间有很多创业学习的机会,大学为个人能力成长和创业试错提供了空间,为创业实践积累了有益经验。另外,包容创新的社会文化氛围有利于提高青年的创业意向和成就动机。积极的社会文化氛围让创业青年减少顾虑并提高创业准备行为的频次,从而提高创业率和创业成功率。

(二)数字经济领域青年的创业实践经验

创业不仅是一种经济活动,也是一种重要的社会实践活动。全国多地区鼓励青年在数字经济领域创新创业。例如,第十届“创青春”中国青年创新创业大赛设有数字经济专项赛道。浙江积极推动数字经济领域立法,出台《浙江省数字经济促进条例》《浙江省电子商务条例》等。

为提炼青年在数字经济领域的创业实践经验,本研究采用扎根理论研究方法,对浙江省30位数字经济领域青年创业者的访谈文本进行概念化分析。基于程序扎根理论,采用开放式编码、主轴编码和选择性编码分析范式。研究过程严格遵循范畴归类步骤,对青年创业者访谈资料进行概念化。依据逻辑关系再进行归纳梳理、反复迭代和维度聚合后,凝练成数字经济领域青年创业者细分领域。(见表1)

表1 数字经济领域青年创业者细分领域的访谈文本编码

选择性编码	主轴编码	开放式编码	创业青年访谈文本中的原始代表语句
产业数字化	农业	农业生产	我们现在是把互联网技术和传统农业的废弃物处理结合到一起,这样可以更好地处理那些废弃物,还能让咱们的农业生产效率更高
		粮食安全	我做的这块是农业无人机,用无人机喷洒药水之类的
	文化产业	文化传播	关于城市老破旧建筑和文化场所的改造,我们团队有个大胆的想法。我们想通过沉浸式数字技术,给这些古老的地方注入新的活力
		文创产品	我们现在正在研发新中式产品设计,现在大家对传统文化的兴趣越来越浓,我们就想结合现代审美,设计出既有传统韵味又符合现代生活方式的产品
	旅游业	文旅服务	云旅游、乡村生活视频制作和生态旅游,这些都是我们现在正在做的项目。我们希望通过视频,让大家不用出门就能感受到乡村的美好,同时也推广生态旅游
			我们的创新点主要在于现代农场观光和乡村民宿线上订单,我们想通过线上平台让更多人了解和体验乡村的生活
	制造业	开发新产品	我们正在开发具有物联网功能的智能产品,比如这个智能钣金柜。它不仅能自动管理物品,还能通过手机远程控制,特别方便
	零售业	商品销售	我们希望通过在厂家直播的方式让消费者更直观地了解产品,同时也为厂家拓展销售渠道
数字产业化	数据服务	软硬件产品	目前的主营业务还是为产品和产业链提供智能化服务、物联网系统。涉及的类目比较多,包括智能照明、智能安防、智能环境控制这些
		数据库服务	有鞋厂找到我们做一些定制服务,比如库房管理软件和数据库服务、云存储和云计算服务
	电子商务	平台经济	我们团队最近开发了一个新的电商平台和AI+C2C社交平台,这两个平台都是基于人工智能技术的
		数字化销售	我是做电商的,主要就是通过直播间销售
		开发数字产品	我们公司现在主要做视频制作、短剧拍摄,但是现在市场竞争也比较激烈,还是想拓展一下其他内容,比如最近很火的虚拟数字人和元宇宙

续表

选择性编码	主轴编码	开放式编码	创业青年访谈文本中的原始代表语句
数字产业化	技术创新	软件技术创新	这些与前沿技术相关的,像开发大数据模型、应用AIGC、元宇宙技术开发
		硬件技术开发	目前的主攻方向是设计和开发可穿戴智能设备、人机交互设备,想象一下,将刚刚那些产品直接应用到你的日常生活里,还是蛮神奇的

编码结果表明,青年在数字经济领域的创业实践主要涵盖产业数字化和数字产业化两条相适应和互补的路径。产业数字化涵盖农业、文化产业、旅游业、制造业等传统行业转型升级的产品或服务。数字产业化包括数据服务、电子商务、技术创新、零售业等方面。其中,青年创业项目以电子商务类创业为典型代表。在淘宝平台创业的店主中,有5.1%是高校应届毕业生,毕业两年内的大学生在淘宝平台开店的规模达到51万人。值得注意的是,主营业务为网络直播、开发数字产品等的创业团队,其团队成员主要由年龄不超过35岁的大学毕业生组成。数字经济能够促进劳动者对非常规就业的选择,自主成长型劳动者在数字经济的推动下更偏好创业。这意味着青年选择在数字经济领域就业创业的决策从"新形态"转变为了"新常态"。

青年在数字经济领域的创业活动显著增加了社会创新活力,主要表现为不断寻找创新方法、工具和模式以尝试解决社会问题并创造社会价值,表征于在智能制造、发明专利、产品研发、技术迭代和商业活动等方面的创造性活动。受访者表示,数字经济领域创业的本质就是创新。培养积极进取的创新精神在青年创业者群体中形成了广泛共识,基于创新的创业发轫于青年自身的主观能动性和可塑性,新的商业模式和发展动力正在不断涌现。

数字经济业态初步形成了与实体经济互惠共生的生态系统,数字技术从"物理嵌入"向数字经济与实体经济融合发展的"化学反应"转变。数实融合的趋势贯穿整个社会再生产过程,推动产业数字化升级、企业数字化转型、劳动力技能变革。从总体上看,青年创业者以数字资源为关键要素,以数字网络为主要载体,以技术创新为主要动力,在产生巨大经济价值的同时产生重大的社会影响,促进全社会数字化转型。

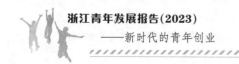

（三）数字经济领域青年的创业实践对社会数字化转型的影响

数字化的实质是运用数字技术将物理任务或流程转变为数字变体,数字化转型的过程意味着个人、公司和社会环境越来越多地采用数字技术。社会数字化转型通常会驱动传统产业转型升级,促使商业模式和人们生活方式等发生变化,这些变化无处不在。青年创新创业对社会数字化转型有显著的促进作用和潜在的渗透作用。青年在数字经济领域创业所带来的数字化转型并非数字技术在原本商业形态之上的简单叠加,而是发挥数字技术赋能经济发展的内生动力,最终实现社会全方位、系统化的变革。这些变革可以系统化地概括为驱动经济发展提质、加速传统产业转型、赋能社会建设和助力政务服务等方面。

1. 点燃数字化新引擎,为经济发展蓄能

数字化转型在当下经济发展中具有重要地位,数字经济领域青年创业实践成为推动经济快速增长和提高经济增长质量的重要驱动力。首先,促进消费结构和贸易结构变革。电子支付、在线交易等数字化手段使企业和消费者可以快捷、安全地进行交易。这不仅提高了商品的贸易效率,也降低了贸易成本,从而进一步促进了经济的繁荣和发展。其次,数字经济空间效应显著。青年创业实践可以通过空间溢出效应推动经济高质量发展。青年在数字经济领域创业实践有助于经济发展实现系统性创新、数字化驱动、绿色低碳发展和共同富裕的目标,进而夯实中国经济发展的基础。数字经济领域青年创业将加速新一轮科技革命和产业变革纵深演进,促使我国经济发展由高速增长阶段向高质量发展阶段转变。

2. 锚定数字化新方向,为产业转型增速

青年充分应用数字化技术开展创业实践,在赋能数字经济与实体经济双向融合发展的基础上,为传统产业数字化转型增速,并推动传统块状产业向新兴产业方向发展。数字化转型是传统产业适应动态环境变化、重塑竞争优势的有效途径。一方面,数字经济促使产业全方位、全链路、全领域转型增速。另一方面,数字经济领域创业重塑传统行业与新兴产业的融合机制,加快企业数字化、传统制造业智能化转型,促进全产业链高质量可持续发展。数字经济领域的创业者以"创新者"为定位,以数字化转型为方向提升传统产业的运行质效。数字经济领域青年创业实践推动了各类资源要素快捷流动和重组融合,帮助利益相关者加速融合和重构组织模式,形成以网络平台为支撑的产业组织模式。在此基础上,打破传统产业模式的制约,大幅度延伸产业链条,形成数字驱动的新价值链,并促成传统产业链、供应链和价值链的多链协同。

3. 推进数字化新战略,为社会建设赋能

数字经济领域青年的创业实践催生新质生产力加速形成。数字经济作为我国经济发展中最为活跃的领域,与社会建设各领域融合的广度和深度在不断拓展和加深,在创新科技、增加就业、提高生产效率、优化社会结构等方面发挥重要作用。新质生产力是代表着新技术、创造新价值、适应新产业、重塑新动能的新型生产力,有助于夯实全面建设社会主义现代化国家的物质技术基础,全方位提升现代化建设水平。近年来,数字化发展战略相继出台,青年瞄准新一轮科技革命和产业变革的突破方向,布局新领域、开辟新赛道,依靠原创性、前沿性、颠覆性新技术创造新产业,进而助推我国产业链的发展,多维度赋能社会建设。数字要素对传统产业和公共服务业的覆盖已经基本实现从无到有、从少到多、从单一化到多元化的转变,并呈现出良好的发展态势。

4. 激发数字化新动能,为政务服务添彩

青年是数字化政务的重要服务对象,电子政务平台随着用户需求的增加而逐渐完善。浙江省推进政务服务"一网通"建设,将各级政府部门集中于同一服务平台,对内连接省、市、县、街镇各部门,对外统一服务与输出,面向企业与个人开放服务。对于青年创业者而言,线上服务接受度高、操作性强,能够迅速得到青年创业群体的认可和接受。数字化转型后的政务服务取得了良好效果。例如,杭州积极创建数字友好营商环境,推出了"电子证照""电子签章""一照通办"和"多报合一"等政务服务改革措施。青年创业的活跃程度能有效促进综合服务体系建设,促进服务效率和民生服务效能的提升。

四、发展建议

社会数字化转型的前沿趋势为青年在数字经济领域创业实践提供了重要契机。然而,目前仍存在数字资源要素壁垒较高、青年创业人才稀缺、新质生产力与传统产业结合不充分等问题,使得社会数字化转型的多样态发展遇到瓶颈。因此,应以提高数字创新能力为引领,优化数字资源配置,再构建与先进数字生产力相匹配的数字化

生产关系,从而助力青年在数字化浪潮上扬帆踏浪,在数字经济领域稳中求进、以进促稳、先立后破,最终全面构建新时代的数字化社会。为此,本文从数字资源流动、青年人才培养和产业转型升级三个方面提出政策建议。

(一)优化数字资源配置,健全数字资源跨地区流动机制

一是优化数字资源配置,探寻数字经济与传统产业协同发展的长效机制,消除传统产业在现代化转型过程中的数字壁垒。充分发挥数字资源创新引擎作用,推动数字资源开放共享,加强数据收集利用。二是增加区域间的数字资源交流与合作,鼓励数字经济发达地区对欠发达地区进行技术转移投资,实现数字经济的区域协同发展。促进数字资源在各区域间的合理流动,发挥创新资源外溢效应,弥合数字鸿沟,进一步提升数字经济整体发展水平。三是支持青年应用数字技术进行创新创业,把握人工智能、元宇宙等新兴技术崛起的有利契机,加快培育新质生产力。打通数字资源和技术要素流动通道,夯实共创共享型经济基础。

(二)加强创新创业人才教育,支持青年创新创业实践

一是结合数字经济时代的需求,开展高质量的创业教育和跨学科融合教育,提升青年社会实践能力,培养青年的创新思维和创造力。促进青年人才培养成效整体性跃升,以创新型人才供给赋能数字经济高质量发展。二是在高校探索实施驻校企业家制度。发挥驻校企业家连接高校与行业的桥梁效应,提高驻校企业家制度在促进高校科研成果转化、推动创业教育师资专业化以及提高大学生创业率等方面的功效。树立青年创业榜样,开展具有数字经济特色的创业学习活动。积极跟进青年创业竞赛项目,推进创新创业类大赛优秀成果落地,为青年创新创业项目转化落地提供优质服务。利用孵化器、产业园等平台推动高校科技研究成果市场化,向高校学生和青年创业者提供创业政策发布、创业补贴申报、创业资金支持、创业指导等服务。三是建立持续扶持青年创业能力和数字技能的培训体系。与时俱进地为青年提供专业化、精准化创业实践支持服务,增强青年创业韧性和创业可持续性。

(三)加速产业迭代升级,提高创新生态系统质量

一是发挥高新技术产业及现代化产业优势,培育数字产业化企业,帮扶现有产业

数字化企业,充分发挥青年创业在产业升级中的独特作用。提高传统产业数字化业务的敏捷性,结合区域资源和优势,破除产学研用合作机制障碍,加强校企间、企业间合作力度。二是倡导和支持投资者、企业家及青年创业者在数字经济领域的合作,培育新的行业增长点,加快实体产业和数字经济融合发展、双向奔赴,发挥乘数效应。引导创业者关注和适应新兴市场需求,探索数字经济创业实践与先导领域相融合。鼓励青年投身乡村振兴建设,积聚力度发展城乡联动的数字经济,提高创新生态系统质量。三是积极破圈,全面发挥青年创业在赋能社会数字化转型、促进城市发展、提高国际竞争力、推动现代化建设等方面的优势,放大传统企业数字化转型的示范效应,蓄积发展胜势。

供稿单位:温州大学

撰稿人:王畅、陈佳琪

逐梦希望的田野：浙江省大学生返乡创业现状、困境及对策

一、引言

（一）大学生返乡创业是以人才振兴带动乡村振兴的关键要素

实施乡村振兴战略，是党的十九大做出的重大决策部署，是决胜全面建成小康社会、全面建设社会主义现代化国家的重大历史任务，是新时代做好"三农"工作的新旗帜和总抓手。乡村振兴，人才是关键。外出打工潮自20世纪90年代兴起便一直处于高位运行。城镇化和打工潮带来的人口迁移造成了乡村产业发展上的劳动力短缺。调查显示，近20年来，乡村人口持续减少，人口数量已由1998年的83153万人减少至2023年的47700万人[①]。2023年《政府工作报告》指出，城镇新增就业1206万人，常住人口城镇化率从60.2%提高到65.2%。浙江省持续二三十年的人口城镇化单向流动，也严重制约着乡村产业的可持续发展。破解乡村振兴中"人"的难题迫在眉睫。近年来，随着乡村振兴政策体系的构建，据农业农村部统计，2018年返乡下乡创业创新人员已达740万人，非农创业人员也已达300万人。返乡创业的势头已起，尤其是越来越多的大学毕业生"逆流"下乡。浙江省经过多年培育，涌现出了一大批扎根浙江广

[①] 数据来源：国家统计局。

大农村的乡村人才。据浙江省农业农村厅的统计,截至2024年2月,全省乡村人才已经有225.9万名。他们掌握的知识较为丰富,具备新时代互联网思维,且学习能力强,具有创新精神,有望在乡村"异军突起"成为乡村振兴的源头活水。

(二)大学生返乡创业是缓解劳动力就业压力的必然趋势

从1999年开始,以高校扩招为标志,我国高等教育进入新的快速发展阶段,高等院校毕业生人数每年以几十万的数字持续增长。2023年全国高校应届毕业生人数达到1158万人,再创历史新高[①]。但国家统计局数据显示,2023年4月,16—24岁劳动力调查失业率达到20.4%。目前大学毕业生被认为是继农民、农民工、下岗职工之后的第四大弱势群体,大学生就业也由过去的"卖方市场"日益走向现在的"买方市场"。此外,改革开放以来,我国在推进城镇化过程中始终坚持统筹城乡就业改革,积极促进农村富余劳动力向非农产业转移。在这场人类史上规模空前的人口流动潮中,催生了"农民工"这一日益庞大的新群体,2023年全国农民工总量达到29753万人[②]。这群"离土不离乡"的进城务工青年,已构成了一个相对独立的社会结构单元,必然会在劳动力市场挤占就业岗位。城市已不再是"遍地商机""处处机遇"的就业胜地,大学生就业的城市溢出效应更加凸显。而乡村振兴则为大学生就业找到了新方向和新出口。

(三)大学生返乡创业是浙江走好乡村振兴之路的应有之义

浙江是习近平总书记"三农"思想的重要萌发地、中国美丽乡村建设的重要发源地。2003年,时任浙江省委书记的习近平就指出:"要深入研究一些根本性的问题,认真把握一些规律性的要求,积极探索一些政策性的导向,加快推进农业产业化、农村城镇化、农民非农化。"之后,他又主持制定了《浙江省统筹城乡发展推进城乡一体化纲要》等一系列推动"三农"加快发展的重要文件,亲自部署了"千村示范、万村整治"(简称"千万工程")等一系列统筹城乡发展的重要工程,探索推进了"三位一体"合作经济发展等一系列农业农村重大改革……2003年至2023年,二十年间,"千万工

---

① 数据来源:中华人民共和国教育部。
② 数据来源:国家统计局。

程"造就万千"美丽乡村",创造了推动乡村振兴的成功经验和实践范例。要把这项工程不断引向深入,只有实现返乡创业人才的可持续供给,促进人才链与创新链、产业链、资金链、信息链深度融合,如此,才能形成乡村振兴创新创业的整体氛围。

乡村振兴背景下,大学生返乡创业面临着前所未有的发展机遇和挑战。如何认识当代返乡创业大学生的群体特征,如何在把握群体特征的基础上构建有效的政策支持,是浙江省在加快走出一条符合浙江实际的新时代乡村振兴新路子过程中亟须应对的重大课题。

二、研究对象与研究方法

(一)研究对象

在开展本次调查之前,课题组首先对调研对象进行了界定,为之后的调查研究和分析奠定基础。通过前期对文献、政策文件等资料的梳理,本文提出:浙江省返乡创业大学生是指在高等院校(含专科、本科、研究生层次)完成学业后,拥有一定的知识、技术、信息等优势资源,到浙江省乡村从事涉农或非农创业的大学毕业生。

(二)研究方法及样本信息

本次调研在梳理以往文献研究的基础上,采用问卷调查和访谈等方式,获取浙江省大学生返乡创业的第一手资料。课题组分别于2018年和2023年展开两次实地调研,获取了丰富的问卷数据和访谈资料。2018年,课题组实地走访了浙江省生产总值较低[①]的5个设区市(丽水市、舟山市、衢州市、湖州市、金华市),历经2个月,访谈返乡创业大学毕业生29人,中国共青团委员会(简称"团委")、农村工作领导小组办公室(简称"农办")、人力资源和社会保障局(简称"人社局")、创业园等相关职能部门和服务平台工作人员24人。2023年,课题组实地走访了金华市、衢州市、丽水市、宁波市、温州市和绍兴市等6个设区市,历经3个月,访谈返乡创业大学生83人以及团委、青年企业家协会等相关职能部门工作人员10人。访谈内容均由访谈员记录文本、录

[①] 在2017年浙江省各市国民经济主要指标中选取"生产总值"指标,确定生产总值后5位的地市作为本次调研对象。各市国民经济主要指标(2017年)详见《2018年浙江统计年鉴》。

音转录文本后整理形成。

2018年,课题组对浙江省11个设区市的返乡创业大学毕业生进行问卷调查,共发放问卷495份,回收有效问卷451份,回收率91.11%。问卷发放根据各设区市青年返乡创业企业的初创期、成长期和成熟期实际数量分布情况,按比例抽取,兼顾性别、年龄、学历等因素。样本基本信息见表1。被调查者中,男性创业者略多于女性创业者;28周岁及以下的创业者占了近65%;创业者中本科学历者占了半数以上,也出现了一些高学历创业者(硕士研究生、博士研究生)(5.54%)、海归人才(5.32%);具有人文与社会科学类(55.65%)、工程与技术科学类(38.36%)学科背景的创业者较多,除此之外选择较多的前三位专业是经济学(23.5%)、管理学(20.84%)、工学(17.52%),农业科学(10.42%)、艺术学(9.31%)专业的返乡创业者也占了一定比例。返乡创业大学生毕业时间在"5年及以上"(33.48%)和"1年及以下"(32.59%)的数量分列一、二位。

2023年,课题组对浙江省11个设区市的返乡创业大学生进行问卷调查,回收问卷共计145份,其中有效问卷133份,问卷有效率为91.72%。样本基本信息见表2。被调查者中,返乡创业女大学生的占比达51.15%,略高于返乡创业男大学生;28周岁及以下的返乡创业者占了57.24%;创业者中本科学历者比例高达61.7%,高学历者(硕士研究生、博士研究生)占比达到了14.2%;从专业来看,创业者中拥有工学和管理学专业背景的占比较高,分别为21.1%和18.8%。

表1　2018年返乡创业大学毕业生基本信息

项目	类别	频数	百分比/%	项目	类别	频数	百分比/%
性别	男	237	52.55	专业	自然科学类	39	8.65
	女	214	47.45		工程与技术科学类	173	38.36
年龄	18—22周岁	145	32.15		工学	79	17.52
	23—28周岁	147	32.60		管理学	94	20.84
	29—35周岁	109	24.17		人文与社会科学类	251	55.65
	36—45周岁	42	9.31		经济学	106	23.5
	46周岁以上	8	1.77		艺术学	42	9.31
最高学历	专科(高职/高专/高技)	192	42.57		医药科学	13	2.88
	本科	234	51.89		农业科学	47	10.42

续表

项目	类别	频数	百分比/%	项目	类别	频数	百分比/%
最高学历	硕士研究生	20	4.43	毕业时间	1年及以下	147	32.59
	博士研究生	5	1.11		1—3年(含3年)	92	20.4
其他高层次人才	海归人才	24	5.32		3—5年	61	13.53
					5年及以上	151	33.48

表 2　2023年返乡创业大学毕业生基本信息

项目	类别	频数	百分比/%	项目	类别	频数	百分比/%
性别	男	65	48.95	专业	工学	28	21.1
	女	68	51.15		管理学	25	18.8
年龄	18—22周岁	24	18.05		文学	14	10.5
	23—28周岁	52	39.19		艺术学	14	10.5
	29—35周岁	45	33.97		经济学	13	9.8
	36—45周岁	12	9		农学	8	6.0
最高学历	普高(含中职、技校)及以下学历	4	3		教育学	7	5.3
	大专	28	21.18		理学	6	4.5
	本科	82	61.7		法学	4	3.0
	硕士研究生	18	13.5		其他	18	13.5
	博士研究生	1	0.7		—	—	—

三、浙江省大学生返乡创业现状

(一)创业动机:内部驱动力与外部推拉力的合力作用

大学生返乡创业动机是大学生自身创业意愿、乡村拉力与城市推力有机整合、综合权衡的结果。不少大学毕业生返乡创业的强烈意愿与外部环境相契合,使得返乡创业从"可能"变为"可行"。

1. 强烈创业意愿驱使走上创业道路

访谈中了解到,不少大学生返乡创业之前就已制订了创业的计划,创业不仅是他们的兴趣和理想,也是其选择不懈奋斗的方式。创业者 CSJ 说:"我是做茶叶生意的,大学时就喜欢茶,我会去品尝各种茶叶。一直想着自己去做茶相关的生意,创业最初只是卖茶,后来就承包了 15 亩茶园(开始产茶),我喜欢这件事就会去钻研。"另一位创业者 LQ 也说:"大学期间就开始创业了,毕业的时候虽然也收到了地铁集团等一些很不错的录用通知,但也没想着要去,还是想创业,最后还是回来创业了。"2018 年的问卷调查中,大学生返乡创业的内因主要包括出于个人兴趣爱好(26.51%),提升自己的能力(19.14%),实现个人理想(11.38%),想体验、增加一种新的人生阅历(6.69%)等能够自我实现的高层次需求,也会兼顾考虑返乡创业是否能创造财富(20.88%)的生存需求因素(见图 1)。2023 年的问卷调查显示,大学生创业最主要的内因是为了获取财富,而实现梦想、从事感兴趣的事情,以及为了改变世界和人们生活、创造社会价值等也成为大学生创业的重要影响因素(见图 2)。

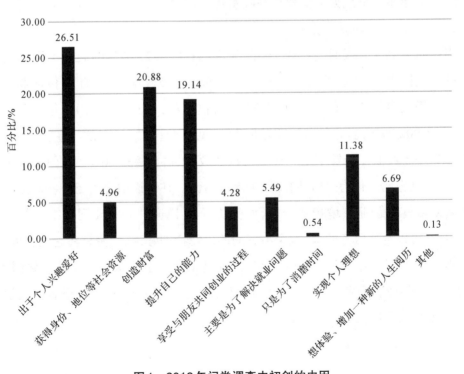

图1　2018年问卷调查中初创的内因

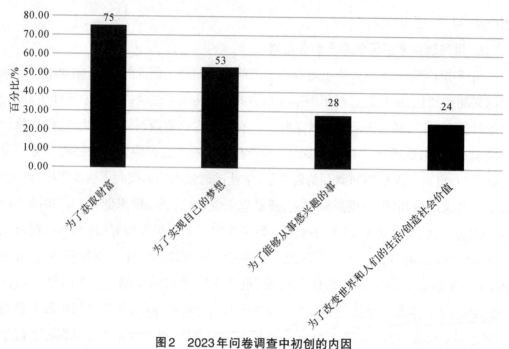

图2　2023年问卷调查中初创的内因

2. 乡村创业环境利好与桑梓情怀吸引返乡创业

（1）乡村政策与创业环境带动

当被问及创业外因时,在2018年的问卷调查中有25.07%的大学生表示是受到国家政策支持因素影响(见图3)。2023年的问卷调查数据显示,有57位创业者认为良好的市场机会是其投身创业的外在因素,占总数的42.9%。在2018年所调查的创业者中,有90.29%的创业者享受过创业政策(见图4);在2023年的问卷调查中,有80位创业者表示在浙江能够享受到优惠的创业政策,占比超过60%。在国家政策的大力扶持下,顾虑已然化为热情,踌躇逐渐退为后话。在访谈中也不乏一些非浙江籍的创业者对浙江的创业环境赞赏有加,如受访者JY说道:"局长碰到我第一句话就是'我有什么可以为你服务的'。这个给我们的感觉特别好,我们愿意在这儿扎根,踏踏实实地做下去。"此外,家庭因素(15.63%)也是驱动大学生返乡创业的重要因素(见图3)。部分创业者受到了"一大家子都做生意"的影响而返乡创业,还有些大学生出于分担家庭经济压力的生存需求而返乡创业。

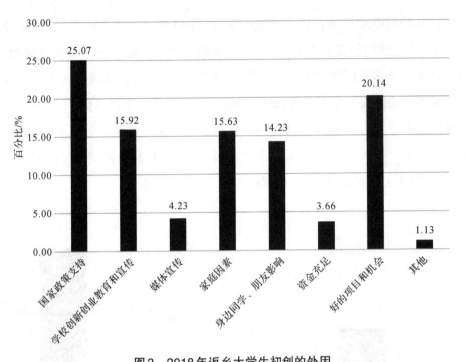

图3 2018年返乡大学生初创的外因

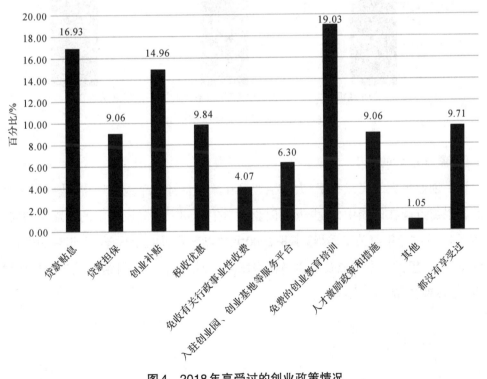

图4 2018年享受过的创业政策情况

2023年的问卷结果再次印证了这一看法,有61位受访者表示"家人朋友经历的影响和支持"是他们创业的重要动因,占比达到45.86%(见图5)。正如受访者ZK所说:"我做生意更多是因为家庭的生意可能会走下坡路(需要我做生意来分担压力),因为现在整体的地板行业不景气,如果我爸这边的(地板)生意不行了,我业务的利润就可以把他的亏损弥补回来。"也有些创业者看到了父母维持生计的不易,最终放弃高薪工作回乡。受访者BL说:"我本来是在外面做律师的,但是觉得父母做点生意太辛苦了,所以决定还是回来创业,可以照顾父母,帮衬家里。"

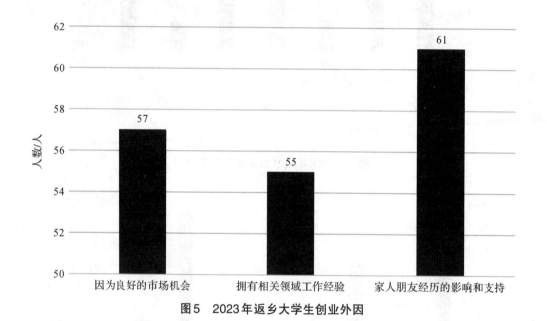

图5 2023年返乡大学生创业外因

(2)桑梓情怀的牵引

返乡创业最大的亮点在于,大学生似乎在桑梓情怀与个人发展中,找到了一个立足点和平衡点。在访谈中,不少返乡创业大学生提到家乡时流露出的是踏实和安心。受访者JL说:"十年前关工委①给了我2000元扶助金帮助我上大学,十年后的现在,我回到了家乡,想做点力所能及的事情回报家乡、回报社会。"乡村情结成为影响乡村大学生"雁归兴乡"的重要因素。

_____

① 关系下一代工作委员会的简称。

3. 城市高压与创业饱和的现实推力

影响大学生返乡创业的外部因素除乡村不断增加的"拉力"之外,还有重要的"城市外推力"。在乡村急需人才回归的同时,城市却以另一种姿态给予了大学毕业生强大的外推力。一方面,城市给予了大学生巨大的生活和工作压力,他们受到交通拥堵、空气污染、买房难、婚恋交友难、子女上学难、养老难等一系列"城市病"的负面影响,面临在城市创业的初始资金、租房及用工成本都更高的投入门槛。另一方面,城市看似提供了更多的创业机会,却也面临着更激烈的市场竞争,龙头企业、高端品牌林立,想在这样的市场中有所作为,难上加难。相比于"抓不住""追不上"的城市市场,乡村市场更具发展空间。

(二)创业资源:强个体资源与弱代际资源的外在呈现

返乡创业大学生虽然接受过良好的高等教育,个人素质较高,但不同于"生而优"的"富二代""创二代"群体,他们中鲜有雄厚的父辈经济资源和社会资源作为创业基础,其创业资源主要来自自身的积累。

1. 个体优势凸显:自致性因素成为主要创业资源

自致性因素是包括教育水平、工作经验等在内的、个人通过自身努力而获得的后天能力或资质。返乡创业大学生最大的资本往往就是他们自己,他们从大学学到的专业知识、接受的创业教育以及创业实践为他们拓展了眼界和思路;实习、工作经历等为他们积累了一定的社会经验和创业资金;大学毕业生的身份为他们赢得了一定的政策支持。这些共同构成了他们的基础资源优势。做多肉植物生意的受访者LQ说:"我在大学的时候基本是靠自己完成的学业,靠勤工俭学还助学贷款,后来还创过业。大四实习的时候,我把开在学校北门的一家餐馆转让了,加上当时的一点积蓄,就回来(创业)了。"在运营模式上,他们是技术革新和营销理念飞跃的一代。受访者LDD说:"我觉得基地的设备太落后了,就很自然地想对基地进行现代化改造,引进了4条轨道车,通过数据分析选择适宜的肥料,开展新品种研发工程。当初我父母很反对,觉得成本太高,后来看到效果很好才认可了……我和父母是有代沟的。他们比较保守,当初还很反对在网上卖,说损耗大、快递费太高、还要包装……"

2. 代际传承效应微弱:先赋性资源缺位明显。

先赋性因素是包括性别、户籍、年龄、父母教育水平、父母的经济状况、社会地位等,个人与生俱来的先天条件或属性。2018年的调查显示,49.45%的返乡创业大学生父辈没有创办企业(见图6),他们是"创一代"。返乡创业大学生的父母职业分布最广的是个体工商户,其中父亲为个体工商户的占25.06%,母亲为个体工商户的占23.28%。可见,返乡创业大学生能获得的父辈创业资源较少。在2023年的问卷调查中,42.11%的创业者其亲属没有创业经历,他们属于"创一代",比例相较于2018年有所下降;在有亲属创业的返乡创业大学生群体中,创业领域与亲属创业领域不相关的创业者占比为58.44%(见表3)。相比于2018年的调查结果,2023年的调查中,创业者从亲属中获取创业资源的比例有所提升。访谈中,从事茶叶生意的创业者CSJ也说:"我们不像吕总(同地区的企业家)是'富二代',他创业的起点就很高了,我们家里一开始不支持我创业,后来我和弟弟妹妹慢慢(把生意)做起来。"

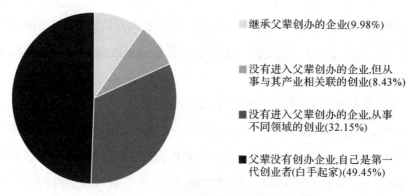

继承父辈创办的企业(9.98%)

没有进入父辈创办的企业,但从事与其产业相关联的创业(8.43%)

没有进入父辈创办的企业,从事不同领域的创业(32.15%)

父辈没有创办企业,自己是第一代创业者(白手起家)(49.45%)

图6　2018年返乡大学生创业传承情况

表3　2023年返乡大学生创业传承情况

您的亲属是否有创业经历	频数	百分比/%	您的创业领域是否与亲属创业领域相关	频数	百分比/%
是	77	57.89	是	32	41.56
否	56	42.11	否	45	58.44

(三)创业效能:小本规模和融合发展备受推崇

1. 创业规模:以小微企业为主

访谈中发现,创办小微企业是大学生返乡创业的首选:"有时候也很想扩大规模,但是一下子扩张会出现人员、资金跟不上的问题,所以也不着急,一点点把这个生意做起来。""当然是先从小企业做起,因为有时候自己也不确定这个方向是不是正确的,要先试试水。"2018年的问卷调查中,返乡创业者也表示,所创办企业规模以微型、小型为主(85.14%)(见表4)。根据2023年的问卷调查结果,返乡大学生创办的企业规模还是以微型、小型为主,其主要原因有两个方面:一方面创业者年纪较轻、创业时间短,资本和经验的积累还不足;另一方面,与当前创业模式逐渐向专业化、精细化方向转变有关。

表4　2018年返乡大学生创业规模

项目	类别	频数	百分比/%
创业规模	微型	238	52.77
	小型	146	32.37
	中型	48	10.64
	大型	14	3.11
	特大型	5	1.11

2. 创业领域:领域广泛且注重"三产"融合

根据2018年的调研,返乡创业大学生的创业领域从传统的种养产业逐渐拓展延伸到加工流通、休闲农业、乡村旅游、文化创意、养生养老等生活性服务业、生产性服务业、农产品加工业等领域,且80%以上返乡创业人员创办的企业涉及新产业、新业态、新模式,具有产业融合发展特征。农业与旅游、健康、教育、文化产业的深度融合备受创业者青睐(见图7)。这一方面是由于生活性服务业对设备、技术等条件容易满足,另一方面是由于生活性服务业与文化生活密切相关,顺应人们多元化的生活需求。相比之下,农产品加工业对土地、设备、农业规模等条件的要求更高,因此返乡创业者涉及相对较少。这与走访中所了解到的当前乡村创业领域分布情况基本吻合。2023年的问卷调查显示,在第三产业创业的大学生占比最高,达到了40.60%,随后是在第一产业创业的大学生,占比为34.59%;创业中产业融合的倾向更为明显,第一、二产业融合,第一、三产业融合,以及三产融合的比例分别达到了3.01%、1.50%和2.26%(见图8)。

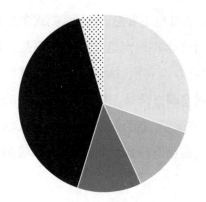

农业生产经营模式(规模种养业、特色农业、设施农业、林下经济、庭院经济等)(30.16%)

农产品加工业(烘干、贮藏、保鲜、净化、分等分级、包装等)(12.64%)

生产性服务业(物流、仓储、病虫害防治、农业信息咨询等)(12.20%)

生活性服务业(休闲农业和乡村旅游、文化创意、养生养老、物联网等)(40.35%)

其他(4.66%)

图7 2018年返乡创业大学生核心项目领域分布

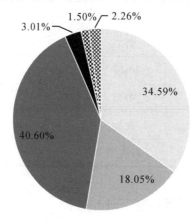

第一产业　第二产业　第三产业　第一、二产业融合　第一、三产业融合　三产融合

图8 2023年返乡大学生创业产业分布

四、浙江省大学生返乡创业的资源困境

　　创业的成功是创业者自身禀赋优势、外部有利市场环境和政府帮扶政策等诸多资源催生和耦合的结果。因此,创业资源是创业的必要条件。关于创业资源的概念和分类,学者提出了不同的说法,其中较新和较为全面的定义是由刘霞(2010)提出的,她认为创业资源是指创业企业在创业全过程中先后投入和利用的各种物质、能量和信息的总称。她还将创业资源分为财务资源、人力资源、知识资源、实体资源和社会网络资源。基于以上概念和分类,结合问卷调查数据和访谈文本分析发现,资金、知识、

人力、土地、市场是乡村创业的重要资源要素[①],因此,本文将从资金资源、知识资源、人力资源、土地资源和市场资源5个资源要素出发,分析大学生返乡创业存在的资源困境。

另外,创业企业的发展需要经历不同阶段,而每个创业阶段对于资源的需求状况也会有所不同。葛中锋在研究中发现处于生存阶段的企业对物资需求比较大,处于成熟阶段的企业对能力资源需求比较大,随着企业的成长,企业对于物资资源的需求逐渐减弱,对于能力的需求逐渐增加,对知识资源的需求没有表现出显著差异。考虑到创业阶段对资源需求和存在问题的影响,本文将处于不同创业发展阶段的企业与主要资源困境进行多重响应交叉分析后[②],获得结果表5。

表5　2018年不同阶段主要资源困境的多重响应交叉分析

创业资源	创业困难	初创期	成长期	成熟期	共计
资金资源	创业资金不足	54(12.1%)	52(11.5%)	43(9.5%)	149(33.1%)
知识资源	专业知识不足	68(15.2%)	22(4.9%)	54(11.9%)	144(32.0%)
	社会经验、行业经验不足	72(15.9%)	31(6.9%)	21(4.8%)	124(27.5%)
人力资源	人才缺乏	28(6.2%)	58(12.8%)	43(9.5%)	128(28.5%)
土地资源	用地受限	10(2.2%)	33(7.2%)	21(4.8%)	64(14.2%)
市场资源	市场需求不足	14(3.2%)	37(8.2%)	11(2.4%)	62(13.8%)
	社会资源不足	21(4.7%)	27(5.9%)	11(2.4%)	59(13.0%)

(一)资金资源短缺,乡村创业缺乏"自转"优势

1. 自筹资金总量有限

自筹资金主要是指个人自有、亲友筹款等筹集的资金。2018年的问卷数据显示,创业者依赖自筹资金的比例较高,包括自有资金、父辈经济资助、与他人合伙出资等(36.32%),尤其在创业启动资金的筹集上,自筹资金占了很高的比例,如受访者

[①] 根据分析结果,剔除了影响较小选项:政商关系不够融洽;企业税费负担重;缺乏核心竞争力;受天气、病虫害等自然因素影响较大;技术成果转化、研发水平等配套生产性服务不成熟;乡村基础设施落后、家人阻力和世俗观念的禁锢。

[②] 首先对数据做加权平均,做出频数分布图,再对各因素进行排序,随后再对处于不同创业发展阶段的企业与最主要的资源困境进行多重响应交叉分析,分析制约大学生创业企业发展的资源因素是否会因为企业处于不同发展阶段而有所差异。

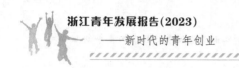

WXJ的启动资金来源于亲朋好友的借款,受访者WYB的父母则将一套房子作为他的创业启动资金。随着企业规模的扩大,设备的升级,对于并没有许多先赋性资源的返乡创业大学生来说,靠自筹资金难以支撑企业的后续发展。

2. 融资渠道狭窄且融资门槛高

在自筹资金有限的前提下,解决资金难题的根本在于获得外部资本。2018年的问卷调查数据显示,返乡创业大学生能获得的外部资本主要以政府创业补贴或贴息贷款(23.11%)、银行抵押贷款(13.81%)为主(见图9)。访谈中获知,政府部门和金融机构设置的申领"门槛"较高,许多返乡创业大学生难以满足相关申领条件。一是申领创业补贴政策往往受到户籍地、固定营业场所、营业利润等前置性条件限制,而且,申领过程手续繁杂、耗时长等问题也极大地挫伤了申领者的积极性。二是金融机构不愿意给规模小、风险大、周期长、还贷能力弱的大学生返乡创业项目提供低息贷款,往往会增设一些隐性障碍。受访者ZL表示:"我们参加比赛得了名次,理应给予免担保贷款,但最后审完我们的材料,可能考虑到风险,银行还是叫我们提供抵押物或者找一个担保人,最后这笔贷款就不了了之了。"(见图10)此外,乡村创业项目收益低、风险高等因素致使返乡创业大学生难以获得风投资金的青睐,获得风投资金的仅占1.59%。

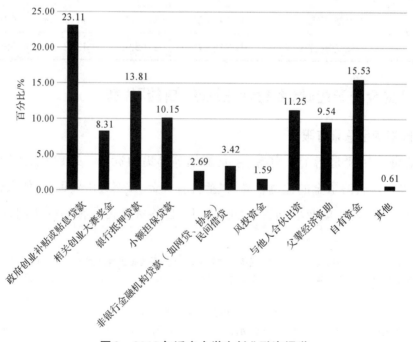

图9　2018年返乡大学生创业融资渠道

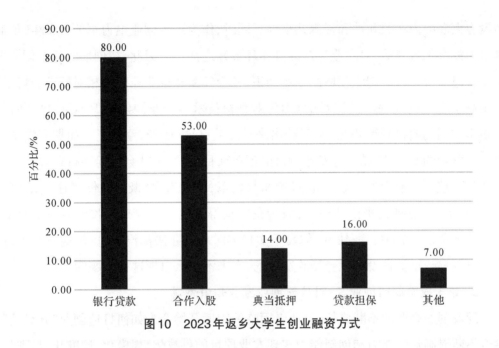

图10　2023年返乡大学生创业融资方式

3. 贷款期限短融资成本高

大部分返乡大学生创业者获得的贷款还贷时间为1—3年,而乡村创业项目,特别是农业种植类项目,投资见效慢,很多投资要想实现收益至少要5年时间,这导致企业在实际经营中往往因周转资金短缺而难以还贷。同时,创业者还要面临资金过桥、银行断贷等金融风险,无形中提高了融资成本。正如受访者QK所说:"农业本身就是个收益很缓慢的行业,但贷款时间太短,容不得我们喘气。比如我贷了70万元,这70万元都扔到田里了,还贷款的时候田里还没有收益,去哪里搞70万元? 我很多朋友赔了就是因为他用高额借贷还贷款,之后银行又不贷给他。理由是银行觉得他效益不好。农业哪有这么好(做)的,受影响因素那么多,不像工业(产)品是标准化产品复制的结果,产能比较稳定。"

(二)知识资源储备不足,乡村创业缺乏发展动能

1. 处于初创期的创业者:专业知识技术不足和经验缺乏

调研发现,企业初创期对创业者的专业知识(15.2%)、社会经验和行业经验(15.9%)的需求最为迫切。大学生在高校主要接触和积累的是非农领域的技能和人脉关系,这与其返乡创业大多从事的农业项目在专业技术、分工协作、市场拓展等方

面没有太多的内在关联性和资源共享性。同时,作为返乡创业主力军的大学生,他们基本上没有干过农活,对农业生产的具体环节知之甚少。因此,初创期的返乡创业大学生普遍认为自己对创业领域的专业知识、社会经验和行业经验等相对匮乏,且该情况限制了企业的发展。受访者CJJ因为对种植技术等专业知识认识不足,创业时倍感艰辛:"因为自己经验不足,土豆种出来是绿的,口感很苦,亏本了。"而拥有农学专业学科背景的WYB选择了与专业对口的创业项目,但由于社会经验和行业经验的不足还是碰壁了:"有个客户说给他摘2000斤西瓜,明天来拿,谈好的价格是2元每斤。我们(早上)四点钟起来全部摘好,因为我们觉得等他八点钟来再收瓜就来不及了。结果他来了以后就说:'一块八,你卖不卖!'那时一点办法都没有,瓜都摘下来了,你不卖也得卖。这就是没有社会经验造成的,本来不应该出现这种问题的。"

2. 处于成熟期的创业者:对缺乏创业专业知识恐慌

随着创业企业的不断成长,创业者面临的困境开始变为如何打造创业"升级版",通过不断提高运营能力和创新能力实现农业项目的科技化、规模化、标准化、品牌化,此时,需要更多专业性的知识和顺应新时代发展的管理理念。因此,创业者在成熟期面临的最普遍问题就是对缺乏专业知识的恐慌。调查还发现,成熟期的返乡创业大学生对专业知识的需求较高(11.9%),主要表现为对市场、管理、财务、前沿技术等多方面知识的全面掌握和深度融合,创业者需要从基于实践经验管理的经营者向基于现代系统管理知识的企业家转变。正如创业者QK所说:"返乡创业青年,既要懂得算账,看得懂财务报表,还要懂种田,懂前沿技术;既要善于跟政府部门的领导打交道,又要懂得和专家交流最新的商业模式,还要学会如何去筹措贷款资金。"

(三)劳动力供应不足,乡村创业缺乏人才竞争力

1. 简单劳动力供给不足,人力成本高

据调查,相较于高素质人才,返乡大学生对简单劳动力的需求更为迫切。受访者ZLX表示,"搞技术的农业科研人才,一个企业有一个基本上就够了,但对实际操作的技术工人需求量就非常大"。但是,多年来,在城乡收入巨大势差的诱导下,农村绝大部分优质人力资源流向城镇,农村人口老龄化、村庄"空心化"问题凸显,城乡之间的经济"剪刀差"变成了人力资源的"剪刀差"。多名受访者介绍,从事农业工作的劳动力平均年龄在60岁,而"留守"农村的中青年农村劳动力不会也不愿意从事农业工

作。农业特有的季节性"用工"需求进一步加剧了招工难度,无形中也增加了创业成本,受访者WQ表示"现在把箱子从一楼搬到五楼这种活儿都没人愿意干,除非给高价钱",且"园子里人力成本每天就得300元左右,长期用工根本雇不起"。

2. 优秀人才回流难,专业人才紧缺

随着现代化农业的推进和农村一二三产业融合的发展需要,大学生返乡创业者倾向于将更多创业项目引入乡村,如文化创意、跨境电商、视频制作等,这些企业急需专业人才的加入,但他们在招聘专业人员时频频遇冷,正如受访者所说:"我们的招聘需求贴出去,来应聘的只有两三个人,稀稀拉拉的;在杭州贴一个,成百上千的人来面试,这就是区别。"目前大学生返乡创业企业所能招聘到的员工多以当地初高中学历的劳动力为主,学历层次较低,各企业需要的管理、财务、信息类人才都存在缺口。如跨境电商类企业需要外语、跨境电商专业的人才,而在乡村,能达到英语六级水平的人才都很难招到。与拥有更多机会和资源的大城市相比,乡村在吸引人才、留住人才上缺乏足够的竞争力。同时,传统的就业观将众多优秀的大学生推出了乡村的"家门"。受家庭传统就业观念影响,多数家庭期望子女在体制内"体面"就业,如公务员、事业单位和国企,而不是回到农村就业或创业,这种观念在乡村尤为普遍。受访者WXJ说道:"像我们在农村创业的,很多家长是不太支持的,他们觉得好不容易考上大学,为什么还要回来做苦力,最好是不要晒太阳(不要干农活),所以我们几个人原来都是瞒着家里人做的。"对于返乡创业大学生而言,随着创业的不断推进,对专业人才的需求逐步增加,人才招募面临观念和现实上的多重障碍。

(四)土地使用受限,乡村创业缺乏基本支撑

1. 农业设施用地"申请难"

大学生返乡创业需要一定规模的土地。现实情况是,受我国基本农田保有率、土地利用总体规划、建设用地指标等因素的限制,同时,相对于引进现代产业的大项目而言,返乡大学生所创办的各类企业因为规模小和技术含量低,土地的产出率不高,为地方财政所提供的税收十分有限,地方政府不愿意把日渐稀缺的用地指标分配给大学生农业创业项目。因此,返乡创业大学生一直面临着农业规模经营设施用地少、设施用地"申请难"、使用年限短等问题。不少返乡创业者说:"虽然规定农业设施建设配套的附属设施面积占总面积的3%—5%,看似给予了一定空间,但事实上这个比

例远远没有达到。"面对农业建设用地的"可望不可即"，一些返乡创业大学生冒险在农用地上建房，但因房屋无产权证，随时面临"违章建筑"被拆除的风险，加剧了农业创业的不稳定性。

2. 农村土地流转"风险多"

在当前我国土地集体所有的制度背景下，土地流转是返乡创业大学生发展规模经营的主要举措。土地流转已呈现出从农户自主流转向组织化、有序化流转转变的趋势。但仍有相当一部分的农村土地流转形式是在企业与农户之间的私下流转，存在租户过多、金额难以协商一致等问题。如受访者DR提到，"土地流转时签的合同钉在一起有一本书厚"，签约的时候还面临"这个没有1000元不租，那个没有2000元不租，最中间的土地打死都不租"的扯皮烦心事。目前，浙江省土地使用权第二轮承包的到期时间一般在2029年末，对创业者而言，目前的承包期不到11年，如果追加投资，尤其是一些资金投入较多的农业观光园、生态农庄类项目，合同到期的时候可能会面临土地流转价格被抬高的风险。此外，虽然党的十九大报告指出，第二轮土地承包期到期后再延长30年，但与之相关的具体政策尚未出台，到期后土地是否能顺延使用仍是创业的风险点。

（五）市场资源匮乏，乡村创业缺乏发展"催化剂"

调查数据显示，返乡创业大学生对市场资源的需求主要集中在市场需求和社会资源方面。在创业初期，部分大学生创业者由于市场定位模糊，在项目选择、产品生产和服务开发上存在盲目性，导致产品生产和服务开发的针对性不强。如受访者ZLX提及其初次创业失败的原因时表示，"果园种的果类太多，西瓜、葡萄、猕猴桃七七八八都有，定位不清晰，每一个品种单独拿出来都卖不好"。

在创业成长期，随着企业生产规模的扩大，返乡创业大学生急需解决产品的销路问题，但其拥有的市场资源不足以匹配企业的市场需求，主要体现在以下两个点：一是本地市场开拓受限。一方面受乡村消费力、消费环境、消费结构等因素的影响，乡村本地的消费市场基础薄弱，市场支撑力不足。另一方面，乡村仍是一个熟人社会，认熟不认生，认情不认"理"，许多返乡大学生创业者，尤其是外来的返乡大学生具备的乡村社会资源较为有限。二是外地市场拓展难。一方面，市场开拓需要极大的广告投放和宣传力度，其金额对于返乡大学生创业企业，尤其是农业企业而言难以承受。另一方面,许多外地市场存在市场壁垒,如果没有良好的社会资源(熟人介绍或政府推介),很难对接外地或外省资源。

综上所述,当前返乡创业大学生主要受到资金、知识、人才、土地、市场等创业要素资源的限制。为了引导大学生返乡创业,促进农业农村经济的发展,近年来,国家大力扶持农村创业,提出了许多有针对性的创业政策。但从调研结果来看,这些创业政策对返乡创业大学生的影响程度一般[①],其平均得分仅为2.68,说明创业政策的落地成效不显著。究其原因主要在于,当前创业政策涉及的职能部门众多,政策执行方分散,容易产生"九龙治水"局面,造成政府服务单打独斗、资源"碎片化"的情境。比如一次性创业奖励由人力资源和社会保障局执行,科技项目奖励由科学技术局执行,人力资源和社会保障局、团委、农业经济发展局等多个部门都有创业贷款与贴息相关政策。返乡创业大学生很难一次性知晓全部的创业政策和服务内容,政策利用率不高。此外,创业政策普遍存在"扶大忽小"、针对性不强等问题,创业政策对返乡创业大学生的激励和支持力度还有待进一步加强。

五、促进大学生返乡创业的对策和建议

党的十九大明确提出把"乡村振兴战略"作为解决"三农"问题的重要战略来部署。返乡创业大学生作为人才振兴的最重要组成部分,在乡村的热土上汇聚了智力资源,迸发出创新驱动发展的强大推进力,为实现农业强、农村美、农民富积累了宝贵经验。更好地促进大学生返乡创业,需要统筹各方力量,共同促进乡村发展,形成人才、土地、资金、产业汇聚的良性循环,真正吸引、留住返乡创业大学生。

(一)以推动政策高效落地为支撑,为大学生返乡创业架桥铺路

一是要增强政策落地的协同性。政策与制度支持是返乡创业大学生群体获取的主要配置性资源之一。各级农业部门要充分发挥牵头作用,建立部门间协调机制,明确任务分工,落实部门责任,形成齐抓共管、共同推进的工作合力。系统梳理各部门已发布的有关支持乡村创业的政策、制度,全面落实给予高校毕业生创业税费减免、

---

① 创业政策对企业发展的影响度打分,1分为影响度最小,5分为影响度最大,实际平均得分为2.68分。

场租补贴、培训补贴、创业担保贷款及贴息等政策。充分利用"指尖上"的新媒体，让返乡创业大学生对创业扶持政策有充分的了解与掌握，扩大政策信息覆盖面，提高透明度，以实现政策宣传全覆盖，政策服务零距离，政策落实无盲点。二是要强化跟踪服务力促政策落地。加快制定政策的实施细则，确保创业扶持政策可操作、能落地。建立健全政策跟踪服务机制，结合"最多跑一次"改革的推进，最大限度地为大学生返乡创业项目的落地减环节、减时限、减费用。三是要加强督促检查。建立督促检查机制，将政策落实和工作推动纳入年度目标任务考核。

（二）以深化"三位一体"改革为导向，为大学生返乡创业搭建资源聚合平台

以农民合作经济组织体系建设为重点，发展生产、供销、信用"三位一体"综合合作，是习近平总书记在浙江工作期间亲自部署和推动的重大改革举措。实践证明，"三位一体"综合合作是培育新型农业经营主体、健全农业社会化服务体系、实现小农户和现代农业发展有机衔接的有效途径。要及时总结浙江"三位一体"改革经验，按照党的十九大关于实施乡村振兴战略的部署，构建以合作社、联合社和产业协会为载体的农业专业性服务体系与以"以农合联"为载体的通用性服务体系相结合的现代农业服务体系，助推大学生返乡创业。一要推广"三位一体"改革试点经验，坚定走"组织化的农村市场化发展路子"，积极鼓励返乡创业大学生立足当地优势资源，围绕农业主导产业、特色产业和优势产业，创办、参办、合办专业合作社。同时，以专业合作社为载体，实现抱团快速发展，推进规模化生产、标准化建设、品牌化经营。二要围绕"谁来种地""种什么""怎么种""种出来的产品怎么办"等现实问题，以农民专业合作社为切入点，加大农业产业结构调整力度，推动各种生产资源要素聚集和优化整合，提升产业价值链。

（三）以寻求政策精准突破为支点，为大学生返乡创业蓄积新动力

研究突破性的政策举措，与返乡创业形成良性互动，是破除创业政策影响力"一般"的现实路径。创新政策要围绕影响大学生返乡创业的突出问题，找准切入点，进行重点突破。一是在资金方面，要建立健全专门针对返乡创业大学生的贷款扶持政策，对由返乡大学生创建且经营状况较好的农业创业项目，优先提供财政资金扶持。

鼓励地方政府通过参股、风险补偿、跟进投资等方式,引导和撬动更多金融资本去支持农业、农村发展。深化农村金融体制改革,实施乡村振兴金融服务工程,创新"政银担"合作机制①,提供适度的政府信用支持,缓解投资涉农项目的风险压力,增强金融对乡村的支撑力。深化农村"三权"抵押贷款②,加快推进农村产权确权颁证、价值评估、交易流转等配套制度建设,支持高效生态农业、循环农业、特色农业、数字农业、智慧农业发展。二是在土地方面,要在守牢"土地公有制性质不改变、耕地红线不突破、农民利益不受损"三条底线的基础上,借鉴养殖业建造养殖用房不再审批的经验,在种植业方面进行制度创新。融合推进农村宅基地制度改革③、农村集体经营性建设用地入市和土地征收制度改革。深化推行土地经营权入股,在更大范围、更高层次上推进农业产业化经营,促进土地与资金、技术、人才等现代生产要素的有机结合。三是在人才方面,要加快构建以公益性机构为主体,市场主体和多方资源共同参与的"一主多元"培育体系。实施现代青年农场主培养计划、新型农业经营主体带头人轮训计划、农村实用人才带头人培训计划和农业产业精准扶贫培训计划,加大精准培训力度。将返乡大学生创业工作纳入基层工作经历和年限,调动返乡大学生创业的积极性,同时为他们向上流动提供政策保障。

(四)以厚植城乡融合发展新优势为根基,为乡村振兴清障搭台

党的十九大报告明确提出"建立健全城乡融合发展体制机制和政策体系",这是新时代实施乡村振兴战略、加快推进农业农村现代化的根本保障。从2003年制定"八八战略"以来,浙江实施了一系列统筹城乡兴"三农"的战略举措,加快推进城乡一体化。2017年,浙江城乡居民可支配收入比为2.054∶1,稳居全国前列。当前,必须深

---

① 2015年8月出台的《国务院关于促进融资担保行业加快发展的意见》将"三类融资"担保界定为准公共物品,即小微企业、"三农"及关系经济社会发展大局的融资,提出构建以政府支持的融资担保和再担保机构为基础的新型融资担保体系。其中安徽省以"1+5"制度体系为基础形成了"4321"模式,在全国率先构建了省、市、县三级全覆盖的政策性担保体系,即针对非融资服务类小微企业和"三农"提供的单户在保余额2000万元(含)以下的政策性融资担保业务,一旦发生代偿,市县政策性担保机构承担40%,安徽省信用担保集团承担30%,合作银行承担20%,地方政府财政承担10%。

② "三权"抵押贷款是指农户用农村土地承包经营权、农村居民房屋权和林权作抵押向银行申请贷款,不得改变土地所有权性质,不改变土地用途。

③ 2016年4月,义乌市委、市政府印发的《关于推进农村宅基地制度改革试点工作的若干意见》明确,在落实宅基地所有权和保障集体经济组织成员资格权的前提下,允许宅基地使用权通过合法方式有条件转让。由此,基本确立了义乌市宅基地制度改革中的宅基地所有权、资格权、使用权"三权分置"制度的基础。

入学习贯彻习近平总书记关于"三农"工作的重要论述，以"八八战略"为总纲，坚持以统筹城乡兴"三农"为主线，进一步发挥浙江的城乡协调发展优势，以构建城乡融合发展的体制机制为着力点，以深化城乡综合配套改革为主动力，加快实现城乡公共服务均等化、居民收入均衡化、产业发展融合化，为新时代乡村振兴战略的实施提供浙江经验。一要坚持以人民为中心的发展思想，持续深化"千村示范、万村整治"工程，补齐农村基础设施建设、基本公共服务有效供给的"短板"，全域提升农村人居环境质量，这也是推进乡村创业软环境持续改善的关键。二要加快形成工农互促、城乡互补、全面融合、共同繁荣的新型工农城乡关系。乡村振兴本质上是对工农、城乡关系的重塑。要统筹谋划工业和农业、城市和乡村，不仅要推进基础设施、公共服务的融合，也要推进产业体系、生态保护的融合，更要推进规划布局、要素配置的融合。要聚力打造"山海协作工程"升级版，以创新合作为重点，研究技术、人才、信息等要素向山区转移的好办法，推动协作内容从传统产业梯度转移向创新成果转化落地转变。三要把城镇建设成带动乡村发展的龙头。要把特色小镇、美丽城镇建设作为实施乡村振兴战略的战略支点和重要突破口，完善城镇功能、彰显城镇特色、强化城镇统筹能力，以镇带村、镇村联动，加快走出城乡融合发展之路。

供稿单位：浙江省团校

撰稿人：张文婷、卫甜甜、蔡宜旦、张洁、程德兴

政务新媒体中的青年创业者形象呈现、不足及改进建议

一、研究缘起

鼓励青年创业是解决就业难题的重要途径，也是政府工作的重要任务。习近平总书记指出，青年是社会上最富有活力、最具有创造性的群体。抓好青年创新创业工作，社会发展就能获得源源不断的活力。而人民数据研究院联合北京师范大学新闻传播学院、粉笔发布的《青年群体职业规划数据分析报告（2023）》显示，青年群体对未来职位的倾向中占比前三名的仍是"政府部门""事业单位"和"央企国企"，"自主创业"居于倒数第二位。由此可见，鼓励并引导青年开展自主创业的相关工作依旧任重道远。

政务新媒体作为党和政府与公众交流沟通的重要窗口，发挥着宣传党政方针、政策理念等重要作用，是提升社会治理能力的重要手段和途径。其打造的青年创业者形象具备权威主流性，不仅会形塑公众对青年创业者的具体认知，也会给予潜在创业者较为直接的经验借鉴和案例参考，成为被学习和模仿的范本。本研究通过分析浙江省政务新媒体在2023年发布的有关"青年创业者"主题的推文内容，总结青年创业者媒体形象特征、推文的叙述方式及框架，归纳总结部分优秀推文案例经验，尝试为政务新媒体有效打造青年创业者形象提供建设性意见，从而激发更多青年参与到创新创业队伍中来。

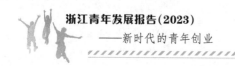

二、文献综述

（一）政务新媒体中的媒介形象

梳理文献发现，以"政务新媒体塑造的媒介形象"作为研究主题的论文集多对公职人员群体的媒介形象进行探讨，诸如消防员、警察、外交部发言人等。这些研究重点围绕政务新媒体发展现状、媒介形象建构方式、呈现的媒介形象、存在的不足及反思、未来优化路径等方面展开讨论，研究内容框架的同质性较高。

现有的研究结论显示，政务新媒体基本上都能展现出公职人员群体的正面形象，但同时，政务新媒体又大多存在"内容同质化高""传播定位及传播类目不清晰""泛情感化、娱乐化""制作水平不高"等问题，亟待通过"明晰自身定位""建立专业运营队伍""寻求差异化亮点""重视公众反馈"等途径进行改进。

（二）媒体报道中的青年创业者形象

回顾相关文献，以"青年创业者媒介形象建构"为主题的研究大多以《中国青年报》等媒体的报道作品为分析对象，通过内容分析与文本分析相结合的研究方法，分析报道作品统计情况、青年创业者媒介形象特点、创业动机等内容，探讨主流媒体对青年创业者群体的报道存在的不足及优化建议。

就研究结论而言，主流媒体构建的青年创业者媒介形象整体上是"有创造力""有意志力""以反哺家乡为动机""经验不足"的，而相关报道大多存在"青年创业者选取范围较小""缺乏创业失败负面案例""报道完整性缺失"等问题。概括来讲，已有文献在研究框架搭建上较为完整，分析类目较为全面，但在报道样本选择上过于单一，尤其是针对特定领域创业青年群体媒介形象的分析不足，无法反映青年创业者媒介形象全貌。

基于对相关研究的梳理，本研究以政务新媒体中的推文作为研究案例，旨在探究政府官方话语中的青年创业者的媒介形象特质及其建构方式，并且尝试提出可行性建议，帮助政务新媒体更好地发挥示范引领的功能。此外，本研究还针对报道中占比较大的"第一产业创业青年"进行单独分析，总结该人群特有的媒介形象特点。

三、研究对象和研究方法

(一)研究对象

《国务院办公厅关于推进政务新媒体健康有序发展的意见》指出,政务新媒体是指各级行政机关、承担行政职能的事业单位及其内设机构在微博、微信等第三方平台上开设的政务账号或应用,以及自行开发建设的移动客户端等,通常具备"推进政务公开,强化解读回应""加强政民互动,创新社会治理"以及"突出民生事项,优化掌上服务"等功能。共青团关注青年的成长成才,在青年思想政治教育中发挥着重要作用,承担着组织青年参与社会实践、推动社会进步的责任。共青团政务新媒体以广大青年为目标受众,传播青年模范榜样先进事迹,鼓励青年积极投身社会主义现代化建设。微信公众号是其政务发布的主要渠道,具有定位性强、接受度高等特点,其传播效果容易达成。为此,本研究以浙江省各设区市、县(市/区)的共青团组织微信公众号中的推文为研究对象。

本研究以青年创业为关键词,收集了自2023年1月至2023年12月的全部推文,共计391篇,经人工阅读推文后,删除其中仅提及青年创业,整体内容与研究主体不相关的推文,共留下189篇相关文章作为研究对象。具体筛选标准为,能够较为全面体现青年创业者人物形象且创业经历较为完整。筛选过程中发现大量关于获奖名单公示、投票等内容的推文,其中仅涉及青年创业者人物简介、成就成果等简要信息,不符合人物推文规范,不具备增量信息,因此并未被纳入研究范围。

(二)研究方法

为对推文内容展开深入分析,本研究使用内容分析法与文本分析法相结合的方法。内容分析法是一种对传播内容进行客观、系统和定量描述的研究方法。内容分析法将非定量的文献材料转化为定量的数据,并依据这些数据对文献内容做出定量分析和判断推论。内容分析法目标明确,要求研究者根据预先设定的计划按步骤进行,研究过程严谨和规范,不容易受主观态度的影响。

本文使用内容分析的量化方法,预先对推文中的人物的性别、年龄、创业领域及

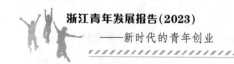
创业目的和动机等特征信息进行类目编码,通过整理、归纳推文样本内容,得出研究所需的数据结果,并尝试对此进行解读分析。

文本分析法是指从文本的表层深入文本的内容和具体细节,从而发现不能为普通阅读所把握的深层意义。相较于内容分析较为浅层的量化式归纳总结,文本分析能够从句式长短、话语风格、叙述方式、排版设计等具体构成元素入手,探究典型人物媒介形象塑造、价值建构与传递的深层机制。本研究通过对高质量推文的文本进行深入分析,尝试梳理出有关青年创业人物的优秀推文应具备的文本特征,并提供相关建议。

(三)研究设计

1. 类目建构

针对筛选出的189篇青年创业者相关推文样本,本研究分别以人物性别、人物年龄、创业行业领域、创业动机及目的,以及与"青牛奖"的相关度等作为信息指标,旨在了解青年创业者的媒介形象。

2. 信度检验

为了防止编码等环节由于主观判断产生信息偏差,本研究组建了一支由1名培训员、2名编码员构成的团队,以保证最终结果的客观性、规范性。具体操作为:首先,抽取总样本量的10%作为培训素材,由培训员向2位编码员讲解类目建构意义、编码规则等内容;其次3人共同完成2个样本的编码,以熟悉实操流程,再由培训员、编码员各自完成剩余18篇样本编码;最后检验3人编码结果的一致性。通过百分比一致性计算公式,即编码一致的单位数除以所有编码单位总数,得出系数为0.904,表明类目建构、编码标准具备良好信度。

四、青年创业者推文的内容分析

在关于青年创业者的政务推文中,创业者的故事是绝对的推文主题,其中推文关注何种创业者,哪个行业,如何展示创业者的经验、经历,如何普及青年创业政策则有所差异。这些差异一方面反映了青年创业者群体本身的区别,另一方面也反映出了政务新媒体呈现倾向的不同。

（一）青年创业者类型

政务新媒体推文多围绕男性青年创业者展开，他们往往受过较好的教育，拥有坚忍刻苦的精神，且通过创业获得了较好的经济回报与社会声誉。本研究首先从推文中创业者的年龄和性别出发，对创业者的基本情况进行了梳理。

由图1可知，所有样本中提到的青年创业人物共计222位。其中102位的年龄并不明确，占总样本量的45.9%，年龄为"28—32岁（1991—1995年）""23—27岁（1996—2000年）"及"33—37岁（1986—1990年）"的青年创业者数量相对较多，分别有38位、31位及29位，分别约占总样本量的17.1%、13.9%及13.0%。年龄在"18—22岁（2001—2005年）"范围内的青年创业者数量最少，只有10位，占总样本量的4.5%。

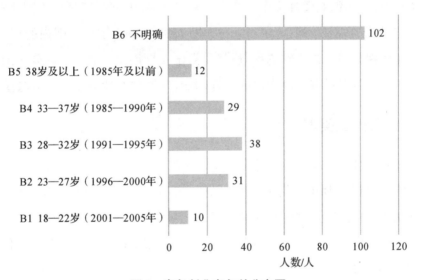

图1 青年创业者年龄分布图

由图2可知，政务新媒体选取作为推文对象的青年创业者人物中，男性占比为66%，女性占比为34%，男性数量是女性数量的2倍，数量差异较大，尚不均衡。究其原因，除了典型人物的选取机制存在不足外，也有出于社会观念和个人选择差异等因素而引起的女性创业者数量本身相对更少。当下，伴随社会开放度和女性地位的不断提升，更多女性力量持续投入创业领域当中。而由于生理机制、社会角色等差异，女性创业者所需要的榜样形象、借鉴经验无法从现有以男性为主的推文中获得满足，这就要求与女创业者相关的推文需进一步扩量提质。

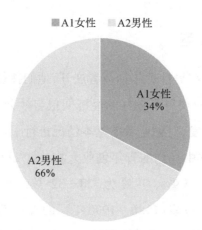

图2 青年创业者性别分布图

总体而言,青年创业者推文中人物的年龄分布较为均匀,能满足不同年龄段读者阅读及学习的借鉴需要。年龄在"23—37岁(1986—2000年)"范围内的创业者是主力军。但在性别分布上则不够均衡,虽然受限于女性创业人数较少的现实困境,但仍建议政务新媒体可以更多关注省内的女性创业者,展现女性创业的魅力与潜能。

(二)创业行业类型

从政务新媒体的推文中,我们发现青年创业者的创业行业类别存在产业融合的情况,如"农业"与"直播电商"相结合、"民宿"与"旅游"相结合等。由图3可知,青年创业者推文中,第一产业("农林牧渔业")占比最高,约占总量的50.3%,第三产业占比次之。其中,"住宿和餐饮业""信息传输、软件和信息技术服务业"及"文化、体育和娱乐业"占比相对较多。

整体来看,政务新媒体对于第一产业中的青年创业者推文最多,几乎等于其他所有领域青年创业者推文的总量,说明政务新媒体对于青年创业的关注与宏观政策导向有较大关联。但也因此存在创业行业选择不均衡的情况,浙江作为数字经济发展的先行省份,政务新媒体也可以多关注科技创业、服务创业的典范。

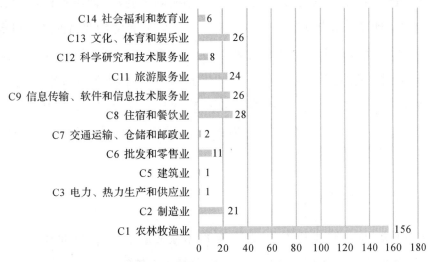

图3　青年创业者创业行业类别统计图

(三)创业目的及动机统计

由图4可知,青年创业者最主要的创业目的及动机是"寻求再发展",都是从原本的工作领域辞职,再投入创业阵营中。以实现"个人梦想""为振兴家乡做贡献"以及"照顾家庭"为创业出发点的青年创业者占比依次下降,以"传承和助推传统文化"作为创业目的及动机的人数最少。

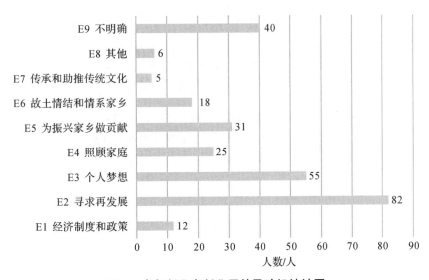

图4　青年创业者创业目的及动机统计图

需要注意的是,推文中创业目的及动机"不明确"的青年创业者有40位,约占总人数的14.6%,即少部分相关推文中并未提及青年创业者的创业目的及动机等信息。政务新媒体报道青年创业者的主要初衷,是为了鼓励、引导更多青年参与到创业领域中去,并给予创业的经验借鉴与启发。"创业目的及动机"作为促使青年选择创业的出发点的阐释说明,理应作为推文的重要部分,但部分文章对此并未涉及,这表明政务新媒体对青年创业者人物形象的塑造仍有欠缺,需要在进一步明晰推文宣传目的的基础上多加改进。

(四)创业政策被提及度

由图5可知,此次推文样本中,政务新媒体在文章中"提及创业政策"的仅占比30%,"未提及创业政策"的则占比70%,即在大量的青年创业人物推文中,"创业政策及政府扶持"起到的作用有被弱化的现象。但实际上,将青年创业者人物推文作为宣传介绍创业政策的渠道,不仅能够将枯燥、难懂的具体条例融入生动感人的人物故事当中,还能帮助潜在创业人群了解政策条目,起到更好的宣传和引导作用。

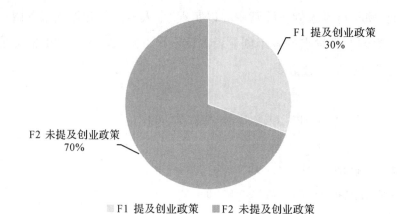

图5 青年创业者文章中创业政策提及度统计图

五、青年创业者推文的文本分析

(一)句式特点:简短有力,节奏性强

不同句式契合不同传播渠道的特性,短句易读易懂、节奏性强,相较于长句更适合新媒体用户的阅读习惯。通过文本分析发现,政务新媒体对于青年创业者的推文多采用短句,且语句节奏性强,不显单调。例如"景宁共青团"发布的《十大榜样青年 畲族文化传承人雷李江》节选部分:

> 雷李江从小生活在畲族文化传承人家庭,耳濡目染了很多优秀的传统畲族文化,对他而言,自己是畲族的新一代,有义务、有责任将宝贵的畲族优秀文化学好、用好、传承好、弘扬好。要发出好畲音,也要讲出好畲事,这是他的探索与追求,也是他的努力与方向。2014年,雷李江便开始从事策划畲族乡镇的畲族文化节庆活动,这一做就是七八年。

该段落共计152个字符,共有3大句,16个小句,最长的句子仅为23个字符,均为口语化表述,方便读者快速了解文本内容。段落首尾两句均使用最基本的"主、谓、宾"句式结构,显得自然通畅,使读者能迅速抓住重点信息。另外,段落中较多使用顿号,如"有义务、有责任""学好、用好、传承好、弘扬好",逻辑关系层层递进、断句简短有力,富有节奏性,读起来不觉枯燥乏味,也与人物果断、行事干练的性格相互映衬。此外,刻画人物形象也常用短句。如"三门青年"发布的《垦荒青牛奖寻访 卢丹霞:一颗黄金柚里的共富路》节选部分:

> 33年前,一位怀有身孕的农妇,在滩涂地上栽种下第一棵胡柚树;33年后,她的"海归"儿媳,脱掉高跟鞋、穿上高筒靴,用她的巧手慧心,将一颗颗胡柚变成"黄金柚""共富果",带动全村销售胡柚400多万斤。这位"海归"儿媳就是台州市人大常委会委员、"三拾柚三"品牌创始人卢丹霞。

该段落共计129个字符,2个大句,13个小句,最长的句子不超过20个字,将人物身份、经历及人物关系整体展现在读者眼前。"脱掉""穿上""变成""带动"等描述性动词的使用,生动刻画出勤劳能干、善良无私的人物形象,方便读者理解记忆。

(二)话语风格:生动活泼,平易近人

青年创业者推文的主要受众集中在年轻一代,生动活泼的话语风格更符合该群体的阅读偏好,平易近人的故事阐述更能激发读者共鸣、产生代入感,由此才能更好地发挥榜样引领作用。例如,"三门青年"发布的《从"85后"到"00后",这群三门小伙的乡村创业故事很精彩》一文的节选部分:

> 毕业5年,"95后"大学生陈子鹏的经历可谓丰富:开了一间画室,改造了两间农村老房,打造了两个网红打卡点……用他自己的话来说——"就是爱折腾"。这"折腾"动静最大的一次,是用近两个月时间,把三门县浦坝港镇蒲岙村的一间闲置老宅改造成名为"前庭后院"的中式茶馆,让名不见经传的小村"出了圈"。

对于"陈子鹏"的个人经历介绍,文中以口语化表达替代正式严肃的材料堆积,用具有调侃意味的"爱折腾"一词总结人物形象,不仅拉近了读者与推文中的人物的距离,也去除了榜样宣传的说教意味,能够使人物形象深入人心,优化传播效果。此外,推文文本中不乏朴实、接地气的文本阐述,让读者深入了解创业过程的艰辛不易,如"台州共青团"转载的《身边的垦荒青年 从"小白"到专家,"85后"务农青年的逆袭之路》一文的节选内容:

> 虽然简单,但也是最累的。第一年,家里包了60亩地,400个大棚,800个棚头。牟森林每天早晨5点半起床,等他放完棚头,天刚蒙蒙亮。晚间则要看着天色开始关棚,从6点半到7点,等关完棚,天也就黑了。

该段语句主要由名词、动词构成,几乎没有形容词,将牟森林一天的作息不加修饰地展现出来。"60亩地""400个大棚""800个棚头""5点半"等大量具体数字的运用,

不仅佐证了人物经历的真实性,也让读者对人物的工作量产生具体感知,自主构建起人物形象。

(三)叙事方式:视角多样,代入感强

不同的叙事方式可以带给读者不同的阅读感受。此次推文样本中,除了常见的顺叙、倒叙外,也大量使用了插叙、平叙等叙事方式,增强文本的复杂性和悬念感,使人物故事更具有吸引力。如"青春瑞安"发布的《在瑞安,创未来 古雪丹:用美食与公益铺就幸福之路》一文,描述"古雪丹"做公益的初衷时就采用了插叙手法:

> 在事业有了起色之后,古雪丹做起了公益。4年前,她加入了中医院旁边的崇德义工队伍,经常前往崇德慈爱站发放爱心早餐。从今年1月起,古雪丹的身份从义工转变为了爱心捐赠者。每个月的18日……古雪丹做公益的初衷,还和她的童年经历相关。"其实我妈妈在我8岁时就去世了,当时治疗癌症的费用还蛮高的,爱心人士给我们捐了款……"

采用插叙的叙事方式,在不打乱原有行文逻辑的基础上,补充说明有关背景信息,使事件的阐述更加完整。对"古雪丹"家庭情况的补充,不仅加深了读者对人物形象的了解,也使人物行为的动机更富有合理性,不显浮夸。

另外,一些推文的叙事视角同样富有新意,部分推文使用自述方式,从第一人称视角展开,描写生动且具有代入感。例如"青春安吉"发布的《青年发展型县域29 余村青年共创行动:有在努力生活,链接很多优秀的朋友》一文,从主人公"阿鲍"的视角展开介绍:

> 为期14天的余村青年共创行动刚进行到一半,这段时间我每天都在认识新朋友,每天都会超级羡慕他们的才华和能力。今天文思如泉涌,我也想写下一些属于他们的故事。

相较于记者通过采访撰写文本,自述视角以第一人称的口吻进行,直接表达所见所感,文本的感染力和可信度更强,语言风格更为自然,更易引发读者共鸣和情感共

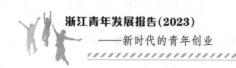

振,使作者与读者的距离被大大拉近,从而易达成良好的传播效果。

(四)排版设计:匹配内容,富有亮点

微信推文的排版设计是用户打开链接后对文章产生的第一印象。独具匠心的排版设计可以提升内容的可读性,使文章更具条理性、层次感,提升用户的阅读体验,相反,排版设计过于单调乏味、与文本内容不相匹配,会降低用户的阅读兴趣,弱化传播效果。分析发现,此次推文样本的排版设计大多与文本内容相互匹配,对传播效果起到了正向促进作用。其中,"青春丽水"发布的《我的就业三 GUAN 3年创收千万! 这个在校大学生怎么做到的?》文章的排版设计就极具特色。

如图6、图7所示,该文章排版设计使用"水墨""国风"的画面风格,选取"群山""仙鹤""古塔""印章"等元素,把"创业"描绘成"江湖",把人物创业经历比作"侠客修炼",为文本内容增加趣味性的同时,也通过极具辨识度的视觉表达给读者留下了深刻印象。

图6 排版设计1

图7 排版设计2

六、浙江政务新媒体中青年创业者的形象呈现

(一)青年创业者媒介形象的性格品质

为客观、全面地了解政务新媒体打造的青年创业者形象,本研究使用 Python 对

189篇推文样本进行了词频统计,然后以描述人物性格、品质等内容的形容词作为标准,进行筛选、过滤,得到如下排名前50的词频统计表。根据表1并结合具体文本,本研究归纳梳理出政务新媒体打造的青年创业者的4种主要形象。

表1 关于政务新媒体推文中青年创业者的性格品质的词频统计表

单词	次数	词频	单词	次数	词频
坚持	79	0.01103	先进	22	0.0003
新农	77	0.001075	广阔	22	0.0003
成功	75	0.001061	忙碌	21	0.000286
积极	74	0.001008	友好	21	0.000286
热爱	73	0.000994	健康	21	0.000286
年轻	73	0.000994	坚定	20	0.000272
优秀	66	0.000898	热血	20	0.000272
不同	58	0.00079	有效	20	0.000272
致富	48	0.000654	肥沃	19	0.000259
共同富裕	46	0.000626	依旧	19	0.000259
正式	44	0.000599	独特的	18	0.000245
丰富	44	0.000599	不服输	17	0.000231
负责	39	0.000531	稳定	15	0.000204
创新的	38	0.000517	方便	15	0.000204
脚踏实地	36	0.00049	浩瀚	15	0.000204
重要	29	0.000395	广泛	14	0.000191
智慧	27	0.000368	连续	14	0.000191
简单	27	0.000368	认真	14	0.000191
美丽	26	0.000354	成熟	14	0.000191
喜欢的	26	0.000354	新鲜	14	0.000191
直接	25	0.00034	精准	14	0.000191
困难	24	0.000327	稳定的	12	0.000163
很大	23	0.000313	用心	12	0.000163
毅然	23	0.000313	温暖	12	0.000163
惊喜	23	0.000313	最好	12	0.000163

1. 起于热爱,惯于坚持

由表1可知,"热爱"一词在文本中共出现73次,在所有形容词出现频次中排名第3,同义词"喜欢的"也出现26次。可见,222位青年创业者中,大多数是因热爱、兴趣而开始创业的。例如,"海宁共青团"微信公众号"青春潮"发布的《海宁这群年轻人,选择它创业!》一文中,英国留学归国的徐宇豪和设计师蔡泽宇就是因为对户外露营的热爱,而共同投身露营产业的;"青春嘉善"转载的《青年发展型县域·青农〈嘉兴日报〉关注,"95后"农二代,为乡村振兴注入新动力》一文中,"95后"农二代孙含是怀着对农业的热爱加入创业者队伍当中的。对创业领域的"热爱"是青年创业者做出抉择的催化剂,也是青年创业者敢于面对挑战、愈挫愈勇的精神支撑。

创业过程常常是困难重重、充满艰辛的,青年创业者们怀揣热爱出发,也要凭借足够的耐心、毅力加以坚持,才能取得成功。"坚持"一词在文本中共出现79次、"坚定"出现20次。可见,青年创业者们以坚持作为习惯,通过不懈努力奋斗,才最终取得成功。如"天目青年"发布的《这届95后"自媒体人生"也太精彩了吧!》一文的主人公樊雨薇,坚持拍摄美食探店视频两年多,粉丝量不断增多,她也表示,自己做过最正确的决定就是坚持到了现在。

2. 果断大胆,不怕挫折

由图4可知,青年创业者最主要的创业目的及动机是"寻求再发展",即辞去原本的工作,进入新的领域从头做起。放弃稳定生活,重新迎接挑战与不确定,这不仅需要过人的勇气,也要求青年创业者们能够果断地做出决定,不退缩、不后悔。在文本中,"毅然"共计出现23次,"毅然决然"和"毅然决定"共计出现9次,"果断"出现6次,彰显了青年创业者群体干练、利落的处事风格。如"青春南浔"发布的《南浔青年 是谁来自山川湖海,却囿于小院与爱》一文中的张蕾、钱学学夫妇不仅辞去嘉兴的工作,还卖掉了房子,断绝一切念想,带着女儿回到南浔开起了民宿。

创业从来不是一帆风顺的。在文本中,"问题"及其同义词共计出现97次,"困难"及其同义词共计出现39次,"不服输"出现17次。青年创业者们在创业路上,勇于面对挫折与挑战,不断学习和适应变化,积极解决问题,彰显了青年人不怕吃苦、踔厉奋发的时代精神。如"玉环青年"发布的《助力乡村振兴 寻访浙江省"青牛奖"候选人——王油洋》文中的王油洋,在辞去杭州工作、刚创办多肉基地时,一场台风让他一夜就损失了价值好几万元的多肉幼苗,但他没有放弃,而是汲取经验,从头开始。

3. 积极主动,认真负责

创业代表着从无到有、从旧到新,青年创业者们必定要敢为人先、积极进取,才能成为领头雁、带头人。在文本中,"积极"一词共计出现74次。第一产业的青年创业者们为了寻找优质品种、改进种植养殖模式、打造规模化生产模式,以及打开农产品销路等,尤其需要主动与外界保持交流。如"青春淳安"发布的《稻田追梦彰显青春本色 喜报喜报!我县青年张腾荣获"全国优秀共青团员"称号》一文中,张腾为了促产增收,主动与浙江省农业科学院、浙江大学等院校合作开展水稻肥药减施增效技术试验示范;"三门青年"发布的《垦荒青牛奖寻访 三门梁帅龙:"茶二代"书写"新茶经"闯出"共富路"》一文中,梁帅龙主动与中国农业科学院茶叶研究所对接,找到了适合三门茶产业发展的种茶制茶道路。

创业者只有时刻保持专注、警惕,时刻关注行业动态的发展变化,才能把握成功的最佳时机。在文本中,"负责"出现39次,"脚踏实地"出现36次,"用心"出现12次。可见,青年创业者必须细致认真、全力以赴,如此,才能实现创业目标。如"天台青年"发布的《垦荒青牛奖寻访 天台庞荣华:从"新农"到"兴农","90后"新农人创新生产方式振兴乡村》一文中,庞荣华在跟随父亲种植水稻时,认真察看了片区内各个村的地势地貌,了解了全村的农业种植问题,并向外界请教学习,最终才成立了合作社。

4. 心系家乡,乐于奉献

由图4可知,青年创业者创业动机中,"为振兴家乡做贡献"和"故土情结和情系家乡"分别排到第4位和第6位,"家乡"一词在文本中共计出现146次。可见,青年创业者群体在追寻个人创业梦的同时,也不忘为家乡发展做贡献,具备高度的责任感、担当感。例如"浦江共青团"发布的《山中青年 看!农创客解锁"共富密码"①》一文中,青年农创客石春艳是一名驾驶员,频繁穿梭在县城和村里,将村民家里的新鲜覆盆子卖到客户手中,1个月跑出了10万元的销售额,个人就业的同时也帮助村民解决了果子的销路难题。

更有多位青年创业者,在打造个人产业的同时,团结引领周边村民共同走上致富路。在文本中,"带动"出现168次,"带领"出现84次,"致富"出现48次,"共同富裕"出现46次。青年创业者们身体力行、以身作则,彰显了新时代中国青年自觉担负时代使命、服务社会和人民的形象。如"富阳青年"发布的《赞!〈看杭州〉专题推文:"酒艺"女孩孙超的乡村振兴故事》一文中,"海归新农人"孙超把"带动周边农户一起做好

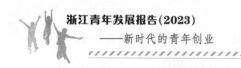

米酒品牌、实现共同富裕"作为创业目标,帮助农户们为成立自主品牌打下基础。

（二）青年农创客的形象特征

在222位青年创业者中,创业领域为第一产业的人数约占总量的50.3%,几乎等于其他所有行业从业人数的总和。对此,本研究将涉及青年农创客的推文进行了单独的归纳梳理,总结出以下青年农创客群体特有的媒介形象特征。

1. 勤劳能干,刻苦钻研

青年农创客群体大多是辞去工作、返乡创业的。即便是从小接触农业的"农二代",也要从头开始,系统地学习种植、养殖等知识技能。此外,他们还需要长期扎根、努力实践,只有经过不断试错、不断改进,付出的辛勤劳动才能化茧成蝶,取得成功。例如,"奉化青团联盟"发布的《青农创客 共富潮起③ 杨武斌:青年创业打造"桃花源"》一文中,杨武斌返乡创立生态农场,希望从老一辈手中接过接力棒,种植并打理桃树。但刚踏入农业的他没有任何经验,即便在网上反复学习他人的"致富经",也难以摆脱试种前几年屡屡失败的困境。直到他邀请农技专家前来指导,白天田里干活、晚上总结经验,才最终让农场蒸蒸日上。

再例如"青春宁波"发布的《创青春·宁波范儿 汪琰斌:跳回农门,成为农人》一文中,汪琰斌学犁地时被老师傅"骂"犁不平整、插秧播种没经验,影响收成,他下定决心"什么不会,就学什么;什么不精,就钻研什么",最终成为"农事通"。农创客们在创业路上辛勤劳动、刻苦钻研、脚踏实地、不言放弃,最终闯出了自己的一片天。

2. 善于学习,锐意创新

站在传统农业向智慧农业迈进的转折点上,新一代农创客不仅要苦下功夫学习传统生产技术,更要推陈出新,将先进科学技术、创新高效生产模式引入行业当中,跟上时代步伐,避免落后被淘汰。"青春宁波"发布的《创青春·宁波范儿 杨一昕:很苦,也很酷》一文中,杨一昕面对遭遇台风、桃树采收减半的困境,决定利用技术提高果蔬种植抵御自然灾害的能力,定制"水肥一体化"系统,通过手机或电脑就能实现远程操控。此外,杨一昕还规划了"农业一二三产融合发展"生产模式,以第一产业作为基础实现规模化生产,第二产业进行辅助生产及深加工,打造三产农文旅研学项目实现引流,真正向构建农业全领域、全流程生态化发展迈进。

"南湖青年"发布的《农业上"云端",这位南湖"新农人"火出圈》一文中的主人公王勤,则在农产品销售模式创新上不断发力,借助数字经济新风口,采用"直播+农业""电商+农业"等方式,不仅在直播间传授农业种植技术,还签订育秧合作订单,拓展了机械化育秧服务范围。青年农创客们不仅为行业注入了新鲜血液,也在助力行业持续发展的同时,实现了面向科技、面向未来的转型升级。

3. 紧跟时代,革新观念

青年农创客们紧跟时代发展,在创新生产模式、销售模式的基础上,开设企业公司、创建农业品牌,借助品牌效应,带动周边农村农户聚合形成规模化生产,推动第一产业真正走上转型升级的快车道。例如,"三门青年"发布的《垦荒青牛奖寻访 卢丹霞:一颗黄金柚里的共富路》一文中,卢丹霞作为"三拾柚三"品牌创始人,带着三门柚子走进上海农博会,大获成功后将柚子销往宁波、杭州、南京等城市,又通过"公司+合作社+农户"的方式,将品牌红利分享给了全村所有柚子种植户。

"青春龙游"发布的《百名青牛候选人寻访 "85后"青年创业者用"一盒故乡"打包"乡愁",蹚出乡村共富路!》一文中,返乡创业的姜鹏打出"一盒故乡"品牌,以"乡愁"作为品牌文化基底,使得品牌意识越发明晰。在打开农产品销路后,姜鹏团队又探索"创客回归、山区共富"新模式,为乡村振兴注入持续发展的动力。

这些青年农创客的身上,兼具老一辈的辛勤刻苦与新一代的创新活力,他们以科学知识、技术作为支撑,勇于突破传统行业观念的束缚,真正展现了新时代中国青年作为时代前列的奋进者、开拓者、奉献者的精神品质,为后续有志加入创业队伍的青年奠定了基础。

(三)政务新媒体塑造青年创业者媒介形象的不足及改进建议

整体而言,政务新媒体针对青年创业者群体的推文内容质量较高、呈现形式较为新颖,能够展示创业者的创业动机、创业历程及个人精神品质,能够为同样抱有创业想法的青年提供一定的参考价值。但推文对青年创业者媒介形象的呈现塑造仍存在不足之处,主要包括:人物性别及行业分布不均、人物形象脸谱化及经历雷同、成功与失败案例推文比例分配不当、创业政策的功能作用弱化。对此,本文尝试提出改进意见:注意创业人物选择的统筹性、使用细腻笔触捕捉人物特别之处以及提升创业政策在推文中的出现频率等。

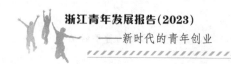

1. 人物性别及行业分布不均：注意统筹性选择

本研究所统计的政务新媒体推文中涉及的222位青年创业者中，男性占比为66%，女性占比为34%，不同性别创业人物数量相差悬殊。此外，创业领域为第一产业的青年创业者占比约为50.3%，几乎是其他所有行业所占比例的总和。上述情况表明，政务新媒体在对青年创业者的选择上缺乏统筹性计划安排，在展现青年创业者的整体形象上可能有所偏颇。

推文中的创业人物性别比例不均，实际上存在较多问题。一方面，由于女性创业者与男性创业者在生理机制、思维观念等方面均存在较大差异，在创业中面临的问题、困难也有所不同，以男性创业者为出发视角的大部分推文无法为具有创业想法的女性提供有效的经验参考。例如"青春瑞安"发布的《在瑞安，创未来 古雪丹：用美食与公益铺就幸福之路》一文中，古雪丹就面临工作和家庭相冲突的困境，她表示："餐饮行业非常辛苦，很难赚钱，特别是我们女性，还要照顾自己的家庭。有时候我都会崩溃，半夜经常偷偷掉眼泪。"另一方面，推文比例失衡的现象也可能影响部分具有创业想法的女性的积极性，成为她们投身创业的绊脚石。

而推文中的创业领域过度集中于第一产业的情况，也会产生无法为希望加入其他行业创业队伍的青年群体提供充足的行业信息及经验借鉴等问题。因此，政务新媒体在创业人物的选择上需要注意从多方面、多维度考量，使推文内容更具备全面性、丰富性。

2. 人物脸谱化且经历雷同：注意捕捉人物独特之处

在梳理政务新媒体关于青年创业者的推文的过程中，不难发现，很多推文对人物形象的塑造存在脸谱化的问题。凡是辞职返乡创业的，没有不果断决然的；凡是遭遇困难挫折的，从来没想过中断放弃的；凡是踏上创业道路的，从来不存在后悔的……推文仿佛给读者呈现出每位青年创业者都是杰出优秀、做事注定成功的人物形象。这不但削弱了真实创业过程中的风险与不确定性，也会让很多刚踏入创业领域、渴望从前人身上汲取经验的青年人群产生极大的挫败感，陷入自我怀疑的旋涡，且通读全文无法从泛泛而谈的人物经历描述中获取真正具有实际价值的内容。这不仅无法发挥政务新媒体作为交流沟通窗口的实际效用，也会对鼓励、引导更多青年参与创业的宣传工作造成负面影响。

此外，政务新媒体对青年创业者的个人经历介绍得也极具模式化、框架式的特征,创业过程一般都会经历"下定决心创业—初期遭遇困难—付出努力解决—顺利取得成功"几个阶段。社会学家戈夫曼对框架下的定义是,框架是人们用来认识和揭示社会生活经验的一种认知结构。而这种认知结构实际上与媒体的宣传推文有重要联系,例如,政务新媒体对青年创业者媒介形象的塑造和对创业经历的叙述,会直接影响到公众对该人群的认知和对"创业"一词所包含内容的理解。

要解决上述问题,政务新媒体必须注重对创业人物的差异化推文。推文开头部分可以先通过人物外貌、动作等外在描写设定人物形象,给读者留下深刻印象,然后在此基础上挖掘人物经历,着重突出故事情节中的亮点,从而避免经历雷同的情况。例如,"台州共青团"转载的关于黄岩"青年瓜农"牟森林的推文,在文章开头,以记者采访的视角,为读者刻画初见牟森林时的景象:"站在人群里,笑容憨厚,熟练地给乡亲们推荐西瓜种子。"一位勤劳朴实、热心聪慧的青年形象跃然纸上,不仅具有代入感,还能激发读者的阅读兴趣。

3. 创业政策功能作用弱化:提高相关内容占比

在青年创业者人物推文中融入创业政策的介绍,不仅能够潜移默化地打造政府鼓励并扶持青年创业的良好形象,也能加深读者对创业政策具体内容的理解和记忆,而不显得刻意生硬。例如,"青春丽水"发布的《我的就业三 GUAN 3年创收千万! 这个在校大学生怎么做到的?》一文中,大学生创业者秦康康在毕业季时,遭遇了人员流失、资金不足等多重打击。对此,团丽水市委向他介绍了一系列扶持政策和补贴,并不断引导他走出困境。该案例便着重向读者强调了政府部门及创业政策对创业者的支持作用,不仅帮助团丽水市委打造了关心创业青年、为创业青年着想的亲切形象,也给予其他创业者信心和道路指引。但在本研究选取的所有青年创业者推文中,提及创业政策的推文仍是少数。

因此,政务新媒体必须明晰引导更多青年走上创业道路的推文初衷,而不是仅停留在一味地塑造创业者的成功形象层面上。增加推文中创业政策对创业人物的支撑作用等相关叙述的比重,能够让抱有创业想法的青年知道前行并不孤单,从而帮助其树立创业的坚定信念。

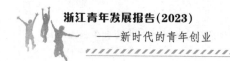

七、总结

本研究使用内容分析法、文本分析法,选取浙江省共青团组织微信公众号在2023年1月至12月期间发布的189篇关于青年创业者的推文作为研究对象,旨在探析政务新媒体塑造的青年创业者媒介形象特征,尝试考察其中存在的不足之处并提出相关建议。

研究发现,青年创业者的性别以男性为主导,年龄集中在23—37岁,创业领域集中在农林牧渔等第一产业,创业动机以"寻求再发展"为主,另外,大多数推文中并未涉及创业政策及政府扶持工作的介绍。青年创业者媒介形象主要特征包括"起于热爱,惯于坚持""果断大胆,不怕挫折""积极主动,认真负责"以及"心系家乡,乐于奉献",第一产业青年创业者的独特媒介形象特征为"勤劳能干,刻苦钻研""善于学习,锐意创新"及"紧跟时代,革新观念"。

政务新媒体在青年创业推文中凸显的特点包括:句式简短有力,节奏性强;话语生动活泼,平易近人;叙事视角多样,代入感强;排版匹配内容,富有亮点。政务新媒体对青年创业者媒介形象塑造存在的不足为"人物性别及行业分布不均""人物脸谱化且经历雷同"以及"创业政策功能作用弱化"。对此,本研究也提出了"注意统筹性选择""捕捉人物独特之处"以及"提高相关内容占比"等建议。

青春孕育无限希望,青年创造美好明天,党和政府的各级宣传部门必须不断加强对青年创业者群体的关注度、重视度,通过榜样示范力量,奋力提升青年参与创业、创新的热情与信心。

供稿单位:浙江传媒学院

撰稿人:李佳乐、陈佳沁

二、青年创业支持体系构建与效能

开篇语

　　构建良性的青年创业支持体系是促进青年创业的关键环节。青年创业支持体系是指服务和促进青年创业的资源供给、支撑体系，是一种促进青年创业可持续发展的机制，具有系统性、主体多元性、措施多样化等特征。当前，政府、高校、共青团、企业、家庭等都是构建青年创业支持体系的主要力量。基于政府在青年创业支持体系中处于主体地位，高校在政策宣传、人才培育、创业引路等方面发挥重要作用以及共青团组织服务青年创业发展的长期性和针对性，本篇从政府、高校和共青团三个主体出发，对浙江青年创业政策文本、高校创业教育实践的整体状况、体系特征、突出问题进行探讨；对共青团组织服务青年创业的工作策略、面临的问题等进行剖析，并对"青牛奖"评选活动、"创青春"大赛、团属社会组织等特色工作品牌和载体开展追踪研究和系统梳理，为进一步搭建更加完善的浙江青年创业支持体系提供科学依据和参考建议。

浙江青年创业政策供给与优化路径研究

　　新时代中国青年是整个社会中最具活力、最具生气的群体,是国家经济社会发展的生力军和中坚力量。青年创业者作为促进经济增长和社会发展的先驱动力备受关注。然而,创业并非易事。企业家的成功经验表明,在创业过程中获得有效的指导,掌握各种资源渠道等均可以降低创业风险,提高创业成功率。当前,我国高度重视青年创业,出台了一系列支持青年创业的扶持政策。各级政府积极贯彻落实党中央关于青年创业的工作指示,出台了符合当地实情的各类青年创业扶持政策,旨在为青年提供良好的创业环境,促进全国普遍形成良好的青年创业势态。2014年夏,李克强总理在夏季达沃斯论坛上提出"大众创业、万众创新",之后浙江省连续出台了一系列促进创业的政策,取得了良好的效果。2015年,浙江省人民政府办公厅发布的《浙江省人民政府关于支持大众创业促进就业的意见》,包含一揽子鼓励大众创业的政策,政策内容包括放宽市场准入、减税降费、支持创业担保贷款发展、加大创业资金扶持力度、拓宽创业投融资渠道、加强创业教育培训等。浙江青年发展综合指数(2023)榜单显示,浙江青年发展环境持续优化,青年发展专属政策数量和青年专属民生实事项目数量分别同比增长56.7%和16.8%,广大青年创新创业活力不断释放,每万名青年获取职业资格证书人次数、年度新增青年个体工商户数量、农创客数量等指标不断上升。

　　研究者们普遍认为创业活动和创业企业对经济增长有重要贡献。为了促进创业活动的开展,政府通过颁布创业相关政策,改进社会初创型企业和成长型企业的财税制度等政策环境来支持创业活动。目前国内学界对于创业政策的研究大多基于文本的编码方法对政策内容进行统计分析,如王苗苗、李华、王方(2018)从政策工具、创新创业周期和政策层级三个维度出发,利用文本编码对创新创业政策文本进行量化研究;陈伟、王秀锋、孙伟男(2020)在前者的基础上,将三维度调整为政策工具、政策布局及生命周期,继而对政策文本进行编码与统计,为相关决策者提供建议。国外的学者更多是基于创业政策对创业活动本身有哪些激励措施,全方位地为创业者提供指导。Brett,David and Patricia(2004)认为,当基于知识创新的创业活动变为核心竞争力时,政策开始转向对企业的成立和发展进行支持就是"创业政策"。Stevenson and Lundstrom(2005)提出,创业政策是以鼓励人们创业为首要目标,通过激励国家或地区经济主体的创业精神以提高其创业活动水平而采取的政策措施。此外,基于对创业政策的定义分类,他们提出了包含"动机、机会、技能"三方面六维度的创业政策措施评价模型(简称"MOS模型")。具体来说,创业动机(Motivation)是创业意向以及可能将创业作为一个职业或者就业的选择。创业动机受创业意识、社会环境、媒体舆论等影响。创业机会(Opportunity)主要是指创业的支持环境,具体包括:提供创业信息、创业建议、创业资本、技术支持、创业项目等相关资源,它同时也包含政府监管以及行政管理的过程。为了创造更多创业机会,政府可以减少或消除一些法律法规、行政财税体制、社保政策上的障碍,最大程度减少不利因素的影响,也可以减少对破产的处罚程度,建立对创业失败的救济制度。创业技能(Skills)是指科学技术、商业知识以及创业能力。创业技能的获得来源于教育系统、培训项目、工作经历、创立并经营一个企业的经历、家族或者自己的人脉等。因此,根据MOS模型可以从创业动机、创业机会、创业技能3个方面来分析浙江省青年创业政策(见表1)。其具体可细化为6个维度的创业扶持政策:第一,创业促进,目标为激发青年创业意向、营造创业氛围;第二,创业教育,在教育系统中强调创业的重要性并提升相应创业技能;第三,金融支持,为创业者及其新成立的公司提供贷款、融资等启动资金上的支持;第四,初创扶持,为广大创业者提供商业上的帮助,比如创业咨询及相关创业信息服务;第五,创业培训,主要指技能培训;第六,目标群体,为特定群体所制定的创业扶持政策。在6个维度中,创业促进、创业教育是基于动机层面的政策措施。金融支持和初创扶持属于创业机会层面的政策措施。创业培训和目标群体属于创业技能层面的政策措施。6个维度的创业政策相辅相成,共同影响创业活跃程度。

表1 创业政策措施评价模型MOS模型

创业动机	创业促进
	创业教育
创业机会	金融支持
	初创扶持
创业技能	创业培训
	目标群体

目前我国还未建立起完善的创业政策体系框架,在理论上也缺乏研究,对创业政策的定义和界限也不明晰。从近十几年中国的经济社会情况来看,我国的创业政策在逐步地完善。总的来说,我国在融资政策、金融支持、创业教育、创业文化氛围与法律规范等方面还有很多不足,创业政策体系有待进一步优化。

一、浙江青年创业政策供给的现状特征

自从2014年我国开始实施"大众创业、万众创新"政策以来,引起了全社会的广泛关注,同时也激发了青年创业的活力。浙江省各地积极响应国家的号召,陆续出台了相关创业政策以促进青年创业。杭州市自2008年开始,连续实施五轮大学生创业创新三年行动计划,构建大学生创业生活补贴、创业项目资助、场地补贴、创业担保贷款、融资支持等"一条龙"政策扶持体系。温州市开展"510+行动计划"、"510计划"攻坚行动,大力支持青年创业。《嘉兴市人民政府关于印发进一步做好新时代就业创业工作若干政策措施的通知》重点从支持稳岗扩岗、鼓励创业带动就业、拓展高校毕业生就业空间、兜牢困难群体就业底线、提升公共就业服务效能5个方面提出30条政策措施。本文从浙江省人民政府、浙江省教育厅、浙江省财政厅、浙江省农业农村厅等相关部门网站搜集了2015年以来浙江省级层面的青年创业政策(见表2),结合前文提出的MOS模型进行整理归类,形成一份浙江省青年创业政策供给表。

从表2可以看出,浙江省涉及青年创业的政策供给是从2014年"大众创业、万众创新"口号的提出开始逐年增加的。近几年来,在"促进创业创新"导向的推动下,创业扶持政策涵盖的范围从大学生群体扩展到社会各界青年,比如退伍军人、高校科研

人员等;政策颁布涉及的政府部门也越来越广泛,创业政策扶持力度也越来越大,从最初的创业培训等服务,到现在政策体系的不断完善。

表2 浙江省青年创业政策(2015—2023年)

时间	政策名称	来源
2015年	《浙江省人民政府关于支持大众创业促进就业的意见》	浙江省人民政府办公厅
2016年	《浙江省人民政府办公厅关于推进高等学校创新创业教育的实施意见》	浙江省人民政府办公厅
2017年	《浙江省人民政府关于做好当前和今后一段时期就业创业工作的实施意见》	浙江省人民政府办公厅
2017年	《浙江省人民政府办公厅印发关于进一步引导和鼓励高校毕业生到基层工作的实施意见》	中共浙江省委办公厅
2018年	《浙江省农业厅 浙江省林业厅 浙江省海洋与渔业局 浙江省科学技术厅关于激励农业科技人员创新创业的意见》	浙江省农业厅等部门联合制定
2019年	《浙江省人民政府关于推动创新创业高质量发展打造"双创"升级版的实施意见》	浙江省人民政府办公厅
2019年	《浙江省人力资源和社会保障厅等5部门关于做好求职创业补贴发放工作的通知》	浙江省人力资源和社会保障厅等5部门联合制定
2019年	《浙江省财政厅 浙江省人力资源和社会保障厅关于印发浙江省就业补助资金管理办法的通知》	浙江省财政厅、浙江省人力资源和社会保障厅
2019年	《浙江省财政厅 国家税务总局 浙江省税务局 浙江省人力资源和社会保障厅 浙江省扶贫办公室关于落实重点群体创业就业有关税收优惠政策的通知》	浙江省财政厅、浙江省人力资源和社会保障厅
2020年	《浙江省财政厅 浙江省人力资源和社会保障厅 中国人民银行杭州中心支行转发财政部 人力资源社会保障部 中国人民银行关于进一步加大创业担保贷款贴息力度全力支持重点群体创业就业的通知》	浙江省财政厅
2022年	《中共浙江省委组织部 浙江省人力资源和社会保障厅等17部门关于进一步做好高校毕业生等青年就业创业工作的通知》	浙江省人力资源和社会保障厅等17部门联合制定
2022年	《浙江省人力资源和社会保障厅 浙江省发展和改革委员会 浙江省财政厅关于支持山区26县就业创业高质量发展的若干意见》	浙江省人力资源和社会保障厅等3部门联合制定
2023年	《浙江省人民政府办公厅关于优化调整就业创业政策措施全力促发展惠民生的通知》	浙江省人民政府办公厅

时间	政策名称	来源
2023年	《浙江省人民政府办公厅关于全面贯彻〈促进个体工商户发展条例〉推动个体经济高质量发展的若干意见》	浙江省人民政府办公厅
2023年	《浙江省退役军人事务厅等25部门关于促进我省退役军人高质量就业创业的若干意见》	浙江省退役军人事务厅

(一)浙江省青年创业政策归类

根据前文总结的MOS模型包含的6个维度可以看出,目前浙江省出台的创业扶持政策基本可以对应MOS模型的6个维度(见表3)。可以说,当前浙江省的创业扶持政策是比较全面的。

表3　浙江省青年创业政策归类

创业促进	营造创业氛围、提升创业服务能力、支持创业平台建设
创业教育	深化高校创新创业教育改革、建设创新创业教育基地
金融支持	创业担保贷款及贴息、税收优惠政策
初创扶持	项目落地资助、一次性创业补贴、一次性创业社保补贴等
创业培训	创业培训补贴
目标群体	5类重点人群创业政策

(二)浙江省青年创业政策内容

通过梳理浙江省青年创业政策的内容,结合MOS模型,从创业动机、创业机会、创业技能3个方面总结了创业促进、创业教育、金融支持、初创扶持、创业培训、目标群体6个维度的政策内容。

(1)在创业促进维度上,主要包括3个方面的内容:一是大力营造良好的创业氛围。主要是通过举办创业创新大赛、创新成果和创业项目展示推介宣传等活动,进一步培育创业文化,激发创业热情,形成支持大众创业、宽容创业失败的良好氛围,创业环境进一步得到优化。二是不断提升创业服务能力。主要是不断强化创业服务,实施创业引领计划,鼓励创业服务机构开展政策咨询、信息服务、项目开发、风险评估、开业指导、融资服务、跟踪扶持等"一条龙"服务。加快建立创业项目库、创业导师库、创业培训师资库，对优秀创业项目各地可给予相关扶持。三是大力支持创业平台建设。主要是鼓励特色小镇、科技企业孵化器、众创空间、小微企业园区、创业孵化基地等平台为创业者提供政策咨询、创业培训、创业指导、融资等服务。提供孵化服务的创业孵化基地和创业孵化企业，还可按实际成效申请一定补贴。

（2）在创业教育维度上，主要包括2个方面的内容：一是深化高校创新创业教育改革。坚持把创新创业教育作为提高人才培养质量、提升大学生就业创业能力、更好服务经济社会发展的重要途径，以创新创业大赛为抓手，以专业教育与创新创业教育深入融合为重点，多措并举，扎实推进创新创业教育改革。二是建设创新创业教育基地。加快示范性创业学院建设，建成一批创新创业教育基地。加强高校毕业生创业能力培养，依托互联网搭建政府、企业、学校合作平台，形成政府、企业、人力资源服务机构、学校等多方联动的"线上 + 线下"实践服务体系。

（3）在金融支持维度上，主要包括2个方面的内容：一是提供创业担保贷款及贴息。对在校大学生和毕业5年以内高校毕业生、登记失业半年以上人员、就业困难人员、持证残疾人、自主就业退役军人等群体提供创业贷款担保，或是为其申请的个人创业贷款按规定给予全额贴息。二是提供税收优惠政策。对符合条件的个体工商户按照规定缓征、减征、免征相关税款，简化税费优惠享受程序。对"个转企"后属小型微利企业、国家重点扶持的高新技术企业的，可给予相应的税费优惠。为自主创业的毕业生提供税收优惠政策，如在3年（36个月）内按每户每年14400元为限额依次扣减其当年实际应缴纳的增值税、城市维护建设税、教育费附加、地方教育费附加和个人所得税。

（4）在初创扶持维度上，主要包括项目落地资助、一次性创业补贴、创业社保补贴等方面：一是资助项目落地，如为毕业5年内普通高校毕业生的创业项目或者是一些参赛获奖项目落地提供资金资助。二是提供一次性创业补贴、创业社保补贴等，如在校大学生和毕业5年以内高校毕业生、登记失业半年以上人员、就业困难人员等初次创办企业人员或个体工商户可以申请一定额度的一次性创业补贴和创业社保补贴。

（5）在创业培训政策维度上，主要包括创业培训补贴。城乡劳动者和在校大学生在定点机构参加创业培训的，可按规定申领创业培训补贴。加强创业指导队伍建设，对创业导师开展创业指导服务的，按规定给予就业创业服务补贴。

(6)在目标群体政策上,主要包括面向在校大学生和毕业5年以内高校毕业生、登记失业半年以上人员、就业困难人员、持证残疾人、自主就业退役军人等5类重点人群的创业措施。针对这些重点人群,给予一次性创业补贴、创业场地租金补贴等等。

二、浙江青年创业政策供给存在的问题

通过对浙江省青年创业政策内容的梳理和总结发现,总体来说浙江省为青年创业提供了全方位的政策,主要涉及融资政策、金融支持、创业教育、创业文化氛围等方面。但研究发现,目前仍存在政策实施成效有待增强、青年创业融资政策较为单一、青年创业教育政策缺乏成效、政策缺少跟踪评价机制和救济机制等问题。

(一)创业政策实施成效有待增强

由于当前青年创业政策"政出多门",又缺乏全局性的协调机构,政策在落地实施过程中难免出现多方管理、监督和执行责任不清晰等问题。加上政策颁布的主体不同、实际操作细则和操作口径不一致、缺乏全套的政策实施指导服务等因素,青年创业政策实施成效整体上有待进一步增强。

(二)青年创业融资政策有待进一步优化

目前,青年创业者可以享受的融资政策大致有创业小额贷款以及小额贷款担保和贴息。但青年创业小额贷款政策有一定门槛,不是所有青年创业者都具有贷款资格的。社会上的风投公司及天使基金由于其市场特性,关注的是有明确的商业盈利模式、创业形式较为新颖、一定发展潜力的初创公司。许多刚刚起步的创业者和规模较小、层次较低的初创公司根本不在风投公司的考虑范围内。因而,青年创业"融资难""融资渠道有限"的问题依旧存在。另外,青年创业小额贷款担保金额最高为50万元,这的确能帮助一些创业者解决资金难题,但与创业整体上的资金需求相比仍存在较大的缺口,融资政策在扶持力度上还有待增强。

(三)创业教育政策缺乏成效

近年来,浙江省高校逐步开始开设创业教育培训课程,但由于高校创业教育发展

时间尚短,课程设置比较单一,课程内容重理论知识、轻对学生创业创新能力的培养(张凤娟、潘锦江,2022)。整体上,高校创业教育实际效果并不理想。目前我国的中小学生基本没有创业教育课程,更没有创业启蒙教育,学校创业教育相对匮乏。而社会机构或组织开展的创业培训主要以理论教育为主,针对性强、操作性强的培训相对较少,难以满足青年创业者的实际需求。

(四)政策实施缺少跟踪评价和救济机制

根据MOS模型,政策颁布后,应通过特定的评估机制对政策的长期和短期效果进行跟踪和观察,以便进行后续的政策调整。然而,当前创业政策跟踪评价尚不完善,还存在"重两头轻中间"的情况(陈武林、杨无敌,2023)。另外,关于创业者发展状况、创业情况的评估数据是由各政府职能部门分别统计的,统计的内容也是分别进行上报的,无法形成一个完整的追踪监测体系。

清华大学五道口金融学院副院长、金融学教授田轩的研究显示,中国创业企业的失败率为八成左右,企业平均寿命不足3年,而大学生创业失败率更高达95%。黎淑秀的调查进一步显示:有约一半(50.92%)的青年创业者认为自己目前面临的最大障碍是资金不足,人脉有限;27.11%的青年有创业意向,但不知从何做起,找不到明确的方向;9.16%的青年觉得自己有创业意向,但是个人创业能力还不够;分别有7.33%和4.76%的青年创业者认为自己的创业障碍来自政府的政策支持和帮助不够以及缺乏专业的创业指导培训。(黎淑秀,2020)总之,受各种因素影响,我国青年创业失败率不低。同时,当前针对创业失败救济方面的政策还不够完善,针对失败者没有制定出相应的救济政策。相当高的创业失败率对青年创业积极性造成了一定的影响,不利于创业氛围的营造,也不利于我国经济的快速发展。

三、浙江省青年创业政策体系的提升策略

(一)完善创业政策与产业政策的衔接协调

既要依据创业者的实际情况来制定具体的行业指导,又要综合当前产业发展状况来制定具体的创业帮扶政策。尤其是产业政策在制定前,要尽可能向青年创业者

倾斜(何继新、孟依浩、暴禹,2021)。在出台相应的创业政策时要充分考虑产业发展过程中的问题。通过创业政策和产业政策的相互联系,加大创业政策的扶持力度。

(二)完善高校创业教育体系

美国、德国、韩国已建立了较为完善的创业学科体系,设立了创业学学士、硕士和博士学位,为创业理论研究奠定了学科基础。我国部分高校也建立了创业研究院、创业学院,但都处于初始阶段,推进速度较慢,且很多高校的创业教育机构多挂靠其他机构,兼职人员多,专职人员少,需要进一步加强创业学科建设和青年创业理论研究。推进高校创新创业教育课程改革,编写科学合理的教学大纲,组建"双师型"创业导师队伍,编撰特色教材,建立必修加选修的课程模块,探索项目式教学方法,推进创业慕课和微课建设等。

(三)进一步强化部门协同

如前文所说,当前政府出台的一系列创业扶持政策,在内容上有重叠也有空白,甚至一些政策还有冲突、矛盾之处。因此,要积极利用青年工作联席会议机制,加大部门协同力度。在顶层设计上理顺各部门之间的关系,建立统一监管机制,以期更好地实现优势互补。要不断加强调查研究,及时了解创业者的困难和想法等,在此基础上进一步完善政策,更好地促进青年创新创业实践。

(四)搭建创业政策信息发布平台

目前,浙江各地政府通过线上线下等渠道开设了创业政策发布平台,但是这些平台间存在着信息交叉,有些平台信息更新不及时,有些平台信息内容价值有限,不能很好地起到引导青年创业者的作用(赵峰、陈志芳、武国鑫,2020)。要搭建统一的公共创业政策信息发布平台,做好政策集成,统一进行政策宣传与解读。尤其是共青团组织要积极利用自身的组织优势,大力整合包括资金、场地、导师、团队等创业所需资源,积极搭建创业中介服务平台。

供稿单位:浙江树人学院、浙江越秀外国语学院

撰稿人:杨义、王佳桐

浙江高校创业教育支持体系建设：特征、问题及提升策略

一、引言

在中国式现代化进程中，大学生是创新创业的主力军，因此，大学生创新创业能力的培养成为高等教育的重要内容，高校的创新创业教育改革也成为我国高等教育改革的一个重要方面。浙江省是我国民营经济发展最为活跃的地区之一。浙江发达的民营经济和产业基础孕育了浓厚的创业氛围，创新创业教育整体开展较早。尤其是浙江本土的各大高校认真学习贯彻习近平总书记关于教育的重要论述，深入落实党中央、国务院关于进一步支持大学生创新创业的决策部署，围绕全面提高人才培养能力核心点，持续深化创新创业教育改革，将创新创业教育贯穿人才培养全过程，努力培养一批人员庞大、富有创新精神、勇于投身实践的创新创业人才队伍。如自2015年8月《浙江省教育厅关于积极推进高校建设创业学院的意见》发布以来，浙江各高校全面推进创新创业学院建设工作。浙江省教育厅官方网站的统计数据显示，截至2016年3月底，全省高校普遍设立创业学院。经多年努力，目前浙江省共有4所全国创新创业典型经验高校，10所全国深化创新创业教育改革示范高校。这些各具特色的创新创业教育典型示范学校，为浙江高校学生提供了优质的创业教育和创新氛围，也取得了诸多良好经验。

为了梳理浙江高校创业教育的经验做法、体系特征，总结浙江高校创业教育体系

中存在的问题,本研究在文献梳理及与浙江大学管理学院、温州大学、浙江理工大学、义乌工商职业技术学院等高校创新创业学院的师生深度访谈的基础上,梳理浙江各大高校创新创业学院的具体做法,总结其成功经验,深挖当前浙江高校创业教育面临的堵点难点,并提出针对性较强的对策建议,以期通过调查研究为进一步提升浙江高校创业教育成效提供研究支撑。

二、概念解释及研究方法

(一)概念解释

创新创业教育是指培养学生创新意识、创业精神和创造能力的教育活动,是提高人才培养质量和提升大学生能力的重要途径。正如创业不只是一个增长财富的过程,创新创业教育的目标定位也不只是解决生存和就业问题。高校开展创业教育不仅要向学生传授创业知识,更要培养学生的创业人格特征及企业家精神。这意味着高校创业教育需要在不同场景中由多元教育主体对受教育者施加教育影响,从而支持受教育者完成从非创业者到创业者的身份转变。由此可见,创新创业教育是一项由多重要素耦合、多主体协同配合的工作。故而,本研究在多元主体结构中综合分析并总结浙江高校创业教育做法经验和体系特征,分析其现存问题,并提出相应对策和建议。

(二)研究方法

1. 文献法

本研究整理相关著作、报纸、杂志,综合分析浙江省内各大高校新闻、工作总结等文字材料,从而确立研究的起点、思路和理论框架。

2. 访谈法

为深入、系统地了解高校创业教育的实践做法和进展情况,本研究运用访谈法对文献内容进行补充。访谈对象选取来自浙江大学管理学院、温州大学创新创业学院、浙江理工大学、义乌工商职业技术学院等高等院校的教务管理者、创业课程授课教师及在校创业大学生。在进行预访谈的基础上,邀请该领域专家对访谈提纲进行评价,

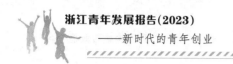
经过整理、分析和修改后形成正式访谈提纲,确保其客观有效性。而后,对20位访谈者进行半结构访谈,根据访谈资料形成研究结论。

三、浙江省高校创业教育实践的典型经验

研究发现,浙江高校创业教育体系建设成效显著。自2016年开始,浙江省实施大学生创业能力提升行动计划。该计划于2020年培训有创业意向的大学生3万名,每年重点培训有创业项目的大学生2万名。2022年,浙江全省扶持创业5.1万人,发放创业担保贷款42.3亿元,为浙江大学生创业创新提供了肥沃的土壤。目前,浙江省共有102所普通高校成立了创新创业学院,其中包括4所全国创新创业典型经验高校和10所全国深化创新创业教育改革示范高校。通过深入解析访谈文本和相关高校资料,总结出浙江省高校创业教育实践具有以下鲜明特征:以思创融合引领价值塑造,以专创融合深入协同育人,以科创融合驱动创新发展,以产创融合提振地方经济。

(一)以思创融合引领价值塑造

浙江各高校创新创业教育以培养学生家国情怀和创新创业精神为核心,积极发挥红色基因铸魂育人作用。创新创业教育与思想政治教育相融合的生动实践打造了同向同心的育人格局。在思创融合的创业教育过程中,一方面,弘扬浙商精神,浸润青年心灵。浙江民营经济发达,这一背景激励各高校营造敢为人先、鼓励创新的校园氛围。例如,浙江大学创新创业学院开设创新创业实践启蒙课程,将校内课堂与实地参访浙商企业有机结合,鼓励学生挖掘和传承浙商精神。一位受访创业教师说:"思创融合可以反映价值引领,比如在我的课堂上学生传唱富有爱国情怀与创新创业精神的诗歌,以成龙的歌曲《民生》为例,介绍袁隆平梦想,师生共同体悟价值追求。"另一方面,助力乡村振兴,培育青年价值观。浙江各高校通过思创融合培养了大量乡村振兴人才,助力共同富裕。例如,温州大学创新创业学院在温州市泰顺县坳头村开展"点亮乡村——公益直播百村行"活动,实现了高校创新创业与乡村振兴的双向互联发展,将学生培养为有家国情怀的青年奋斗者。因而,浙江高校创新创业教育与思想政治教育的深入融合取得了丰富的育人成果,鼓励无数青年大学生开拓创新。

(二)以专创融合深入协同育人

浙江各高校创新创业学院推进创新创业教育与专业教育相融共促,构建了层次多样、分门别类的专创融合教育体系。通过适时适当地将创新创业课程内容植入专业课程,浙江高校开展了创新创业教育深度融入专业教育链条全过程的实践探索,由此产生出教育新形态。如浙江大学积极推进创新创业课程建设,重点打造18门专创融合特色示范课程,建设覆盖100余门课程的创新创业教育课程群,并纳入学生培养方案及学分管理体系。一位任职于美术系的受访教师表示:"融合创新创业教育与高校美育是对传统教育模式的延续和升华。将两者有机结合,不仅可以培养学生的创造力和创新能力,还可以提升学生的审美水平和文化修养,实现人才全面发展。专创融合课程有利于激发学生的个性潜能。"由此可见,专创融合的创新创业教育既能满足高校学生的实际需求,又能实现与专业教育目标协同、紧密联系、效益兼顾。这些生动的教育实践印证了创新创业教育与专业教育正在发挥正向耦合效应,为未来培养复合型创新人才。

(三)以科创融合驱动创新发展

浙江高校创新创业教育与科技创新发展深度融合,通过科研基础设施、创新创业类竞赛和创业实践平台等多要素,为加速高校科研创新和促进科技成果转化提供了强大的驱动力。一位受访创业教师表示:"科创融合的创业教育注重引导学生关注并尝试解决源于产业前沿的实际问题,具体来说包括鼓励学生科技创新、强调科技成果的实用性和市场价值、指导学生利用数字技术进行创业实践等举措。"浙江大学硅谷创业实验室等实践基地长期面向科技发展前沿,以创新创业教育赋能科研成果,以科技创新塑造发展新优势。浙江大学依托计算机创新技术研究院建设创业概念验证中心,开发了城市治理和生命健康等创新成果应用场景。一位本科院校的创新创业学院院长在访谈中说:"科创融合旨在提供持续更新的教学资源,保持与科技创新前沿的紧密连接,满足大学生与时俱进的创新创业需求。"可以看出,浙江省高校创新创业教育与科技创新交互融合,重视科创融合生态的塑造,助力科技创新成果转化为商业成果,进而提供促进经济高质量增长的关键动力。

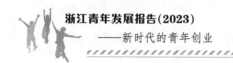

(四)以产创融合提振地方经济

浙江高校精准对接产业需求,"开门"办创新创业教育。为畅通"产业链—人才链—教育链"的链条传动,浙江积极探索产教融合模式。如浙江优秀大学生创业典型丁葛峰投身跨境电商创业,使萧山的传统卫浴产业焕发"年轻态"。义乌工商职业技术学院校内建有国际经济与贸易实训基地和数字贸易实训基地,打造了涵盖跨境电商运营、外贸订单跟踪实训与跨境直播的高校创业教育实践平台。浙江经济职业技术学院积极探索产创融合道路,其产业学院近5年来服务到款9867.84万元,培训量达252562人次。一位来自本科高校的创业教师在访谈中表示:"现行创新创业教育中的校企合作基地与社会企业的经营部门和生产部门都有合作。有的学生在校企合作基地学习了一段时间电商运营后,自己开了直播公司。有的学生尝试在文创设计领域创业。他们可以快速地融入区域产业,产创成果已成为推动地方经济发展的重要动力。"多个案例表明,浙江省内多所高校逐渐确立了"源于产业、融入产业、服务产业、贡献区域"的产创融合创业教育模式,形成了集成人才培养、技术研发和成果产业化一体化的产学研用服务体系,服务人才培养和地方经济发展。

四、浙江高校创业教育体系存在的问题

由于我国创业教育起步相对较晚,因此创业教育体系在很多方面不能适应新常态的发展需求。若以发展的眼光审视浙江省高校创业教育体系,可以发现当前课程设置、师资队伍、校企合作等方面尚存一些问题,创业教育体系亟须优化和完善。

一是创新创业类课程设置尚存不足,理论与实践相脱节。部分高校在自身创业人才培养目标定位模糊的情况下,其创新创业类课程处于"模仿性同形"阶段,具体表现为创业课程体系不健全、实践课程不足等问题。以理论传授为主的创新创业课程无法满足大学生日益增长的创业实践需要。受实践类创业课程的资源、时间、人力等条件限制,学生获得亲身参与的课程体验和真实创业实践机会相对不足。当前我国高校课程的体系建设仍以学科为导向,难以满足培养创新创业型人才的需求,无法充分发挥创业教育在学生创新创业项目落地过程中的独特作用。一位来自高职院校的教务管理人员表示:"创新创业教育实践基地可以满足学生实践的需求,但需要提供

硬件支持和创业服务。这对学校场地、经费支持和专职管理部门都是不小的考验。"

二是创新创业教育师资队伍有待优化,创业实践导师数量不足。近年来,浙江省内大部分高校都开设了创新创业类课程,但专业师资力量稍显不足,主要体现在两个方面。一方面,个别师资紧缺的院校难以配齐专职创业教师指导学生创业实践,部分创新创业课程由缺乏创业经历的辅导员承担。这导致创新创业师资队伍素质参差不齐,难以满足大学生创业实践过程中的现实需要。另一方面,高校现有创新创业教师队伍虽拥有较强的专业理论功底,但缺乏企业管理经验,较难帮助学生解决创业实践过程中的复杂问题。一位受访高校的学生表示:"我的创业基础课老师并没有实际的创业经验,很难让人信服。"校外的企业专家又因为缺乏系统的教学培训和理论知识,难以为大学生提供有效的创新创业指导。

三是校企合作不够紧密,创业大赛成果转化率低。开展创新创业教育需要来自校外企业的多方面资源,但由于政策支持不充分、保障机制不健全和资源配置不均衡等问题,无法深层次开展学校和企业"双主体"协同育人。高校创新创业教育与企业需求的契合度有待加强,人才培养目标与实际社会需要的偏差较大。由于校企深度合作遇到上述阻碍,加之学生创业项目落地政策的支持力度不够、市场准入门槛较高、社会资源对接困难等,高校学生参赛成果的转化率较低。一位高校创业学生在访谈中的观点具有代表性:"我的自主创业项目参加了创新创业类大赛,在教师的帮助下我和团队成员成长了很多。但是我们的项目在比赛获奖后就结束了,因为现实原因未能落地继续运行。我们没有足够的资金。"据中国青年创业就业基金会发布的《中国青年创业发展报告(2022)》,创新创业大赛项目成果转化率处于较低水平。有学者对获得浙江省省级三等奖以上的优秀项目进行跟踪调研,发现大赛项目成果转化率不足10%。

五、对策建议

国家创新战略要求高校发挥育人功能,满足新形势下经济社会发展的客观需要,积极探索创新型人才的培养模式,持续培养创新型人才。结合浙江省高校创新创业教育实践的典型经验与当前存在的不足,可以看出培养更具创新意识、创业精神与创造能力的复合型人才是时代发展的迫切需要。完善的创新创业教育体系可以为青年成长提供支撑性保证。高等院校要紧贴新时代人才培养目标和社会需要，从以下3个方面进行改革。

一是改进创新创业课程设置，加强以能力为导向的教育实践。提高学生创新能力，实施以跨学科项目为核心的创业课程；提高学生创造能力，设置创业微专业、跨专业课程；提高学生创业能力，在课程内容中涵盖数字经济、人工智能技术等内容。引导学生感受创业实践过程，使学生在真实创业情境中提高创新创业创造能力。完善高校创业学分置换制度，允许学生对创业技能训练、创业相关微专业、集中式创业培训、阶段性创业成果、创业竞赛成绩、参与创业活动等与创业课程相关学分进行置换，充分激发高校学生能力成长的内在动力。

二是优化创新创业教学团队，加快创业师资队伍建设。探索多学科教师协同育人机制和合作路径，提高教师创新素养和实践指导能力。加快创业教育专业师资培养，为教师队伍成长提供充足的组织保障。高等教育机构应培育校内专职创业导师，加强对现有教师的创业教育和实践经验培训，提升教师理论与实践相结合的能力。引入创业实战经验丰富的师资力量，多样化聘用行业专家、企业家、资深投资人等作为客座讲师或创业导师。尝试引入"驻校企业家制度"，弥合创业教育与商业之间的鸿沟。提高创业实践指导师在学校师资队伍中的比重，培养专兼结合、结构合理、懂理论、会实践的跨学科教学团队，提高教师队伍质量。

三是赋能校企合作，提高科技成果转化率。创新创业教育应充分考量市场需求和产业发展动向，提升校企协调度，有效融合区域产业资源。与企业共同建立产教融合创新基地、专创融合孵化基地等实践平台，提升校企协同育人成效。通过产学研用一体化模式，学生将所学的专业知识与技能转化为科技研究成果。推进前沿数字技术与创新创业教育融合，加强数字化创新创业实践教学平台和资源建设。制定鼓励学生创新创业大赛项目成果落地的支持性政策，如创业贷款财政贴息、一次性创业资助等优惠。完善科创成果转化激励政策和落地扶持机制，充分释放高校学生创新创业潜力。

供稿单位：温州大学、浙江越秀外国语学院

撰稿人：王畅、王佳桐

浙江共青团服务青年创业的举措、挑战及提升路径①

一、调研背景

促进青年就业创业,是共青团服务青年职能的重要体现。团十八大以来,各级共青团组织坚持以习近平新时代中国特色社会主义思想为指导,将促进青年创新创业创效作为重要战略任务,引领广大青年在国民经济大局中奉献青春力量、实现自身价值。作为民营经济大省,浙江是青年创业的沃土,浙江共青团也一直紧紧围绕省委、省政府和团中央部署要求,在服务青年创业方面重点发力、持续探索。早在2006年,浙江共青团在省第十二次团代会后就把促进青年就业创业作为重点工作;2007年团浙江省委联合省科技厅、省中小企业局、建设银行浙江省分行等单位成立了浙江省青年创业创新基金,为青年创业提供更多资金供给;2022年,浙江共青团以数字化改革为引领,迭代升级"亲青创"应用,重塑服务青年创新创业的体制机制。浙江共青团的这一系列重要举措,为青年创业提供了坚强的组织保障。

随着时代的发展和青年群体的快速分化,浙江青年创业实践不断发生变化,青年创业的新思路、新模式、新问题持续显现。浙江共青团既有的服务青年创业的工作载

① 本文系2024年中国青少年研究会重点课题"青年创业动因机制、模式分析与支持体系研究:基于浙江的调查"(项目编号:2024A08)阶段性成果。

体、工作方法和工作经验，是否能够适配时代步伐和当下青年的创业需要？在新形势下开展服务青年创业工作，是否面临一些新的压力和困难？为了厘清这些问题，有必要对浙江共青团服务青年创业的既有措施和面临的新问题进行系统化检视，总结经验，发现堵点难点，为进一步优化浙江共青团服务青年创业的体制机制提供研究支撑。

二、研究方法

为全面了解共青团服务青年创业工作的具体开展情况和存在问题，课题组采用了目的性抽样和方便抽样相结合的方式，于2023年10月至12月间，与杭州、宁波、金华、丽水等7个设区市的青年企业家协会工作人员、共青团组织工作人员、创业青年和银行工作人员共36人进行了深入访谈。访谈内容主要包括浙江青年在创业过程中享有共青团服务的情况、当下共青团服务青年创业工作存在的问题和不足、共青团组织和青年企业家协会在开展有关工作时遇到的现实难题等。访谈主要以一对一面访的形式展开，每次时长在30至50分钟。访谈结束后会依据实际情况对访谈对象进行追问，待经验材料达到饱和后进行文本输出。按照学术规范，访谈对象皆采用匿名化处理，访谈对象类型用其汉字名称的拼音首字母代替，数字代表访谈先后顺序的编码，基本情况详见表1。

表1　访谈对象基本情况表

身份	编号	性别	工作年限/创业年限
共青团组织工作人员	TSW01	男	1年
	TSW02	男	2年
	TSW03	男	3年
	TSW04	女	1年
	TSW05	男	3年
	TSW06	男	4年
	TSW07	男	2年
	TSW08	女	1年
	TSW09	男	5年
	TSW10	男	2年

续表

身份	编号	性别	工作年限/创业年限
青年企业家协会工作人员	QQX01	女	3年
	QQX02	女	3年
	QQX03	女	3年
	QQX04	男	2年
	QQX05	女	2年
	QQX06	女	5年
	QQX07	男	3年
	QQX08	女	2年
	QQX09	男	1年
	QQX10	女	1年
创业青年	CYQN01	男	2年
	CYQN02	男	2年
	CYQN03	男	6年
	CYQN04	女	4年
	CYQN05	男	9年
	CYQN06	男	7年
	CYQN07	男	9年
	CYQN08	男	5年
	CYQN09	女	5年
	CYQN10	男	4年
	CYQN11	男	5年
	CYQN12	女	6年
	CYQN13	男	1年
	CYQN14	男	2年
	CYQN15	女	7年
银行工作人员	YHGZRY01	男	8年

三、共青团服务青年创业的主要措施

创业是一项需要调动资金、技术、场地、人员等资源要素，并集生产销售等环节为一体的综合性经济行为。基于此，浙江共青团持续优化青年创业资源要素供给，从打造青年专属创业赛事、建立全方位创业帮扶体系、提供多元化创业交流平台、选树创业榜样示范带动4个方面出台了一系列扎实举措。

（一）突出育人功能，持续深化打造青年创业赛事

挖掘创业项目是青年创业之路的起点，孵化创业项目则能够不断扩大青年创业"蓄水池"，是助力青年创业成功的关键。调研发现，浙江共青团多年来致力于打造以青年创业竞赛为抓手，集青年创业项目挖掘、选拔、培育、推介、孵化等为一体的服务体系。具体而言，浙江共青团以"创青春""挑战杯""互联网+"等创新创业竞赛为牵引，广泛开展了系列赛事评比活动，并对赛事获奖项目的可行性和发展前景进行专业评估，从中选择一批市场前景好、操作性强、适合孵化的项目，给予场地、资金等资源支持。如曾参加过创业比赛的一位创业青年说："我在'互联网+'创新创业大赛的国赛中获得了金奖，国赛金奖在杭州市有50万元的落地资金支持和国家大学生创业基地的场地支持。此外，基地还给我们配备了经验丰富的导师进行一对一指导，我的导师不仅帮助我精准定位市场，还介绍了重要的行业联系人，这对于我们这样的初创企业来说至关重要。"（编号：CYQN09）

（二）强化要素支撑，不断健全完善青年创业帮扶体系

在青年创业过程中，创业空间、创业技能以及创业资金等因素都发挥着至关重要的作用。创业场地是青年开展创业活动的重要空间载体，近年来，随着场地租金日益上涨，创业空间成为制约青年创业起步的因素。基于此，浙江共青团积极参与打造大学生创业园、青年创业孵化园等面向青年群体的创业园区和创业空间，并以这些青年创业的空间资源为基础，为入驻园区的青年创业企业和团队提供多种资源对接服务。如某团组织工作人员说："我们的大学生创业孵化基地成功帮助多个青年团队将他们的创意转变为实际产品。例如，有一个团队专注于环保科技产品的开发，他们在这里

不仅解决了办公场地的问题,还得到了专业的技术指导。"(编号:TSW07)

创业培训对提高创业青年的技能素质、增强其参与市场竞争的应变能力等具有比较显著的作用。浙江各级团组织高度重视创业培训服务供给,在科学分析青年创业需求的基础上,因地制宜地推动建设青年创业学院,推出大学生创业未来之星培养计划,组建创业师资队伍,逐步构建起一套涵盖多样化内容的创业培训体系。如一位创业青年说:"近几年共青团越来越重视我们创业群体了,青年企业家协会也组织了很多培训,我在培训中学会如何更好地把握市场机遇,提高企业的竞争力。同时,他们还鼓励我们参与实践项目,这让我能够将理论知识应用到实际中,更好地理解和掌握创业的本质。"(编号:CYQN04)

融资难一直以来都是限制青年初创企业成长发展的重要问题。为帮助创业青年突破筹资难、担保难、抵押难等瓶颈,浙江共青团立足基本职能,以青年就业创业基金、金融机构、专业投资机构为依托,以金融信贷、风险投资、财政补贴为主要内容,搭建融资服务平台,初步形成"政府政策扶持、共青团组织推动、金融机构融资"的创业资金供给扶持工作格局。如浙江省青年创业就业基金会(简称"浙江青创会")联合浙江农商银行、浙江省农业融资担保有限公司等单位共同推出了"浙里担·青农贷",为涉农创业青年提供单户30万—300万元的高额担保贷款额度,且确保担保费率不高于同期同类担保贷款利率。再如,团松阳县委和浙江农商银行联合推出了"青年创业发展信用卡",为有创业意愿和能力的返乡创业青年提供30万元以上、100万元以下的贷款额度,为涉农创业项目提供更优惠的利率,帮助创业青年解决资金难题。

(三)发挥组织优势,积极创造创业交流机会

当下,创业交流已成为促进创业青年相互学习、共同成长的重要途径。近年来,浙江共青团依托各级青年企业家协会定期开展青创企业间学习交流,积极组织青年企业家参观优秀企业、文化创意产业园区等活动,还多次开展"数字风暴""圆桌 π""大咖说"等论坛活动,帮助青年企业家找到新的发展可能。

创业交流活动在为创业青年提供宝贵的学习和成长机会的同时,也能坚定他们的创业信心和决心。如创业青年赵某从部队退伍重返校园后,萌生了创业的想法。于是,他被推荐参加了团杭州市委、杭州大学生创业联盟组织的第三批"大学生创业未来之星培养计划"活动。在培训过程中,赵某不仅接受了专业的创业技能和知识培

训,还参加了各种交流学习活动。赵某说:"主办方经常带我们去参观成功的创业公司,给我们培训专业的创业知识,我们这些创业青年经常聚在一起互相交流。接触时间长了,自己的创业热情就被这样的氛围激发起来了,也就下决心在创业这条路上走下去了。"(编号:CYQN09)

(四)坚持系统谋划,发挥榜样引领作用

近年来,浙江共青团广泛搭建平台和载体,积极培育和选拔了一批青年创业典型,发挥榜样引导、典型示范作用。如:组织开展"青牛奖"寻访活动,通过广泛寻访、宣传、服务等方式,聚集了一批扎根农村、带领群众增收致富、推进农业现代化发展的优秀农村青年典型;依托"号手岗队"创建活动,引导青年立足岗位创新创效;举办"浙江青年工匠"遴选活动,推动形成支持青年技工发展、激励青创企业技术革新的良好氛围。

在浙江共青团的引领与服务下,一批批优秀的创业青年脱颖而出,多位创业青年获得中国青年五四奖章、中国青年创业奖、全国五一劳动奖章、浙江省新时代中国特色社会主义事业优秀建设者等奖项和荣誉,一些创业青年还担任了党代表、人大代表、政协委员,积极参政议政,建言献策。如金华创业青年张某,在浙江共青团的引领与服务下,受到"青牛奖"获奖典型的感召,走上创业之路。他发动同村314人流转土地,共同参与以三叶青为主的中药材的种植。2022年底,314人每人获得分红4800余元,张某带动周边闲置劳动力40余人实现家门口就业,每年人均增收2万余元,村集体增收30余万元。张某的成功创业不仅带动了村民增收致富,还为周边地区村民提供了在家门口的就业机会,成为当地青年创业的典范。(编号:CYQN10)

四、浙江共青团服务青年创业工作的主要特征

分析发现,当前共青团服务青年创业工作具有桥梁纽带作用明显、服务体系趋于全面化、服务对象既全面覆盖又重点突出等几个特征。

(一)桥梁纽带作用明显

有效利用和供给资源是共青团服务青年创业的重要条件,也是增强组织服务效

能的关键保障。浙江共青团积极发挥联系、对接各方资源的桥梁纽带作用,坚持部门协同运作、社会多方参与的原则,一方面,积极主动争取党政资源,为青年创业工作提供制度性资源保障;另一方面,不断创新工作思路,运用社会化思维整合市场资源,为青年创业提供有力支撑,真正实现了"从创业青年寻找资源到资源围绕创业青年"的转变。如某创业青年说:"我们遇到困难会跟团委反馈,他们会主动出面帮我们去跟其他厅局、机构、平台对接,帮我们找资源。"(编号:CYQN01)

(二)服务体系趋于全面化

浙江共青团紧紧围绕省委和团中央部署要求,聚焦"创业服务集成""双创项目孵化""双创人才赋能"三大场景,重塑共青团服务青年创业创新工作体系,凸显全局性、整体性的特点。一方面,浙江共青团以数字化改革为引领,聚焦青年创业场所申报、资金支持、人才驿站申请等高频需求,开发上线"创业一件事"办理模板;同时,联动省青年工作联席会议19家成员单位,整合多个部门单位的创业相关政策,利用数据算法模型实现对青年的精准推送,提高创业政策落地实效。另一方面,浙江共青团打造了涵盖资金帮扶、创业培训、导师辅导、场地供给的全链条、全方位服务体系。如在青创园区集成了青创之家、众创空间、孵化器、加速器等平台,系统打造服务青年创新创业的工作链条,让项目支撑更加多元、资源要素更加聚合、服务手段更加高明、协作机制更加完善,搭建起服务青年创业就业工作综合体系,实现低成本入孵、一站式服务、全过程赋能。

(三)覆盖群体点面结合

随着青年群体分层分化节奏的进一步加快,创业青年根据创业前的身份、创业领域、家庭原生环境、性别等因素的不同,又被细分为大学生创业者、退伍军人创业青年、农村创业青年、"创二代"、创业女青年等子群体。对近年来的青年创业政策文本进行梳理发现,浙江共青团一方面基于普惠性原则致力于构建一个覆盖全体35周岁及以下青年的创业服务体系,让所有在浙创业青年都能享受到优质的创业服务,另一方面,基于对党政工作大局的需要、创业青年整体发展状况等方面的考虑,又重点为在校大学生和毕业5年内高校毕业生、农村创业青年以及在创业类赛事中获奖的青年提供帮扶和分类指导服务,进一步提高了帮扶的精准度。如杭州市连续发布六轮

的《大学生创新创业三年行动计划》,湖州市安吉县出台的《安吉县大学生招引"百千万"专项行动方案》等政策,都在致力于为大学生就业创业提供全方位支持。

五、浙江共青团服务青年创业工作面临的问题

(一)部门协同效率有待进一步提升

共青团是党领导的群团组织,在服务青年创业方面,主要发挥了资源整合的桥梁纽带作用。如一位团干部说:"团委的工作重心在连接和争取其他部门的资源,以及从上级获取支持上。比如,我们可以和发改委、商务局、住建局沟通合作,去推动建立青创园区。"(编号:TSW07)调研发现,各地职能部门之间尚未形成健全的服务青年创业协同机制。基层共青团组织在与职能部门、金融机构、企业和高校沟通进行资源整合和工作协调时,常常依赖共青团干部自身的人际脉络、情感维系和精力投入。如一位团干部说:"团委没有自己的场地和专项资金,因此,很多活动只能寻求组织部、工会等其他职能部门的帮助,还是靠我们以前在基层积累下来的人脉。"(编号:TSW08)

(二)创业服务供需不匹配

虽然各地共青团组织积极为青年创业整合提供了多样化的资源,但一方面,创业是一项持续变化发展的经济活动,创业主体所需的资源种类及需求量会不断发生变动,这就导致团组织的资源供给调整速度跟不上青年创业的实际需要,另一方面,调研也发现一些关键性的资源供给与青年创业发展的现实需求之间存在错位。以资金支持为例,有创业青年反映:"有时候一项补贴只有2万—3万元,跟我自己实际投入比起来,真的是毛毛雨,根本不够。"(编号:CYQN07)同时,创业资源供给还存在向场地、资金等"硬需求"领域倾斜的特征,而知识、技能等"软需求"的资源供给相对较少且质量有待提升。以创业培训为例,有创业青年反映:"有些培训课程对我来说缺乏实用性,不同的培训课程之间有交叉和重复,有的课程太偏理论,不能完全解决创业中遇到的困难。"(编号:CYQN10)

(三)政策实际落地效果有待提升

受政策门槛、政策宣传不足等因素的影响,青年创业政策落地实施的"最后一公里"仍待进一步打通,政策落地效果有待提升。如调研发现,现行的青年创业政策存在向本地户籍青年、高层次青年人才等群体倾斜的问题,外来创业青年、低学历青年往往难以享受贷款贴息、税收减免等各项优惠政策。有外来创业青年说:"虽然表面上看起来共青团组织和政府对青年创业的支持很多,但我发现许多创业补贴和相关政策的限制条件比较多,我们这种外地人实际能够利用的资源并不多。"(编号:CYQN07)还有银行工作人员表示:"我们非常愿意支持青年创业,但需要评估贷款风险,而很多普通创业青年因为缺乏经验和资产,难以通过风险评估。我们也希望政府能提供更多的担保和支持,以便我们能更灵活地支持普通青年创业。"(编号:YHGZRY01)

六、寻找各种路径

(一)加强顶层设计,增强青年创业服务工作合力

一是深入贯彻落实《关于开展青年发展型城市建设试点的意见》和浙江省委关于"加快建设青年发展型省份"的部署要求,借助各级青年工作联席会议机制,加强部门间沟通协调,做好政策集成、项目资源多方对接和精准化创业帮扶,推动青年创业人才和重点产业发展双向奔赴。二是进一步发挥共青团的组织优势,深入了解创业青年对接需求,主动上门服务。根据青年创业实际需要,"靶向"制定有针对性的青年创业政策,进一步优化和调整现有政策条款,提高青年创业政策的可兑现性及其与青年创业诉求的匹配度,切实推动从"人才找政策"向"政策找人才"转变。三是探索建立青年创业服务工作考核机制,从青年创业活跃度、资金投入额度、项目数量、青年创业成功率、创业培训开展情况等方面来评价青年创业服务工作。推动各级团组织进一步发挥自身优势,整合社会资源,丰富服务内容,营造良好氛围,把服务青年创业工作提高到新的水平。

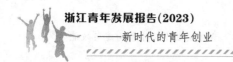
(二)加强平台建设,增强青年创业服务的载体支撑

一是持续完善共青团青年就业创业见习基地的建设、运行和管理。改变其"重数量品牌,轻质量效益"的现象,开展跨地域、跨门类的青年创业专项见习项目,打造富有地区特色的创业实践训练营并向全省青年开放,择优准入,突破地域发展阻碍,为青年创业提供更多机会。二是针对外来创业青年、乡村创业青年和困难家庭创业青年等特殊群体,设计专门创业项目培养计划,提供专项创业资金支持,持续扩大各类创业政策的受益面,切实降低青年创业门槛,积极帮助青年初创企业解决各类现实难题。三是定期举办创业相关培训,优化培训课程设置,为创业青年提供法律、财务、人力资源等方面的专业指导和支持,帮助青年创业者提升软性创业技能,降低创业风险。

(三)积极营造氛围,引领青年创业者尽责担当

一是加强组织工作。把创业青年骨干作为各级团委兼职团干部、青年联合会委员和青年企业家协会、农村青年致富带头人协会会员的重点吸纳对象,使更多的创业青年凝聚到团组织周围。同时,积极面向青年企业家群体开展党的创新理论"青年化"阐释,引导青年企业家全面理解把握中央、省委关于经济工作的决策部署,始终秉承家国情怀,践行新发展理念,为浙江经济发展大局持续做出贡献。二是强化交流赋能。以"青创同学会"等形式,创建青年创业交流社群,组织创业大咖、具有一定经验的青年创业者和初试创业的青年交流学习和经验传承,在轻松的社群氛围里,实现创业精神和创业知识的"传帮带"。三是坚持典型带动。依托各级共青团运营媒体资源,在全省广泛宣传青年企业家的创业事迹,树立青年企业家良好形象,营造理解、关心、爱护青年企业家的良好氛围,不断激发青年投入创业大潮的信心和热情。

供稿单位:浙江省团校、浙大宁波理工学院

撰稿人:徐欣来、卫甜甜、朱钰嘉、刘炳辉

获奖者视角下"青牛奖"寻访活动的效能呈现与优化策略研究

一、研究背景

习近平总书记在党的十九大报告中首次提出乡村振兴战略,这是新时代"三农"工作的总抓手,是决胜全面建成小康社会、全面建设社会主义现代化国家的重大历史任务。乡村振兴战略的核心理念在于实现乡村全面振兴,而人才振兴是其中的重要支撑与关键要素。因此,关注农业农村领域的人才发展对于乡村振兴战略的实施具有根本性的意义。在此背景下,各地的相关部门、组织和机构均为培育农业农村领域的青年人才开展了大量工作。

作为中国改革开放的先行地,浙江省在促进乡村振兴、引领青年返乡下乡建功立业方面积累了丰富的经验,开展了大量创新性的工作。其中,团浙江省委积极围绕中心工作服务大局,认真贯彻落实高质量发展建设共同富裕示范区要求,深化推进"两进两回"行动计划[①],不断创新工作手段和载体,引导青年返乡入乡,发挥骨干引领作用,助力乡村振兴和共同富裕。其中,深耕4年之久、社会覆盖面较广、社会影响力较为明显的"浙江省青春助力乡村振兴带头人'青牛奖'寻访活动"(以下简称"青牛奖"

---

① "两进两回"行动计划,是浙江省人民政府为推动科技、资金、人才等资源要素流向农村,激发乡村发展活力,推进乡村全面振兴,根据《国务院办公厅关于支持返乡下乡人员创业创新促进农村一二三产业融合发展的意见》精神,实施的科技进乡村、资金进乡村、青年回农村、乡贤回农村行动计划。

寻访活动)便是团浙江省委在助力乡村人才振兴上的一次有益探索。

为了更好地理解团浙江省委在助力乡村振兴工作大局中的行动策略,本文将以"青牛奖"寻访活动这一典型工作案例为研究对象,在深挖该项活动开展情况的基础上,探寻团浙江省委在助力乡村振兴,尤其是乡村人才振兴工作中的实际效能和行动"密码"。

二、"青牛奖"寻访活动开展情况

2020年5月,为引导青年回农村,在助力乡村振兴、脱贫攻坚等方面持续发挥骨干引领作用,团浙江省委、浙江省农业农村厅等单位正式启动"青牛奖"寻访活动。"青牛奖"寻访活动的评选对象主要为18周岁(含)至35周岁(含)[1],在浙江从事农、林、牧、渔业生产、加工、经营以及为农业农村发展服务的相关行业从业时间3年以上,成绩突出,在当地具有示范带动作用[2]的农业青年产业人才、农村青年治理人才或者农业农村服务人才。

4年来,"青牛奖"寻访活动始终坚持"三农"导向,在深入基层过程中,倡导传播在乡青年可持续发展模式,助力打造农村青年就业创业最优生态,为"三农"工作提供了可借鉴的实际案例,营造浓厚助力乡村振兴的青春氛围。具体而言,"青牛奖"寻访活动取得了以下几个方面的成绩:

一是做大"三农"青年人才蓄水池。通过省、市、县、乡四级寻访,充分挖掘了农业青年产业人才、农村青年治理人才和农业农村服务人才等3类返乡就业创业青年人才,激发了乡村青春活力。4年来,累计寻访5000多名返乡青年,评选出了400多名百强"小青牛"[3],并将他们纳入团组织培育体系,更好地凝聚、示范、带动和服务广大"三农"青年。

二是加大"三农"青年支持帮扶力度。团浙江省委作为活动的发起者,着眼于"科技进乡村、资金进乡村、青年回农村、乡贤回农村"展开活动,其间得到了党政部门、科

---

① 事迹特别突出的年龄可放宽至40周岁。

② 如果从业不足3年,只要在相关领域成绩突出、在市内有较大影响,能够带领农民群众共同致富,为乡村振兴做出突出贡献,都可以报名参选。

③ 活动主办方将参与"青牛奖"评选活动的人员称为"小青牛"。

研院所、新闻媒体和金融机构等10多家单位的大力支持,通过多方联动,从政策、金融、媒体宣传等方面给"小青牛"多维度的支持和帮扶,从而激励了更多青年踏上返乡下乡之路,助力乡村振兴。

三是推动"三农"青年成长成才。在全省寻访的基础上,构建了较为系统的培育体系。历届"小青牛"都曾在浙江省团校接受培训,后续团组织也与他们保持了一定的联系并进行跟踪培养。例如,有24名"小青牛"获评了第一、二届全国乡村振兴青年先锋,3名"小青牛"当选了第十五届团浙江省委常委,8名"小青牛"当选了浙江省第十五次团代会团代表,1名"小青牛"获评"金牛奖",还有一批"小青牛"当选了浙江各地的"两代表一委员"。杭州亚运会期间,有20位"小青牛"成为亚运火炬手。同时,有更多的"小青牛"产业越做越强,带动乡村百姓共同致富的成效越来越明显,社会认可度越来越高。正所谓"今日小青牛,明日大金牛","小青牛"们的成长成才让人深受鼓舞,让人对返乡下乡青年人才的未来充满希望,对乡村振兴事业充满信心。

"青牛奖"寻访活动作为一项典型选树活动,是一种符号化的激励措施。为典型赋予社会荣誉,一方面激发了参选青年对乡村振兴事业的热情与动力,增强了他们投身乡村振兴事业的信心和决心,另一方面,充分彰显了先进青年的示范引领作用,为其他青年群体树立了榜样,以此带动更多的青年参与乡村振兴事业中来,在广阔的乡村舞台上展现自己的才华,贡献自己的价值。

那么,4年时间已过,"青牛奖"寻访活动对参选者产生了哪些影响? 在促进返乡下乡青年引育和发展方面究竟发挥着怎样的作用? 本文拟从参选者主体视角出发,了解和把握"青牛奖"寻访活动的工作效能以及存在的问题,并在此基础上提出相应的对策和建议,以期通过调查研究,为更好地推动"青牛奖"寻访活动的开展提供支撑。

三、研究方法与调研对象

本研究主要采用访谈法,访谈对象选择标准主要有2个:一是受访者应为4届"青牛奖"寻访活动的参选者;二是自愿接受访谈。本次调研于2023年11月至2024年3

月间展开,共对不同届的14名①有效访谈对象,按照访谈提纲进行半开放式的深入访谈,以求能够清楚了解"青牛奖"寻访活动参选者的参评过程和经历、参选者对于活动的评价与感受、参选者在活动中的收获与面临的问题,以及对进一步优化活动的建议与思考。受访者的基本情况见表1。

表1 受访者基本信息

编号	性别	年龄(截至访谈时间)/岁	行业	最终成绩
D01	男	37	非遗手工	前50强
Z02	女	29	水稻种植	前20强
C03	男	34	茶叶电商	前50强
C04	女	31	农场	前20强
H05	男	36	农文旅	前20强
H06	女	29	农业观光	前30强
F07	女	34	活动策划	前30强
J08	男	36	电子商务	前20强
W09	男	34	茶叶种植	前20强
T10	男	31	水产养殖	前10强
H11	男	33	农产品加工	前20强
H12	男	36	绿植种植	前50强
W13	男	30	村落治理	前10强
W14	女	33	家庭农场	前30强

四、"青牛奖"寻访活动的效能呈现

通过对14位受访者访谈资料进行深度分析,课题组发现,对于参选者而言,他们通过参加这一寻访活动得到了相同的社会荣誉和身份标签,并在培训和日常交流中

---

① 课题组在进行到第14位"青牛奖"寻访活动参选者访谈时,发现无更多增量信息和资料出现,访谈信息在一定程度上达到饱和。

产生了较深的情感,积累了一定的信任资本和理解基础,为后续相互连接资源与多元合作带来了可能。此外,从社会影响看,"青牛奖"寻访活动不仅强化了返乡下乡青年的荣誉感与获得感,还发挥了榜样力量,进一步激发了青年投身乡村发展的热情,以此为浙江农村农业发展注入更多动能。

(一)基于同一社会荣誉身份的返乡下乡青年人才圈层得以形成

圈层是一个在社会学和人类学学科领域中经常被使用到的概念,它用来描述一个人或一群人在社会中所处的特定群体或社交网络。圈层可以根据不同的背景、兴趣、职业等划分,从而形成不同的类别。圈层一般具有兴趣相同或经历类似、相互认同、信息交流等特征。调研发现,对于参选者而言,"青牛奖"寻访活动不仅是一种荣誉和奖项,更是一个学习、交流和互动的桥梁与平台。"青牛奖"寻访活动通过评选、表彰优秀的返乡下乡青年,聚集了一批在农业农村领域各行业、各界别的优秀青年,形成了一个涵盖多领域的返乡下乡青年集群,而这类群体基于相似的涉农就业创业经历、一样的社会荣誉身份而产生了一些情感共鸣和思想共识,从而促进了返乡下乡青年群体圈层的形成。

圈层的形成具有重要的意义。具有一定身份同质性、就业创业经验相似性的群体圈层环境为参选者提供了丰富的情感支持。这种情感支撑既有来自群体内部成员之间的情感互动,也有在评选过程中得到的来自家人、朋友以及社会各界的情感支持和鼓励,这些情感支撑不仅有利于他们强化自身的身份认同感,而且还在更深层面转化为他们持续在农业农村领域就业创业的强大精神动力。如在访谈中有参选者说:"我们'青牛奖'小伙伴是有微信群的,我们彼此一直保持着很好的联系,大家会互相鼓励,分享一些创业的经验与心得,也会互相提醒一些最新的政策,这是我觉得'青牛奖'寻访活动最有价值的地方。"(编号:W09)也有访谈对象说:"当时在评选的时候,相关部门和单位都积极为我们宣传。包括我们后来参加直播活动,组织方也帮助我们做了很多宣传工作,让更多的人了解我们、认识我们,我觉得这对于我们的创业项目以及我们这个群体都是非常有意义的。"(编号:F07)

总之,在"青牛奖"寻访活动参选者身份的加持下,基于同一社会荣誉身份的返乡下乡青年圈层逐渐形成,且呈现出一种圈层内人群彼此认同、相互连接、相互支撑的网络结构。

（二）促进群体间资源连接与深度合作的开展

圈层在群体互动交往过程中会带有互惠互利的交往和合作属性，而这一属性为促进参选者们积极共享发展资源、相互链接资金、分享市场信息等提供了更多可能性。因此，形成了一个合作共赢的人际网络和利益交换体，使得返乡下乡青年在市场竞争日益激烈的情况下，能够以合作的力量共同探索和开发市场空间、对抗风险与挑战、减轻单打独斗压力，实现资源共享、优势互补和共同发展。

调研发现，参选者之间资源互享和合作共赢的形式主要有以下几种：一是参选者在"青牛奖"寻访活动结束后，会通过微信、线下见面洽谈等方式保持社交联系，并根据各自优势和掌握的资源以品牌联名、渠道共享、项目共创等形式开展合作。这种参选者个体间的主动行动体现了他们积极开拓合作伙伴关系的勇气和决心。如有受访者说："在'青牛奖'前50强培训的时候，我遇到了一个小伙伴，他是做多元化产业链的，我们聊得很好，我也非常认可他的理念，于是我们后续就在产品这块有合作。"（编号：H05）也有受访者说："我们经常会在一起交流一些业务上的经验，像直播这块，有些前辈在这方面起步比较早，我就去向他们学习，这样我自己的创业可能也会因此迎来新机遇或者更大的发展空间。"（编号：H06）二是参选者们通过圈内伙伴的介绍参加各种交流活动，或者是嫁接到其他企业、机构甚至政府部门的资源，使得参选者通过彼此进一步拓宽了人际关系网络和业务合作范围，得到了更多的关注和支持。如有受访者说："我是搞水产养殖的，活动结束后就通过一位'青牛奖'小伙伴认识了一些省农科院的专家，后面遇到技术上的问题，我就直接去找专家咨询了。"（编号：T10）

总之，参选者们通过"青牛奖"寻访活动建立起了更多的社会关系，积累了更多的社会人脉，并通过这些人脉关系获得大量新的信息和资源（古川、尹宁、赵利梅，2021）。这些资源连接与深度合作不仅有助于他们克服自身资源和市场方面的瓶颈与局限性，还能够促进多业态的跨界合作，从而加速农业农村领域创新成果的转化和商业应用，进一步推动农村农业领域的业态发展。

需要进一步说明的是，参选者们经过组织层层选拔，得到了官方认可，也从中获得了一些政策资源，这使得他们能积极响应国家号召，成为政府政策的支持者与行动者（罗敏，2019）。此外，有了"青牛奖"寻访活动参选者这一官方荣誉和社会身份的加持，他们在合作互动过程中更容易建立起信任，极大地降低了社会交往和商业合作的

"信任建立"成本。"一般商业合作都是有风险的,要对对方的情况进行评估。但是我们这群人都是政府部门层层选拔上来的,企业经营状况和老板的人品肯定是有保障的,所以我们内部合作起来风险就小很多,也不用花太多时间去建立信任关系。"(编号:W14)

除了参选者群体间的资源连接以外,"青牛奖"寻访活动还进一步促进了参选者与外界的互动,增加了他们的社会关注度和获取外部资源的机会。如参选者更容易从职能部门获取就业创业政策支持。相关部门为返乡下乡青年的就业创业提供政策支持。各有关银行、浙江省农科院等机构则能通过这一活动,发现一大批优秀的农村青年创业者和从业者,并为其提供资金、技术等方面的支持。

(三)参选者荣誉感与获得感得到充分强化

"青牛奖"寻访活动是返乡下乡青年的努力和社会贡献得到社会高度评价和认可的有力见证,进一步强化了青年的荣誉感与获得感。参选者们的荣誉感与获得感的再强化源于多重深层因素,这些因素既包括个体内在需求的满足,也包括受到社会文化价值的影响。(夏柱智,2017)一方面,"青牛奖"寻访活动作为一项重要的荣誉奖项,不仅是对参选者个人努力和成就的认可,更是对其在农业农村领域的专业知识和技能的验证。通过参与"青牛奖"寻访活动,他们得到了社会的认可与尊重,从而满足了他们对于自我价值和社会价值的需求,提升了其自尊心与自信心。"我受到了极大的鼓舞,因为乡村创业是非常孤独的,能被社会看见是一件非常开心的事情。我最开始做这件事情的时候,家人、朋友是非常担心的,但'青牛奖'让我能更坚定地把这件事踏踏实实做下去。"(编号:J08)

另一方面,在参选过程中,媒体、企业、政府部门等都会关注到这些参选者,宣传其事迹、成就和经验,为其建立榜样形象。这种来自外部社会的认可和支持也会进一步强化其荣誉感与获得感。同时,参选者们还会因为这种社会关注而接触到更多的商业机会和项目合作邀约,从而进一步增强了其影响力和竞争优势。

总之,"青牛奖"寻访活动参选者的荣誉称号成为返乡下乡青年们的身份骄傲,激发了他们在农业农村领域进一步探索和创新的动力。此外,获得荣誉的青年们也成为农业农村领域的榜样和典范,他们的成功故事激励着更多青年参与农村发展中来。如有受访者说:"我是一个在一个小地方专门搞水产养殖技术的技术人员,很平凡也

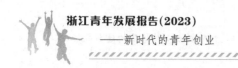

很普通。我没想到自己能进前10强。我的获奖对我身边的年轻同事影响很大。像我这样在农业领域默默无闻的小人物也能被看见,他们就会更愿意坚持下去。"(编号:T10)

五、"青牛奖"寻访活动存在的问题

"青牛奖"寻访活动虽然影响力大,社会美誉度高,能够助力参选者们的个人发展,也给他们带来了一定的获得感,但仍存在一些不足。根据调研,大致有以下几个方面。

(一)培训中交流机会不足,现场社交网络搭建不充分

参选者入围"青牛奖"前50强后,会集中在浙江省团校接受5天的培训。培训期间,他们能够与其他优秀的返乡下乡青年进行交流。也有受访者指出,由于集中培训的时间较短,培训内容又以外出参观和讲座为主,培训行程安排较为紧凑,参选者之间有效交流的机会较少,难以在短时间内增进了解。"真正能让大家彼此认识、增进了解的一个环节,可能就只有一个破冰活动。在这之后,小组活动就比较少,大部分还是经验传授、专家培训之类。希望这种互动交流的活动能多一些,让彼此了解得更深一点。"(编号:Z02)

虽然前文提到参选者之间会形成群体圈层,也会有一些资源嫁接和商业合作,但访谈中也发现这些互动和合作更多是发生在参选者间私下联系和交往之中。而在寻访活动过程中,官方推动形成的网络和群体互动尚不够充分。这极易造成参选者之间一直处于"弱关系"状态,不利于群体关系和社会交往的进一步强化。

(二)学员异质性明显,帮扶效能有待强化

"青牛奖"寻访活动关注的是农业农村领域的返乡下乡青年,因而培训内容多以农业、畜牧业、养殖业方面的专业知识和农产品营销等为主,然而参选者中不乏有一些新兴领域或小众领域的创业者或技艺人员,主办方举办的培训内容无法兼顾到这部分人群的需求。有位受访者是蛋雕非遗手工的传承人,接触蛋雕非遗手工20多年,并在2022年入围了当届"青牛奖"寻访活动前50强,当谈及主办方举办的培训活

动时,他回忆道:"当时他们培训的内容多是关于农业这一块的。相对而言,培训内容就不怎么符合我的发展需要。不过,这也是没办法的,要考虑大部分人的需求。"(编号:D01)对于这些参选者中的小众群体而言,他们与其他人之间异质性较强,其在社会网络构建和资源共享上也较为困难。仍以编号D01的受访者为例,由于他的项目比较特殊,因此他与其他参选者之间难以达成合作。他说:"别人的项目和资源可能跟我这个手艺不太搭,所以我和其他人之间合作的机会不是特别多。"另外,对于这样以个体工作室为主的创业者而言,即使入围了"青牛奖"寻访活动,后续的资源扶持也难以有较大的增量。他也提出,希望日后能有更多针对他们这些"个体户"的展示机会:"比如说在展销会上,可以多给我们这些个体户或者手艺人更多的平台和机会,让更多的人知道我们。"(编号:D01)

(三)赛程战线长,时间和精力成本大

"青牛奖"寻访活动从5月开始启动,要经历市、县两级广泛发动和厅局单位推荐、网络寻访、初评会、50强专项训练营、"青耘中国"直播助农、青牛进礼堂、"青牛"村礼推荐官展播等一系列流程,直到11月份才举办终评会。整个活动周期长达半年,参选者从前100强到最终前10强需要参与多个选拔的环节。有受访者提出,如此长的评选周期,不仅会消耗个人的精力,而且如若在之后的某个环节落选,就会产生巨大的落差感,消磨个体的斗志,参选的热情也被大大打击:"其他奖项的话,可能评选到了就评选到了,评选不到就是评选不到。但是这个'青牛奖'不一样,宣传力度大,时间周期也拉得长,整个过程要几个月,人的精力耗得比较大,没有进入下一步的话,就会很失落。"(编号:C04)

"青牛奖"寻访活动本是为了挖掘农业农村领域的优秀青年,给予他们前进的动力。因而要进一步优化活动流程,避免消磨参选者热情、削弱活动实际效益的现象出现。

(四)跟踪服务不足,榜样的长尾效应有待强化

调研发现,在评选活动结束后,除了少数"小青牛"得到了一些持续性的社会关注和社会资源扶持外,后续跟踪性的群体性官方活动和追踪服务并不多。有受访者(编号:J08)提出,希望官方在活动结束后仍能发动"小青牛"定期举办交流活动,动态关

注"小青牛"们的发展状况和诉求,及时嫁接资源以帮助他们更好地成长。一位受访者说:"未来我们这些伙伴时常要聚一聚,一起联合起来做一些事情。比如,政府部门能把我们组织起来一起去某个地方,为这个地方的发展出一分力或者做些事情。"(编号:H05)"我觉得大家的交流可以更加深入一点,比如可以定期组织大家一起交流、学习、走访,通过这样的形式把有价值的东西传播出去。"(编号:J08)

此外,调研还发现,在评选活动过程中,"小青牛"们的社会关注度比较高,榜样的社会影响力也比较明显。而随着活动的结束,社会热度和关注度也在逐渐减少,如何进一步激发榜样激励的长尾效应,是有待解决的一个问题。

六、小结与思考

正如前文分析,"青牛奖"寻访活动是团浙江省委联合其他职能部门组织的一项榜样选树活动。主办方通过树立典型达到以青年影响青年,引领和激励广大青年投身乡村振兴的工作目标。经过4年的发展,该项活动已经取得了明显的成效,在促进返乡下乡青年群体发展上工作成效显著。但不可否认的是,"青牛奖"寻访活动也还面临着培训内容针对性不强、评选周期较长、后续跟踪服务不足、活动的长尾效应有待进一步提升等问题。

针对上述问题,活动主办方可以进一步优化培训机制,探索建立面向不同类型参选者的帮扶和培训体系,进一步提高培训内容和创业资源供给的针对性;进一步优化评选活动环节和流程,尽量缩短评选周期,或是在评选过程中不断加强与参选者之间的联系对接、资源赋能工作,不断提升青年在评选过程中的获得感;进一步做好评选后的跟踪服务,建立参选者服务库,动态追踪其发展状况,及时跟进服务;针对往届参选者常态化开展交流互访活动,不断强化群体联系;长时段做好典型事迹和发展状况的追踪报道,在各级团属公众平台上展播往届参选者事迹,持续增大参选者们的网络曝光度,强化评选活动的长尾效应。

供稿单位:东南大学、浙江省青年研究会

撰稿人:袁铭、丁慧、程德兴

"创青春"大赛的功能成效与赛事经验

一、研究背景

当今社会高速发展、瞬息万变,创新创业已成为推动经济蓬勃发展和社会变革的重要驱动力。创新创业蕴含的强大力量,不仅促进经济领域发生了历史性变革,更对社会生活的方方面面产生深远影响。

习近平总书记指出:"人才是创新的根基,是创新的核心要素。"(中共中央文献研究室,2016:119)青年人才是创新创业的主力军,研究青年创新创业人才有着重大价值。

在机遇与挑战下,如何持续有效地激发青年骨子里的创新创业基因?党和政府又该如何完善青年创新创业的相关服务配套?这些问题不仅仅关乎青年发展,更关系经济社会发展。可以说,加大对青年创新创业的扶持不仅是在宏观层面对时代发展趋势的积极回应,更是在微观层面引领青年发展的重要举措。对于研究者而言,如何通过对青年创新创业行为的深入探究,更好地理解其内在机理和外在表征,从而为推动经济增长、社会进步和青年发展提供对策建议和决策参考,是一个十分重要的课题。而在众多的创新创业研究范式中,选取一个既具有代表性,又具有社会影响力的研究对象就显得尤为重要。在众多研究素材中,已连续成功举办十届的"创青春"中国青年创新创业大赛(以下简称"创青春"大赛),凭借其极强代表性和极大影响力,成为本次研究的首选。

十年来,"创青春"大赛营造了浓厚的"双创"氛围,助力青年与国家双向奔赴,已成为深受青年喜爱、社会关注的创新创业示范赛事。接下来,"创青春"大赛在项目质量、科技贡献度、社会美誉度等方面可以有哪些新的突破与发展,如何持续提高赛事质量、促进人才培养、扩大社会影响,这些都是非常值得探讨的问题。因此,本研究将立足研究者、观察者的身份,从参赛者视角着手,选取典型案例,深化对举办青年创新创业赛事活动的探索,揭示其背后的规律和特点,为完善青年创新创业政策提供理论依据。

二、研究方法

本课题主要采用文献分析法、案例法和访谈法等。

文献分析法主要是对历届"创青春"大赛的存档资料、媒体报道,以及关于大赛的相关学术研究成果等进行检索、梳理和解读。

案例法主要是通过选取具有一定代表性的案例进行深入研究。主要以某几届"创青春"大赛作为案例,重点分析案例折射出的社会现象,特别是对青年创新创业的启发。本研究重点对浙江近年来承办大赛的相关情况进行分析,特别关注2023年浙江所承办的部分赛事中呈现出的特色和亮点。

访谈法主要是从参赛者、组织者、媒体等3类群体入手,通过深度访谈的方式了解各方对"创青春"大赛的认知和评价。访谈参赛者时,主要了解参赛者参赛前后生活工作上的变化,尤其是参赛对其项目带来的影响,同时关注参赛者对赛事承办方的主观感受;访谈组织者时,主要了解赛务方面的工作与该届赛事活动的特色亮点;访谈媒体人时,主要关注赛事活动的舆论影响和社会价值。

三、"创青春"大赛的背景脉络、特征成效与现实意义

"创青春"大赛不是无源之水、无本之木,它的产生、发展与完善有着十分清晰的内在逻辑和成长机理。可以说,正是在党和国家重视、青年迫切需求的形势下,共青团主动作为,积极探索服务青年创业新载体,才使得大赛从无到有,实现精彩蝶变。

（一）背景脉络

举办大型赛事是一个系统工程，需要经过充分论证和精心谋划，像"创青春"大赛这样的国家级赛事，需要统筹协调的相关方层级高、范围广，必须依靠各方支持。

1. 关键因素：领导人高度重视

习近平总书记高度重视青年创新创业，这是"创青春"大赛等创业赛事活动得以蓬勃发展的根本原因。2013年5月，习近平总书记在同各界优秀青年代表座谈时指出："青年是社会上最富活力、最具创造性的群体，理应走在创新创造前列。"习近平总书记勉励青年要走在创新创造前列，优秀青年在各类创新创造的竞技场上脱颖而出就是走在前列的一种表现。

2013年11月8日，习近平总书记向2013年全球创业周中国站活动组委会专门致发的贺信中指出，"青年学生富有想象力和创造力，是创新创业的有生力量"，特别强调了青年学生在创新创业中的重要作用，并指出全社会都应当重视和支持青年创新创业。

2022年6月，习近平总书记考察香港科学园时指出，"青年人是全社会最富有活力、最具有创造性的群体，也是推动创科发展的生力军。要为青年铺路搭桥，提供更大发展空间，支持青年在创新创业的奋斗人生中出彩圆梦"。为青年铺路搭桥，提供发展空间和展示平台，需要党和政府的全力支持。举办以支持青年创新创业为显著特征的"创青春"大赛，就是落实习近平总书记关于青年工作的重要思想的一个具体、生动的体现。

为贯彻落实习近平总书记系列重要讲话精神，共青团中央联合相关中央部门、地方政府，在"挑战杯"中国大学生创业计划竞赛的基础上，于2014年举办"创青春"全国大学生创业大赛，之后每两年举办一届，而后迭代升级为"创青春"中国青年创新创业大赛。

2. 有力支撑：青创政策基础扎实

2017年7月印发的《国务院关于强化实施创新驱动发展战略进一步推进大众创业万众创新深入发展的意见》（国发〔2017〕37号）提出，要进一步系统性地优化创新创业生态环境，强化政策供给，充分释放全社会创新创业潜能。

2021年9月印发的《国务院办公厅关于进一步支持大学生创新创业的指导意见》

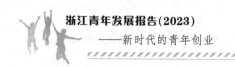

(国办发〔2021〕35号),要求纵深推进大众创业、万众创新,提升大学生创新创业能力、增强创新活力,进一步支持大学生创新创业。

正是有了长期的"放水养鱼"和"政策滋养",青年创新创业的环境才得到持续改善,青年创新创业力量也不断壮大。2022年4月,国务院新闻办公室发布的《新时代的中国青年》白皮书显示,在国家持续出台创业扶持政策的大背景下,青年积极投身大众创业、万众创新热潮,踊跃参加"创青春"大赛、"中国国际互联网+"大学生创新创业大赛等创业交流展示活动,用智慧才干开创自己的事业。2014年以来,在新注册登记的市场主体中,大学生创业者超过500万人。

3. 未来可期:发展势头强劲

国家统计局数据显示,2022年,我国16—24岁城镇青年有9600多万人,其中在校学生有6500多万人。在信息技术服务业、文化体育娱乐业、科技应用服务业等以创新创意为关键竞争力的行业中,青年创业者占比均超过50%,一大批由青年领衔的"独角兽企业""瞪羚企业"喷涌而出。

2023年12月发布的《中国科技人才发展报告(2022)》表明,我国研发人员全时当量由2012年的324.7万人年提高到2022年的635.4万人年,稳居世界首位。数据显示,我国理工农医类毕业生已超250万人,科技人才资源储备丰富。更多优秀青年科技人才在国家重大科技任务中挑大梁、当主角,国家重点研发计划参研人员中45岁以下科研人员占比超过80%。这些青年科研人员,有的是国家"千人计划""万人计划""百千万工程"等人才项目的入选者,有的是国家自然科学基金优秀青年科学基金、国家杰出青年科学基金、创新研究群体等项目的获得者,有的是国家科学技术奖励、国家自然科学奖、国家技术发明奖等奖项的获得者。

正是这些有利条件为"创青春"大赛的举办提供了一片沃土,支撑着赛事活动从无到有、从小到大、不断升级。

(二)特征成效

2014年,"创青春"大赛首次举办就吸引了4万余支创业团队、超10万名创业青年参与,而后赛事规模逐渐扩大,赛道领域不断细分,质量持续提升。整体来看,大赛呈现出鲜明特征,取得了显著成效。

第一,赛事活动规格高。"创青春"大赛是国家级赛事,每一届赛事活动都由国家有关机关举办,除共青团中央、教育部、人力资源和社会保障部等初始发起单位外,中央网络安全和信息化委员办公室、工业和信息化部、商务部等部门也经常参与其中。新华社、《人民日报》、中央电视台、《中国青年报》等央媒对赛事活动的报道力度也是非常大的。

第二,赛事活动联动性强。十年来,累计联动省部级单位近30家,10余个省(市)参与承办,不仅整个共青团系统被广泛调动起来,而且还联动农业、工业、教育、科技等重点行业以及信息、金融、税务等重点领域,累计近52万支创业团队、218万余名创业青年参与其中,推荐选聘国家和省、市、县四级青年创业导师1700余人,累计服务青年创新创业项目3.3万个。

第三,参赛项目质量高。参赛项目一般要经过校赛、省赛、国赛的晋级过程,对成功晋级的项目,主办方会针对项目和选手进行参赛指导、完善项目计划书和PPT等赛前培训,并组织参观学习,以增强参赛选手的创业意识、提高经营管理能力。这在很大程度上帮助项目质量逐步提升,到了国赛环节,项目往往已经具备比较高的水平了。十年来,通过赛事遴选和后续跟踪培育,大批优质青创项目转化为推动经济发展的各类民营企业,其中不乏成长为"独角兽""准独角兽"企业或上市公司的优秀项目。

(三)赛事意义

"创青春"大赛不仅是一项助力青年创新创业的赛事活动,更是一股引领"双创"的文明新风,在激发青年活力、促进科技进步、营造良好氛围方面具有深远意义。

1. 激发青年"双创"潜能

"创青春"大赛为青年提供了展示创新想法和实践的平台,是一个公开公平的"赛马场"。大赛引导青年展开创新思考,通过设定特定主题帮助青年提升创新创业能力和知识水平,激发青年的竞争意识和动力;有力促进了不同背景的青年之间的交流与合作,为青年提供相互学习和借鉴的机会,让青年通过交流了解自身的优点和不足。此外,大赛还引导青年关注社会需求,从中寻找创业机会,提供必要的创业资源和技术支持。

2. 促进科技进步

"创青春"大赛持续为党育人、为国育才,凸显了共青团组织通过实践育人的方式服务国家战略。大赛一方面让青年崭露头角,另一方面也促进地方招商引才,助力属地高质量发展。特别是近年来举办的各类专项活动,发掘培育了一大批专门领域的优秀青年创客。其中,有人聚焦核能行业,放射性废物处理难题,打破了国外的技术垄断;有人留学归国后在新能源储能领域创业,走在国际前列;有人围绕长江渔业资源修复和退捕渔民转产就业,实现了生态效益和经济效益双赢;有人依托 AI 技术修复了一大批历史珍贵影像资料。通过赛场竞技的方式,有力地促进了科技的进步,实现了青年与经济社会互利共赢、相得益彰。

3. 营造良好氛围

"创青春"大赛点燃了社会创新之火,助力创新文化蓬勃发展,为时代注入新活力。越来越多的青年关注创新创业并投身创新创业,全社会重视创新创业的氛围更加浓厚。如:举办以"文化自信,国潮引领"为主题的公益创意大赛,用青春创意展示国潮文化,增强中华民族文化自信,为新国潮发展提供动力、激发活力;推出"文化润疆"工程,以"疆遇良才　新潮澎湃"为主题,设置"美丽乡村"空间设计等专项赛事,推动青年以优秀创意设计展现真实、美丽、朝气蓬勃的新疆,为文化润疆和新疆乡村振兴、产业发展贡献青春力量。

四、浙江承办"创青春"大赛的成功经验

"创青春"大赛除了由共青团中央等国家级部委机关作为主办单位外,一般还会有若干家承办单位,承办单位主要以省级机关单位为主,浙江就曾多次承办"创青春"大赛。

（一）办赛经验

浙江是最早参与"创青春"大赛的省份之一。2015年,在推进"大众创业、万众创新"的背景下,"创青春"中国青年互联网创业大赛在浙江正式启动,这是首次在全国层面开展的青年互联网创业赛事。截至2023年,浙江累计参与承办6届赛事活动,是承办"创青春"赛事次数最多的省份之一,最近一次是2023年中国青年创新创业交流营暨第十届"创青春"中国青年创新创业大赛,其中数字经济、社会企业专项赛事及交流活动在杭州和宁波举办。

1. 专属政策服务项目发展

针对不同参赛项目、服务对象和赛道领域,制定具有针对性和特殊性的专属政策,通过"一事一策""专事专策"最大化地促进项目发展。以2023年数字经济专项为例,杭州为大赛获奖项目提供落地专属政策,百强项目可以享受免评流程,直接等同梦想小镇"金钥匙"创业项目,3年内、梦想小镇范围内可享受办公用房最高300平方米的面积全额补助和60%的物业与能耗补贴。大赛银奖及以上项目等同余杭区高层次人才创新创业项目和余杭区创新创业项目评审通过项目,3年内,在未来科技城范围内可享受最高600万元研发补助和150万元租房补贴。

2. 专项经费支持项目发展

针对不同层级、等次的获奖项目,提供一定数额的经费支持。一般而言,项目获得经费支持的额度与项目质量呈正相关。2023年社会企业专项赛事上,宁波为青年创业者开设了创新创业及人才政策推介环节,根据人才工程政策,入选"双创"团队的,可给予100万—2000万元资助;入选"双创"人才的,可给予50万—100万元资助;县(市、区)、开发区再给予最高1:1.2配套支持,额度可达2000万元。此外,还为青年创新创业提供资金支持、信贷支持、融资支持等。

3. 专业指导促进项目发展

根据项目特点,安排专业导师"点对点""一对一"提供帮扶指导,帮助创业青年解决实际困难,让参赛者少走弯路,不走歧路。如:金华永康市组建农村青年创业导师团,为青年农创客提供创业指导;嘉兴平湖市通过"传帮带"的方式,为海归青年配备创业导师;台州市通过评选活动选出十佳创业导师,为青年创客提供观念引导、政策指导、技能辅导等服务。持续的专业指导需要组建稳定的导师队伍,以及定期对导师库进行有机更新。

(二)各方反响

"创青春"大赛是一个多方参与的赛事活动,参赛者、主办方、媒体等共同构成了大赛的完整生态,缺一不可。本课题通过访谈调研,深入了解参赛者、组织者和媒体对大赛的真实看法。

1. 参赛者:感受"创新创业"盛宴

调研发现,参赛者对于"创青春"大赛关注度很高,绝大部分受访对象认为,"这个赛事活动在青年创新创业领域地位极高，甚至是排NO.1的位置"。参赛者普遍对自身参赛项目信心满满、期望值高，并且非常期待在更大的平台上介绍自己的项目，半数以上受访对象表示，自己的项目在同领域内有较大的创新和独特之处。如某款AR翻译眼镜项目负责人说："能够过五关斩六将进入国家级赛场的项目，本身就要经过很多轮的打磨，一定不会差。参赛更多是抱着学习的态度，学习别人优秀的项目。"的确，入围国赛环节的项目本身质量都比较高，可以为大家提供非常好的学习样板。但也有三成以上的受访对象表示自己的项目不具备很多的创新点，认为自己的项目创新相对困难，这类项目主要集中在乡村振兴"初创组"中，这也体现出传统行业在创新方面存在较多瓶颈。

在参赛动机与目标方面，八成以上的受访者表示参赛是为了能够融资，以便进一步提升项目。还有一部分受访者同时看重社会效益，某智慧化农业参赛项目负责人表示，"用真金白银支持参赛者是最有效的，等项目发展了就更能助推农业现代化进程"。在谈及比赛预期时，几乎一半以上的受访对象表示，能站在台上进行展示就是成功，当然能够获奖并得到融资更好。某未获奖参赛项目代表坦言："对于才启动2—3年的项目，我们能在这样的舞台上进行展示就很成功了，并没有想着要得奖。"这表明参赛者对于自身有较为清醒的认知。关于团队组成，受访对象中，团队人数最多的为15人，人数最少的为4人，90%以上的团队有明确的分工。某工业无人机解决方案设计团队表示，"团队内很多人都有一技之长，但现在我们要把个人长处以团队形式表现出来，起初，团队还是有不小的磨合问题"。团队协作的确是一个过程，需要不断磨合与适应。在谈及团队在推进项目过程中遇到了哪些困难，又是如何解决的时，受访对象普遍认为团队遇到的最大困难就是资金不足。某智能压铸生产单元及5G云压铸管理系统关键技术研发团队表示，"缺少支持项目的资金，严重制约了项目的发展"，具有一定的代表性。还有不少受访对象认为学校、社会对项目的认可度和关注度不够。在收获与成长方面，几乎所有的受访对象都表示，通过参赛，得到了成长与锻炼。对大赛的总体评价上，大部分受访对象认为，大赛组织井井有条，对其项目发展具有一定帮助。认为赛事组织效果一般的受访对象极少。针对大赛的改进空间，七成以上的受访对象表示，要重点关注赛后对项目的跟踪培养，曾参加2023年"创青春"大赛的受访者直言，"像杭州、宁波那样提供可落地的政策扶持、资金支持等，对今后的赛事具有非常强的借鉴意义"。

2. 组织者:搭建"赛事活动"平台

"创青春"大赛主要是给青年创新创业者提供一个广阔的展示平台,不少项目通过这个平台脱颖而出。"很多项目是我们挖出来的,这不仅是要把好的项目挑选出来,更重要的是帮助项目找到发展的方向。"组委会某赛事活动项目评审负责人表示,"在参赛团队的选拔标准方面,我们坚持宁缺毋滥的原则。"在谈及评审公正性时,大部分来自承办单位的受访对象坦言,在保证评委的专业性和公正性方面的确面临很大压力,怕被质疑,引起舆情。某专项赛负责人表示,"在程序上严格执行赛会相关要求,并且做好全流程的内控和监管非常重要"。在问及赛事支持与资源提供方面的问题时,不同受访对象表现出较大差异,一半以上的受访对象表示,资金支持是对项目最重要的支持,资源支持应该排在资源供给的第一位。但也有受访对象表示,第一位的是帮助项目形成了较大影响力。在活动宣传与推广方面,某位组织者表示,借助中央、省市媒体进行报道,其中中央媒体是宣传主渠道。但在谈到宣传效果方面,受访对象普遍认为宣传达到了预期效果,但仍有较大提升空间。

3. 媒体:引爆"青创热度"话题

通过对赛事的媒体报道情况进行梳理发现,传统媒体对于赛事活动的报道热情比较高,并且会专门针对其中某一环节、某一项目进行专题性深度报道。《中国青年报》《中国共青团》等这一类的团属媒体往往能给予大量版面对赛事进行较为深入细致的报道;举办地所在城市的新闻媒体也会配合进行大规模报道。曾先后参加4届赛事活动报道的某记者表示:"看着项目一年比一年多,一届比一届好,还是非常鼓舞人心的,我想用镜头更多地展现参赛项目和团队。"在报道重点和角度方面,媒体更愿意对那些有鲜明特征的参赛项目及参赛者进行报道,某省级媒体知名主持人表示:"有些项目一看名称,就很吸引人,就想着好好关注这个项目,而有一些项目一眼望去,可能就已经知道它没什么新意。""我前后参加了多届赛事活动的报道,对于看了就忘不了的项目,我是一定会重点报道的。"某媒体从业人员表示。

(三)存在不足

"创青春"大赛作为国内青年"双创"领域极其成功的赛事活动,有许多可圈可点之处,但与新形势、新任务的要求相比,仍存在一些短板和不足。

一是项目支持有待进一步加强。项目支持力度主要体现在资金支持上。从总量上来看,从2014年至今,项目的资金支持总量虽然一直在上升,但问题在于项目资金支持力度赶不上项目新增的速度和规模。此外,是坚持大水漫灌式的普惠,还是坚持滴灌式的重点帮扶,也是项目组织者需要考虑的问题,毕竟很多项目处于初创期,还很难判断出项目的创新潜能和市场前景。因此,需要进一步加大对大赛的资金支持力度,确保好的项目能得到专项资金支持。

二是制度保障有待进一步完善。虽然获奖项目在赛后能得到主办方或者投资方给予的支持,但是对于未获奖或者获奖等级不高的项目,其后续的跟踪保障机制明显不足。比赛结束后,如果对项目的后续支持和跟踪不足,那么就无法真正帮助项目落地和转化。因此,在赛事全过程中加强资金、资源方面的制度性保障显得尤为重要,对项目的跟踪培养和扶持保障也非常重要。同时,需要完善创业项目的法律保障,完善青年创客在住房、医疗、教育等方面的权益保障,营造重视创新、创造的生态环境。

三是宣传推广有待进一步提升和加强。由于赛事周期长,存在赛过事冷的情况,即比赛周期内,尤其是决赛期间宣传热度高,一旦赛事结束,关于赛事的宣传就过去了。长期以来,大赛的宣传主要集中在赛会前和赛事中,主要集中在赛会主办城市。此外,团属媒体的宣传多,非团属媒体的宣传少;在大学生群体中影响力大,在非大学生群体中宣传影响小。整体来看,参赛团队和项目的大范围、持续性曝光度不足,制约了大赛影响力的扩大。

供稿单位:浙江省团校、国网浙江省电力有限公司

供稿人:刘东海、简梅

慈善组织如何服务农村青年创业：浙江省青年创业就业基金会的发展实践

随着中国经济发展进入新常态，乡村振兴战略成为国家发展的重要战略之一。党的十九大报告中明确指出，农业、农村、农民问题是关系国计民生的根本性问题，必须始终把解决好"三农"问题作为全党工作的重中之重，实施乡村振兴战略。党的二十大报告中再次提出，坚持农业农村优先发展，全面推进乡村振兴战略。乡村振兴，人才是关键，尤其是青年人才，农村创业青年成为促进乡村经济发展、加快农业农村现代化的重要力量。《乡村振兴战略规划（2018—2022年）》《"十四五"农业农村人才队伍建设发展规划》等政策文件也强调了支持青年返乡创业、利用青年力量推动乡村发展的重要性。

青年是整个社会力量中最积极、最有生气的力量，在返乡创业、振兴乡村中扮演着重要角色。他们通过发展种植养殖业、开办农家乐、发展农村电商、开发乡村旅游等创业实践，为乡村振兴提供新引擎。2017年4月，中共中央、国务院印发《中长期青年发展规划（2016—2025年）》，针对青年就业创业领域指出，要"支持青年返乡创业""着力培育服务青年创业的社会组织，建设专业化的服务队伍和服务实体"，对社会组织服务青年创业与支持青年农村创业提出要求。浙江青创会是隶属于共青团浙江省委的一家5A级公募基金会，自2009年成立以来，一直紧紧围绕服务青年创业就业宗旨，坚持将农村创业青年作为重点服务对象，通过资金扶持、技能培训、信息服务、政策协调和社会倡导等方式，为农村创业青年提供有力支持。

本研究通过对浙江青创会服务农村创业青年的多年实践进行研究，分析其在助力农村创业青年方面的成效,探讨成功经验与困难挑战,并在此基础上提出有针对性的政策建议。希望以浙江青创会的实践作为独特视角,观察和分析团属基金会在支持农村创业青年方面的作用和效果,从而为深入推进乡村振兴战略背景下农村青年创业支持政策的实施提供经验借鉴,为理论研究和政策制定提供有价值的参考。

一、研究方法

本研究采取多元化的方法,全面深入地探讨浙江青创会服务农村创业青年的质效。具体方法如下:

(一)文献分析

采用文献分析方法,对浙江青创会历年工作报告、项目资助信息及相关政策文件进行深入研究,全面梳理浙江青创会的服务体系,从宏观层面评价其服务农村创业青年的实际效能。

(二)问卷调查

为实现对浙江青创会服务质效的客观评估,本研究采取了问卷调查的方法。问卷设计基于对相关文献和预访谈资料的深入分析,涵盖了创业类型、创业次数、是否获得浙江青创会服务等关键变量。调查对象覆盖了浙江省11个设区市的农村创业青年,包括已获得和未获得浙江青创会帮扶的青年,以确保样本的代表性和多样性。总计发放问卷278份,回收有效问卷274份,有效回收率98.56%,保证了原始数据的可靠性。问卷发放样本基本情况见表1。

表1　问卷发放样本基本情况

类别	选项	占比/%
创业类型	返乡创业	74.09
	下乡创业	25.91

续表

类别	选项	占比/%
是否获得浙江青创会服务	是	38.69
	否	61.31
创业次数	1次	60.22
	2次	25.55
	3次及以上	14.23

(三)访谈

为进一步深化对浙江青创会服务质效的理解,本研究采用了访谈的方法,选取浙江青创会农村创业青年服务项目受益人、浙江青创会负责人及基层团组织直接负责人作为访谈对象。访谈内容主要涉及受访者对浙江青创会服务的认知、项目设计与实际效果、基层团组织实施情况等。通过3个不同视角的深度访谈,揭示浙江青创会服务的实际成效,识别存在的问题,并提出具体的优化方向。

二、浙江青创会服务农村创业青年的实践探索

(一)"扬帆工程"公益项目:建立公益资金循环帮扶模式

浙江青创会创新社会资本运作方式,通过"公益基金+无息使用+到期偿还"的形式为农村创业青年提供帮扶资金,推动解决农村创业青年"贷款难、抵押难、成本高"的难题,进一步拓宽青年创业融资渠道,同时有针对性地开展培训辅导、导师带徒、项目推介和跟踪扶持等服务,助力农村创业青年"扬帆起航"。该项目借鉴国际上成功的社会企业资金模型,面向爱心企业、爱心个人多渠道筹措公益基金,形成了500万元的"资金池",重点为农林牧渔业和家庭休闲农业、观光农业、农村电商等农村新业态创业项目给予资金支持,每个项目最高可给予10万元的资金支持,每期帮扶不少于50个项目。"扬帆工程"项目打造的"公益资金蓄水池"以及建立的帮扶循环机制,符合现代公益"授人以渔"和"爱心接递"的发展趋势,具有较强的可持续性,使基金在

爱心接力、社会关注下不断滚动壮大，惠及更多创业青年。截至2024年3月，农村青年创业"扬帆工程"项目已连续实施了8期，共帮扶青创项目447个，累计发放资金3830万元。

（二）"浙里担·青农贷"公益项目：提供免担保大额贷款

"浙里担·青农贷"项目是浙江青创会联合浙江农商银行、浙江省农业融资担保有限公司等单位共同推出的创新扶持之举。该项目受到金融包容理论的启发，聚焦初创期、成长期等不同阶段创业青年面临的融资难题，发挥金融机构、政策性国有企业的主体作用，联合建立信贷担保体系，定向为涉农青创项目提供30万—300万元的高额担保贷款额度，且担保费率不高于同期同类担保贷款利率，旨在通过提供第三方担保、高效率放贷的金融服务，促进农村经济的健康发展。同时，该项目积极争取政府有关部门的支持，协助符合条件的农村创业青年申请财政贴息，减轻农村创业青年的财务负担，增强了项目的吸引力和实用性。该项目被列入《浙江省人民政府关于实施"两进两回"行动的意见》，成为科技进乡村、资金进乡村、青年回农村、乡贤回农村的具体支持举措之一。实施5年来，"浙里担·青农贷"项目共帮扶涉农青创项目6038个，撬动银行发放优惠贷款23.28亿元。

（三）"泰隆创业助跑计划"公益项目：支持小额贴息贷款

"泰隆创业助跑计划"项目以其针对性强和操作性强的特点，为有贷款需求的农村创业青年提供实时的资金支持。该项目主要结合现代金融理念和公益慈善思想，通过银行和慈善基金会的合作，为农村创业青年提供低成本的信贷支持和财务资金帮扶，从而激发农村创业青年的热情和潜能。项目重点面向浙江山区26县的农村创业青年，提供单户30万元及以内的优惠信贷支持，帮助青年解决创业起步资金不足的难题。同时，项目成立"泰隆助力共同富裕专项基金"，根据创业项目进展情况和成效，为项目再提供每年最高1万元的奖励帮扶资金。仅2022年，该项目便为70名农村创业青年提供了2000万元专项贷款，展示了公私合作模式在促进社会发展领域的巨大潜力，为其他地区和领域提供了值得借鉴的经验。

(四)创业技能专项培训公益项目:注重农创青年能力提升

浙江青创会为农村创业青年提供系统性的创业能力培训,深入实施人才发展战略,联合浙江大学等单位举办了多期浙江省农村青年创业增收培训班,开设了农业产业化与现代农业发展、农产品质量安全管理、农产品品牌塑造、农业企业财务管理和成本控制等专业课程。特别是近两年来开展的"直播电商专题培训"项目,不仅提高了农村创业青年的电商运营能力,还促进了农村电商的快速发展和农产品的品牌化。该项目采用理论和实践相结合的方式,邀请理事会、监事会成员,以及法律、财务、税务等领域专家和青年创业导师、成功创业者,通过实地走访、座谈交流等方式,为农村创业青年提供创业知识辅导、实务培训、法律法规援助等,帮助青年培养创业精神、规避创业风险、提高创业实效。该项目还通过产业观摩、实操训练等活动,为涉农创业青年提供多层次、跨领域的学习交流机会,拓宽青年创业者视野,增强其市场敏感性和创新能力,为乡村经济多元化发展注入新的活力。项目已累计为2000余名农村创业青年提供公益培训服务。

三、浙江青创会帮扶农村创业青年现状分析

(一)帮扶青年群像特征:高素质、有担当、有自信

1. "新农菁英",故土情深

根据调查问卷,受浙江青创会帮扶的农村创业青年学历呈倒"U"形分布,其中初中及以下仅占0.94%,高中(含中专)占7.55%,大专占32.08%,本科占50.00%,硕士及以上占9.43%。大专及以上学历的创业者总占比达到91.51%,在当地农村属于文化程度较高的新一代知识青年。(见图1)

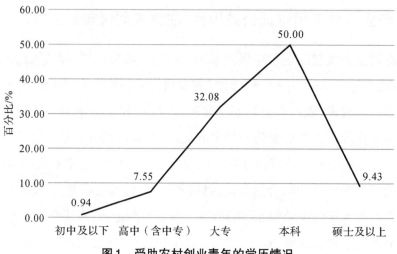

图1 受助农村创业青年的学历情况

据调查,受浙江青创会帮扶的农村创业青年中,69.81%为返乡创业群体,30.19%为下乡创业群体(户籍地在县城以上)。返乡青年从小生长在农村,对家乡有朴素真挚的情感,热爱家乡、了解家乡,长大后普遍见识过乡村外的世界,并经过市场洗礼,拥有更开阔的视野和先进的技术。他们情系故土、返乡创业,往往能够努力创新农业经营模式,发展农业新业态,创建农业新品牌,为乡村振兴注入新活力。

2. 务实理性,兼具情怀

关于为何到农村创业的这一问题,"响应国家'乡村振兴'的号召"(47.17%)和"方便照顾家庭"(47.17%)这两个主观因素并列成为研究对象最主要的选择,之后依次是"农村创业成本低"(36.79%)、"农村经济快速发展,创业机会增多"(36.79%)、"满足个人的乡村情怀"(20.75%)等原因。这显示出返乡下乡创业的青年群体能将个人理想与家国建设需求相结合,将家庭责任与时代使命担当相结合,更趋于务实和理性。(见图2)

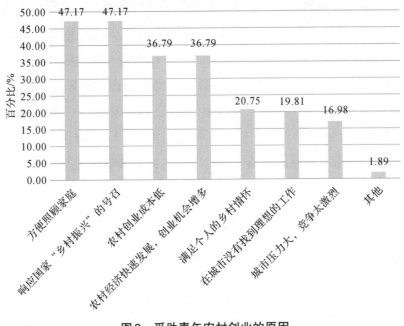

图2 受助青年农村创业的原因

3. 积极向上,认知清醒

受浙江青创会帮扶的农村创业青年中,29.24%的受访者认为自己的创业前景"非常光明",58.49%的受访者表示"虽然目前发展存在一定阻碍,但整体向好",返乡创业青年精神状态总体积极向上。在与创业青年的现场访谈中,也能感受到返乡创业青年的理性自信,正如入选第七期"扬帆工程"项目的一位帮扶青年所说:"浙江良好的政治生态、政策环境成为我们自信的社会基础,知识优势、年龄优势以及父辈资源积累是大多数创业青年自信的个人基础。"此外,有10.38%的帮扶青年认为"前景一般,走一步看一步",只有1.89%的青年表示很迷惘,比较没信心。访谈中也有个别青年认为:"以前在杭州做服装,退货率太高,不好做,后来就回老家创业,家里有茶田,生活和创业成本低,过日子没有问题,但是竞争也很激烈,大富大贵也不敢想。"

(二)帮扶青年创业特点:行业广、会宣传、缺资金

1. 创业领域覆盖浙江农村多业态,主要类型相对集中

在对浙江青创会所帮扶青年创业行业的调研中发现,种植类和休闲旅游类(包括采摘、农家乐、乡村民宿、研学基地等)农村创业青年的帮扶数量最多,占比分别为

31.13%和27.36%,这和浙江乡村产业融合化发展的趋势吻合。之后依次为农村电商类(27.36%)、农创产品加工类(21.70%)、养殖类(14.15%)、生活服务类(7.54%)、其他类[设计和活动策划等创作类(3.77%)和制作类(1.89%)],符合浙江乡村多业态全面发展的特点。(见图3)进一步分析发现,浙江青创会的帮扶对象主要集中在休闲旅游、种植、农村电商和农创产品加工等行业,设计和活动策划、手工制作等领域帮扶数量偏少,这和浙江青创会重点关注初创型农村创业项目以及创业项目的社会效应等因素有关,对小众行业、创业前景偏窄的行业往往持谨慎帮扶的态度。

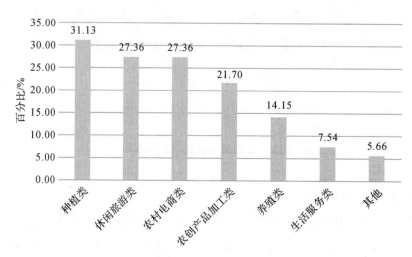

图3　受助青年创业行业统计

2. 宣传销售借力"互联网+",不同产业各有偏好

在使用互联网平台进行宣传和销售方面,66.98%受访者有通过互联网平台对产品进行销售和宣传的行为,22.64%的受助青年计划一年内开通互联网平台,这显示出面向返乡创业青年开展农村电商培训的必要性。10.38%的受助青年既没有使用互联网平台进行宣传和销售,也暂时没有开通的打算。在进一步的访谈中发现,这部分青年主要为"家庭作坊式"的小成本创业,在权衡互联网平台流量成本与收益后,倾向于自产自销、自给自足。

对所有受助青年最常使用的互联网宣传平台进行调研后发现,使用占比排前四位的平台分别是:抖音号(84.51%)、视频号(47.89%)、淘宝(40.85%)、小红书(35.21%)。(见图4)进一步分析发现,不同行业领域对互联网平台具有不同的偏好,以休闲旅游业领域和种植业领域的创业青年为例:抖音仍是农村创业青年进行宣传销售最常用的互联网平台,其中,休闲旅游业领域的创业青年抖音使用率达到95.83%,种植业领域创业青年使用率为81.82%。视频号也逐渐成为农村创业青年进行宣传的主要选择,比如休闲旅游业领域的创业青年视频号使用率为62.50%,仅次于抖音使用率;种植业领域创业青年视频号使用率为40.91%,低于淘宝使用率。小红书因其高展示性,成为休闲旅游业领域创业青年进行宣传的"心头好",使用率达到50.00%,淘宝因其多年经营的稳定性,成为种植业领域创业青年进行销售的主要途径,使用率达到59.09%。(见图5)

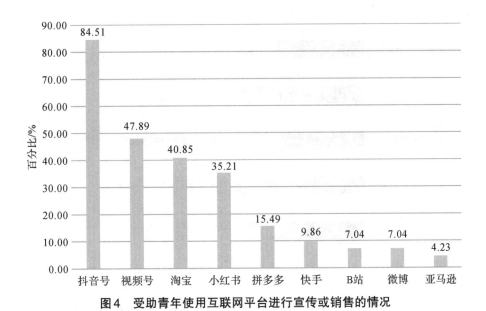

图4 受助青年使用互联网平台进行宣传或销售的情况

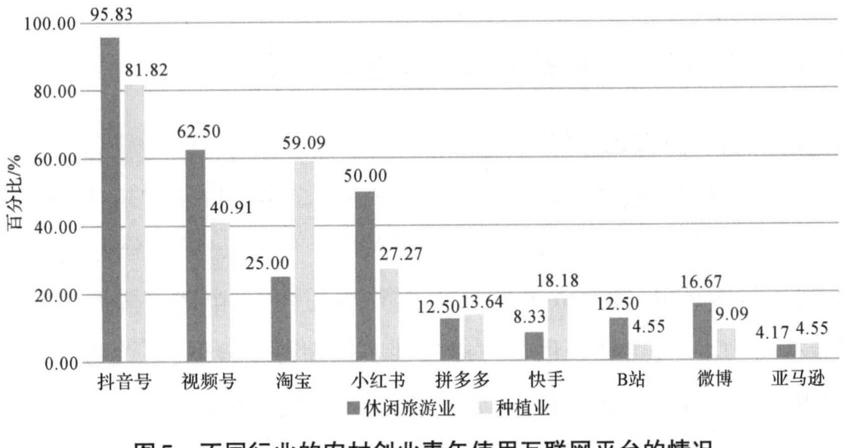

图5 不同行业的农村创业青年使用互联网平台的情况

3. 缺少资金是普遍难题,精细化需求差异大

调查数据显示,68.87%的受助青年提出,目前面临的最大困难依旧是资金问题,他们需要更丰富的融资渠道。将创业行业与主要缺乏的创业要素做交叉分析,可以发现,不同行业的农村创业青年对要素的需求强度明显不同。相比之下,养殖类的创业青年对技术人才的需求性更大,因为养殖业对技术的要求更高;休闲旅游类的创业青年对资金的需求性更大,因为采摘园、农家乐、民宿等建设和管理成本更高;农创产品加工类的创业青年对销售渠道的需求性更大。(见图6)

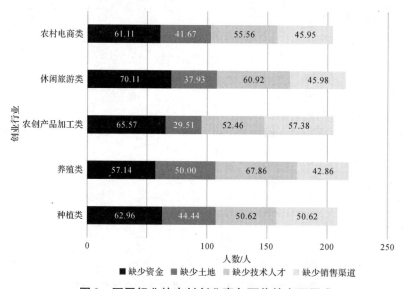

图6　不同行业的农村创业青年面临的主要困难

(三)帮扶效果评价:得到受助青年极大肯定

1. 总体评价高,力度还不够

问卷调查发现,受助青年对浙江青创会的项目总体评价非常高,申请门槛、申请手续、资金扶持力度、项目丰富度等8个维度平均得分为4.35(满分为5分)。申请手续简便获得了最多认可,其后依次是项目丰富、覆盖面大、申请门槛低。(见图7)相比而言,资金扶持力度、社会知晓度与技能培训实操性得分较低,这说明浙江青创会的资金扶持力度和宣传力度还有待提高,技能培训应更注重实操性。在农村创业青年获得的所有资金支持中,浙江青创会的资金扶持规模已经属于中等偏上水平,即使如

此,农村创业青年仍旧认为浙江青创会的资金扶持力度较小,这从侧面反映了现阶段通过社会募集的公益资金还不能有效满足农村创业青年的现实需求。

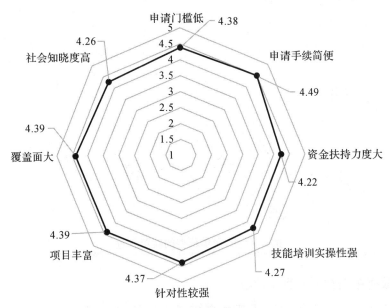

图7　受助青年对浙江青创会项目的总体评价

2. 多维度助力,联动帮扶有实效

根据调查统计分析,多数受助青年从浙江青创会的帮扶中获得了资金支持,此外,17.92%的受助青年表示通过浙江青创会获得了创业技术支持,23.58%的受助青年则认为浙江青创会让自己拓宽了创业人脉。(见图8)

值得一提的是,浙江青创会除了依靠项目为农村创业青年提供实际帮扶外,还依托共青团组织优势,为帮扶青年提供参与"青牛奖""创青春"等奖项、赛事的机会,帮助农村创业青年开阔眼界、增长见识、交流成长,提供农产品入驻省农业博览会、农超对接会等渠道,激发青年投身乡村振兴、助力共同富裕事业的激情。

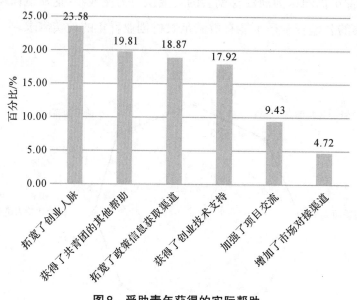

图8　受助青年获得的实际帮助

3. 有效提振农村创业青年信心

调研组将受帮扶青年与未受帮扶青年两类群体进行对比,在"前景光明"的信心度上,受过浙江青创会帮扶的青年远远比未受过浙江青创会帮扶的青年更乐观、自信。在"一般,走一步看一步"等偏向消极的选项上,受帮扶青年比未受帮扶青年要低18.79个百分点。(见图9)这说明浙江青创会的帮扶在很大程度上给了农村创业青年战胜困难的勇气。尽管来自浙江青创会的直接帮扶力度并非最大,但是浙江青创会的帮扶确实起到了正面导向作用,其由共青团主管的性质和依托属地团组织实施的优势,让农村创业青年充分感受到来自共青团组织的关心,从而提振了创业信心。

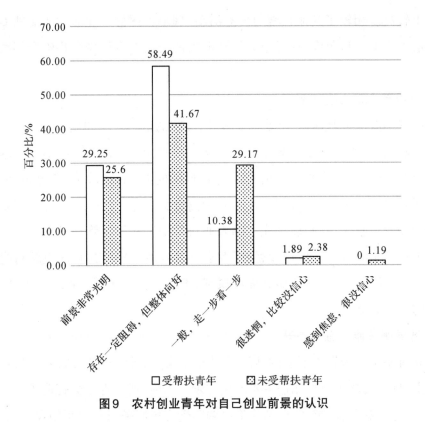

图9 农村创业青年对自己创业前景的认识

(四)浙江青创会面临的困难解剖

通过以上各项实践探索和调研分析,浙江青创会在服务农村创业青年方面取得了显著成效,为推进乡村振兴战略和促进青年返乡创业提供了有力支持。然而,面对复杂多变的经济环境和农村创业的多样化需求,浙江青创会在提高帮扶资金额度、提供差异化服务等方面仍存在较大困难。

1. 创业帮扶资金募集较难

首先,由于农村青年创业风险高,存在较高的失败率和不确定性,因此增加了捐赠者的疑虑。相比之下,学生资助、医疗救助类慈善事业更容易获得社会支持,因为这类慈善事业通常具有更明确、可预知的成果。其次,帮助青年创业的公益项目周期相对较长,效果显现慢。青年创业通常需要较长时间才能实现盈利或产生积极社会影响,并且在初创阶段可能面临亏损。相比之下,教育、医疗等领域的慈善事业可能会带来更快速、更显而易见的成果。最后,支持青年创业类公益项目对所需要的专业知识需求较高。相较于其他领域的公益活动,理解和评估创业活动所需的专门知识超出一般大众的认识范围,这导致有捐赠能力的公益力量很少会将资金捐赠给创业青年。

2. 资源整合能力有待提高

创业青年需求千差万别,所处行业各异,面临的市场环境和竞争态势也不同。调研发现,农村创业青年需求主要集中在3个方面:政策方面,需要优惠的土地使用政策、农业产业化经营的税收减免措施以及更丰富的创业补助政策;资金援助方面,需要更多适合农村特色的金融产品,比如微额信贷服务等;技能培训方面,需要专业的创业指导和农业技术培训,以及先进的农业科学知识和经营管理理念。面对日益多样化的市场需求和创新发展速度,浙江青创会及其所依靠的共青团组织自身具备的资源较少,仅凭一己之力无法做到面面俱到,难以满足不同创业青年在不同阶段、不同领域的专业需求。

3. 基层服务能力有待提升

在农村基层打造青年创业的共青团服务阵地,是浙江青创会服务农村创业青年工作的主要抓手,基层团干部是主要工作力量。当前,浙江青创会打造了一系列公益项目,建立起从资金、技能、信息到政策协调等全方位服务农村青年创业的工作体系。但基层团组织普遍存在人员流动大、精力投入不够等情况,有些基层团干部对农村创业青年服务工作的重视度不够、信息掌握不到位,导致在需求排摸、走访调查上落实不够,无法满足对农村创业青年开展分层分类差异化培养、跟踪帮扶等深度服务的要求。

4. 帮扶政策宣传力度不够

在受访者对浙江青创会的意见建议中,"宣传"出现的频率居第一位。在未获得浙江青创会帮扶的农村创业青年中,44.64%的青年表示自己未获得帮扶是因为"从未获得过项目信息",远超"未达到申请门槛"(22.02%)、"不在项目覆盖范围内"(16.07%)、"项目对自己帮助不大"(14.29%)等因素。而在获得帮扶的受访者中,八成以上的青年来自"团组织推荐"(82.08%),其后依次是"金融机构推荐"(17.92%)、"朋友介绍"(12.26%)等。"个人通过网站、公众号等平台获知"仅占一成左右(10.38%),这表明浙江青创会的宣传手段较为单一,且过于依靠团组织推荐,通过其他渠道进行主动宣传的意识较弱。(见图10)这一方面是由于浙江青创会的帮扶资源较为有限,仅靠团组织的推荐已经基本可以满足,另一方面是由于浙江青创会的人员配置与宣传资金不足,项目宣传工作略显乏力。

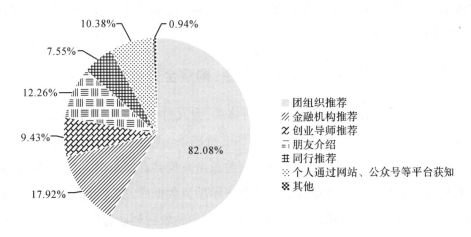

图10　受助青年获知浙江青创会帮扶信息的渠道

四、浙江青创会未来发展策略

(一)自筹与撬动并行,解决资金难题:创新金融支持模式

在乡村振兴战略和支持青年创业的社会背景下,可以通过"自筹+撬动"并行的方式,破解青年创业资金需求大而基金会资金量小的两难困境。一方面,在各创业乡镇设立本土化的青年创业基金。充分利用地方乡贤和乡亲对家乡发展的关注和热情,建立本土化专项基金,邀请当地有影响力的乡贤加入基金委员会,提高基金管理专业度和有效性,这不仅能够更有效地吸引和利用当地资源,还能增强基金的透明度和公信力,进一步扩大基金的筹资渠道和社会影响力。另一方面,撬动金融资源,深化与金融机构的"银团合作"模式。积极寻求与银行、信贷机构等金融机构的合作,探索开发更多的"银团合作"产品。与金融机构合作,不仅可以为农村创业青年提供更多样化的贷款产品和服务,还可以通过金融机构的专业能力,帮助农村创业青年降低融资成本,提高融资效率。探索扩大贷款抵押品范围,如引入股权质押、知识产权质押、宅基地房屋产权质押等新型抵押方式,降低农村创业青年的贷款门槛,增加获贷的可能性。

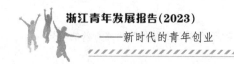
"自筹+撬动"并行的策略,是基金会立足自身优势,解决农村青年创业资金难题的创新探索。通过本土化基金的建立和"银团合作"的深化,能够有效集聚和利用各方面资源,为农村创业青年提供更加多元化、灵活的金融支持,对于促进乡村经济发展、激发青年创业活力具有重要意义。

(二)发挥纽带作用,整合党政资源:构建全方位支持体系

全面整合内外资源,构建全方位支持体系,为农村青年创业提供坚强后盾,推动农村青年创业发展。一是对内构建连续性支持链条。整合共青团内部资源,建立从创业启蒙、孵化到成熟的全过程支持模式,建议由高校共青团组织、浙江青创会、共青团基层组织共同建立各创业阶段农村创业青年项目数据库,实现数据互通共享,通过重点关注、持续培养,形成团内高度整合、环环相扣的农村创业青年帮扶工作格局,跑好帮扶农村创业青年的"接力赛",确保帮扶措施的连续性和有效性。建立团属创业联盟,聚合包括创业导师团、电商协会、技术专家、创业投资人、创业政策顾问、青年企业家协会等在内的创业资源和专业力量,为农村创业青年打造多元化学习的服务矩阵和交流平台,提高创业项目的成功率和可持续发展能力。二是对外加强政府部门协同。充分发挥团属基金会连接青年创业者与政府资源的桥梁作用,加强与政府职能部门的合作。通过组织帮扶、培训和调研活动,准确把握农村青年创业的需求,为政府职能部门提供基于实际需求的政策建议,促进政策的实施和优化,帮助青年创业者更好地利用政府提供的各种支持措施,包括财政补贴、税收优惠和技术支持等。三是创新拓展工作。面对不断变化的经济环境和创业领域的新需求,建强创业服务队伍,在基层团组织中设立青年创业工作专员,必要时招募志愿者协助工作,确保足够的人力投入。加强对青年创业工作专员的培训和激励,提升其服务能力和工作动力。通过与更多社会组织和金融机构的合作,不断拓宽工作视野,特别是在新兴领域,如数字经济、绿色环保等领域,开展特色项目帮扶,引导农村青年探索更多创业机会。

(三)全面把握需求,提供精细服务:构建需求导向的支持体系

在精细化服务方面,建立一个具有高度针对性和个性化的服务体系,确保资源与服务的精准匹配,以有效满足农村创业青年的多样化需求。一是精准识别痛点,聚焦需求发力。通过前期的广泛调研和数据分析,准确识别不同行业的创业青年面临的

具体挑战和需求。如对于从事种、养殖业的创业青年,浙江青创会可整合农科院等资源,为其提供与行业特点紧密相关的农业生产技术培训及政策咨询指导,帮助他们提升生产效率和管理能力;针对从事休闲旅游业的创业青年,可以整合文旅方面的教育和政策资源,重点提供品牌建设、服务标准化培训等支持,以提升其竞争力。这种基于需求的服务设计不仅能提高资源的利用效率,还将极大地提升帮扶措施的实际效果。二是完善培训体系,增强品牌建设与宣传能力。在当前数字经济背景下,自媒体成为创业宣传和品牌建设的重要工具。浙江青创会可为创业青年提供涵盖知识传授、实战演练、资源对接等多元化内容的系统性培训,根据不同行业创业青年的互联网平台使用偏好,差异化开展包括平台合规指南、内容策略与制作、用户互动和数据分析等方面的专题内容,帮助青年创业者更好地利用特定自媒体平台,扩大项目影响力,提高品牌认知度。三是搭建多维度服务平台,实现资源共享。积极探索外部合作机会,搭建包含政策咨询、技术支持、资金援助和市场拓展等多方面的服务平台,为农村创业青年提供全方位支持。通过与行业协会、科研机构和投资机构等的紧密合作,帮助创业青年更快地获得所需的资源和信息,促进其项目的快速成长。四是注重反馈评估,优化服务模式。注重服务模式的持续优化和创新,定期组织帮扶青年状况的反馈收集和评估活动,根据创业青年的实际反馈和市场变化,不断调整服务内容和形式,确保服务的及时性和有效性。分层分类开展农村创业青年培训,通过"大班"普及入门、"小班"提升效益、"私董会"精准建立社群等方式,深度赋能农村创业青年。通过朋辈案例分享交流,激发更多农村青年的创业热情,形成良好的创业氛围。

(四)挖掘典型故事,拓展宣传渠道:构建多元化宣传网络

采用多维度的宣传策略,推广农村青年创业文化和成果,最大化提升项目社会影响力和认知度。一是多平台拓展宣传。充分利用现代社交媒体平台覆盖广泛和互动性强等特点,定期展示帮扶效果和分享创业故事。主动寻求与知名平台博主合作开展宣传活动,拓宽项目受众基础,提高项目的吸引力和参与度。积极与传统媒体合作,通过新闻报道,进一步扩大宣传范围,提高项目的公信力和影响力。二是多渠道发布信息。对接创业咨询平台、服务中心以及金融机构等,多渠道合作发布项目信息,实现项目信息的广泛传播和有效触达。在镇街便民服务窗口、村社宣传告示栏张贴项目宣传海报,通过地方性的信息发布,增强项目的地域针对性和实际可行性。通

过与金融机构合作,向潜在的创业青年提供创业贷款产品和服务信息,提升宣传效率和贷款产品申请便利度。三是挖掘分享创业故事。招募专职团干部、青年志愿者担任"创业成长观察员",记录并制作"'90后'青年的返乡创业记"等纪实微综艺并在网络连载,多维度展现农村创业青年的奋斗历程和成功经验,激励更多青年参与农村创业,也为公众深入了解农村创业现状提供机会,有助于营造支持农村青年创业的良好社会氛围。四是建立战略合作伙伴关系。通过与省级媒体、地方融媒体、政府部门以及捐赠企业建立战略合作伙伴关系,共同推动农村创业故事和乡村振兴案例的广泛传播,依托跨界合作,增强项目宣传的多样性,也为农村青年创业提供更多资源和支持。

激发青年投身乡村振兴、助力共同富裕是一项系统工程,需要党委、政府、群团组织和社会各界的共同努力,要积极构建全方位、多层次、宽领域的农村创业支持体系,让乡村成为青年人施展才华、实现梦想的舞台。

供稿单位:浙江省青少年事务所

撰稿人:周朝博、鲍倩倩、王军、车嘉璇

三、青年创业多样实践

开篇语

　　受家庭资源、性别角色、创业领域、创业模式、创业区域等因素的影响,青年创业群体在社会资本、发展经历、问题诉求等方面存在明显分化,呈现出多样的实践特征。在充分考虑群体重要性、规模数量、发展趋势等因素的基础上,本篇对创业女青年、小商品经营者、海岛创业青年、县域青年创业人才、数字游民等群体展开研究。通过问卷调查和访谈深入了解群体内部,详细探索了不同创业群体在创业旅程中遇到的种种挑战,展现他们的独特价值和实践路径,展示他们在浙江这片沃土上奋发向上的种种姿态,书写他们锐意进取的精神风貌。

义乌小商品市场青年创业调查：
现状、诉求与对策

经营主体是经济运行的"细胞""毛细血管"和"神经末梢"，在学习贯彻党的二十大精神研讨班开班式上，习近平总书记强调要"进一步引导经营主体强信心、稳定社会预期，努力实现经济运行整体好转"。庞大、高链接和持续增长的市场集群是青年创新创业的温床。2023年，首次来义乌人员超40万人，其中大学生达4.65万人；新增电商主体数达18.8万，其中3/5为青年群体。9月20日，习近平总书记考察中国义乌国际商贸城，与市场经营主体互动交流，感受经济脉动，传递出共促发展、提振信心的鲜明信号。

一、采用问卷与访谈相结合的调研方法

中国义乌国际商贸城（以下简称国际商贸城）35周岁以下青年创业者长期保持在2.5万人左右，占国际商贸城总体创业者人数的28%—30%，加上商位的店长、销售以及服务商位贸易的快递小哥等就业人员，相关的就业青年超5.5万人。这充分展现了义乌对青年就业创业的承载力、吸引力和凝聚力，在激发青年创新创业潜能上有着典型意义，因此，义乌被中长期青年发展规划实施工作部际联席会议办公室列入全国青年发展型县域试点名单。为深入了解国际商贸城青年创新创业的情况和发展需求，课题组于2023年12月17日到2024年2月1日开展了实地调研。

(一)问卷调查法

为从宏观和整体的层面了解国际商贸城青年创业的基本情况,针对"青年"这一核心约束,课题组将调查对象限定为国际商贸城35周岁及以下的青年创业者,覆盖国际商贸城1—5区商位使用权人或实际经营人,排除为商位店主服务的就业群体。随机抽样发放线上问卷390份,回收问卷377份,有效率为96.67%。调查对象中,女性占比为55.7%,31—35岁青年占比达62.07%,创业年限在5—10年间且来自义乌以外的创业青年占比高达65.52%,拥有专科(含职业院校)和本科学历的青年占71.62%,超过3/4的调查对象已成立家庭。(见表1)

表1 问卷调查受访青年的人口统计学变量情况

类目	类别	人数/人	占比/%
性别	男	167	44.3
	女	210	55.7
年龄	18—20岁	6	1.59
	21—25岁	38	10.08
	26—30岁	99	26.26
	31—35岁	234	62.07
户籍(创业年限5—10年)	原籍义乌	130	34.48
	外迁入义乌户籍	43	11.41
	义乌市外浙江户籍	123	32.63
	非浙江省户籍	81	21.49
最高学历	高中(含高职)	101	26.79
	专科(含职业院校)	143	37.93
	本科	127	33.69
	硕士研究生及以上	6	1.59
婚姻家庭状况	未婚	85	22.55
	已婚尚无子女	53	14.06
	已婚有子女	234	62.07
	离异	5	1.33

（二）深度访谈法

为与调查问卷数据形成参照补充，从更微观的创业细节和典型案例出发，挖掘国际商贸城青年的创业内驱动因，以及创业难点、痛点和突破点，总结出营造青年创业环境的共性要素，本研究还使用深度了访谈法开展调研。访谈对象包括国际商贸城青年创业者（C）、中国小商品城集团党支部书记（D）、"创二代"/"创三代"的上一辈（F）、中国小商品城集团市场管理员（G）、国际商贸城行业商（协）会长（H）和境外采购商（W）等20人。（见表2）

表2　访谈对象的基本情况

编号	性别	国际商贸城区块	具体身份
C1	男	一区市场	饰品企业负责人（义乌"创二代"）
C2	女	一区市场	玩具生产企业销售负责人（义乌"创二代"）
C3	女	二区市场	伞业公司总经理（外地"创三代"、海外留学生）
C4	女	三区市场	化妆品生产企业负责人（义乌"创二代"）
C5	男	四区市场	围巾企业负责人（义乌"创二代"）
C6	男	五区市场	进口日用百货贸易公司负责人（义乌"创二代"、村青年委员）
C7	男	五区市场	进口日用百货贸易公司负责人（义乌"商二代"、海外留学生）
C8	男	五区市场	进口茶壶贸易公司负责人（新义乌人创业者）
C9	女	五区市场	进口燕窝贸易公司负责人（外地创业者、易货贸易商）
C10	女	五区市场	进口红酒贸易公司负责人（义乌"商二代"、海外留学生）
D	男	一区市场	中国小商品城集团党支部书记
G1	男	中国小商品城集团	团委书记（义乌"创二代"、首次创业失利者）
G2	女	中国小商品城集团	三区市场管理员（父辈市场经营户）
G3	女	中国小商品城集团	"商·音"解说员
H	女	三区市场	体育健身用品行业协会会长（义乌"商二代"母亲）
F1	女	五区市场	西班牙外商（外商"商二代"母亲）
F2	女	四区市场	袜业公司负责人（义乌"创三代"母亲）
F3	男	五区市场	第一届进博会参展商（义乌"商二代"父亲）
F4	男	五区市场	韩国商品馆负责人（义乌"商二代"父亲、易货贸易商）
W	女	五区市场	马来西亚外商（易货贸易商）

二、青年在国际商贸城创业的基本情况

国际商贸城经营面积640余万平方米,拥有7.5万个商位,汇集26个大类、210多万种商品,105.46万户经营主体探索形成"线上线下融合、批发零售联动、内外贸协同"的发展模式,带动全国210万家中小微企业发展,满足3200万产业工人就业,与全球230多个国家或地区保持经常性贸易往来,与中国广大腹地的企业制造能力、商品供给能力和贸易服务能力紧密相连,是中国经济韧性与活力的体现。调查问卷的数据大致勾勒出了青年国际商贸城的创业状况、创业方式、创业成效。

(一)青年对国际商贸城创业环境优势的准确把握

2023年国际商贸城成交额突破2000亿元,已连续33年居全国专业市场榜首,市场"无形的手"与政府"有形的手"构建起义乌一流营商环境。在关于国际商贸城创业环境的调研中,有294人次选择外贸采购商聚集及专业型博览会等国际贸易机会,将其排在第1位序的有233人次,占比79.25%;213人次选择良好的市场信用评价体系,综合得分排第2位;171人次选择金融物流、工商注册、法律法务、海关等服务网络,综合得分排第3位。(见表3)

表3　国际商贸城创业受益的政策环境排序情况

选项	第1位	第2位	第3位	第4位	第5位	小计/人次
外贸采购商聚集及专业型博览会等国际贸易机会/人次(%)	233 (79.25%)	40 (13.61%)	12 (4.08%)	6 (2.04%)	3 (1.02%)	294
良好的市场信用评价体系/人次(%)	85 (39.91%)	46 (21.6%)	71 (33.33%)	7 (3.29%)	4 (1.88%)	213
金融物流、工商注册、法律法务、海关等服务网络/人次(%)	44 (25.73%)	87 (50.88%)	22 (12.87%)	17 (9.94%)	1 (0.58%)	171
参与市场共建共享共治平台网络/人次(%)	14 (11.48%)	12 (9.84%)	26 (21.31%)	28 (22.95%)	42 (34.43%)	122
沙龙、大赛等创业技能培训/人次(%)	1 (1.01%)	6 (6.06%)	7 (7.07%)	42 (42.42%)	43 (43.43%)	99

C7在访谈中将国际商贸城创业环境优势概括为三方面:"一是义乌有很多先行先试的改革,特别是国际贸易综合改革,创业政策环境非常好。二是义乌很包容,外来创业者可以迅速融入当地的教育、经济、生活等核心圈子,找到个人归属感。三是国际商贸城创业机会非常多,既可以选择经营实体店,也可以选择做电商或者跨境贸易。"

(二)青年对选择商贸领域创业的自我认知客观

青年进入国际商贸城创业的主要原因排序前三的依次是:"有良好的市场机会""积累创业经验"和"实现自己的梦想"。(见图1)交叉分析发现,"创二代"或"商二代"中,有高达57.58%的被调查者将"有良好的市场机会"作为首选,而非选择"继承家中产业",这表明青年创业群体的选择自主性普遍较高。25岁及以下年龄的创业者选择"积累创业经验"的占比(57.89%)高于26—35岁创业者的占比(36.32%),创业心态更乐观。高中(含高职)及以下学历的创业者选择"拥有相关领域工作经验"的比重比其他学历创业者高3—10个百分点,自我认知更加清晰。

C1、C2、C5分别处于创业发展的不同阶段,从小都跟着父母在商铺或工厂"历练"。C1稳扎稳打10年,经历设计、研发、生产、销售等岗位的层层淬炼,其说:"现在我扛起家中的担子,辛苦一辈子的父母可以过含饴弄孙的好日子了。"C2在商位守摊10年,通过维系父辈开拓的客户关系,扛起销售重担。C5复制并创新父辈经营模式,5年间,与父辈将家中产业扩大至4间商铺、4个代加工点,吸纳就业人员超100人。

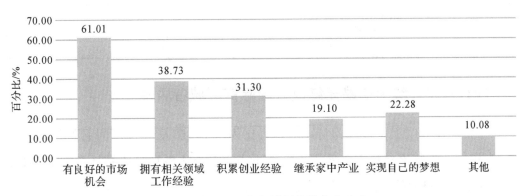

图1 进入国际商贸城创业的个人动力

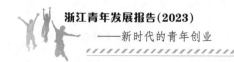

（三）青年多数为国际商贸城商位的实际经营人

商位使用权人通过公开招投标和专业街行业调整搬迁的方式获得商位，每两年向商城集团支付一次租金，行业、区块位置、楼层和面积不同租金不同，他们也被称为坐拥商位财产的"有摊人"。实际经营人向使用权人租赁商位（最小单位为1/2个），商位价格在商城集团租金基础上根据市场行情波动。实际经营人俗称"租摊人"。目前，商城一区的玩具、花类、饰品、工艺品行业人气最旺，三区的化妆品、文体用品、画业创意十足，五区的市场发展重点是培育进口市场商位，青年创业者在这三个市场居多。

结合深度访谈与数据交叉分析可发现，"创二代"或"商二代"中，52.12%为商位使用权人。他们的所有权大部分从父辈手中接替而来，很小部分来自新行业招投标。47.88%为实际经营人。其中，超70%属于扩大家中产业规模，与父辈使用权人商位经营同向发展；20%左右属于父辈支持下的新行业试水，与父辈使用权人商位多头并进。除"创二代"或"商二代"之外的212位青年创业者中，38.21%为商位使用权人，61.79%是商位实际经营人。（见表4）

表4　青年创业者在国际商贸城商位性质

是否"创二代"或"商二代"	商位性质				小计/人
	使用权人		实际经营人		
	人数/人	百分比/%	人数/人	百分比/%	
是	86	52.12	79	47.88	165
否	81	38.21	131	61.79	212

（四）青年以线上交易无缝链入国际商贸城者居多

青年创业者线上销售方式与线下销售比为30.31∶69.69。按区间五等分进行比较，青年创业者线上交易占20%以下和线下占80%以上的两极人数居多，大多数能根据行业特色灵活整合线上与线下交易。（见图2）

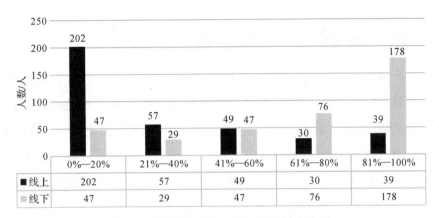

图2　青年创业者产品线上线下销售比重

访谈发现,对青年创业者而言,阿里巴巴、亚马逊、网络直播、AI技术都是实实在在做生意的工具与创业的风口。"创二代"或"商二代"们也在家庭分工的基础上纷纷建立线上渠道网络。

三、青年创业者在繁荣市场中的积极作用

多数为自由创业者,深度访谈中,"探索""勇气""创新""坚忍"等成为青年创业者口中的高频词。他们多数为自由创业者,在市场浪潮中摸爬滚打,努力将"勤耕好学、刚正勇为、诚信包容"的义乌精神融入血脉,坚信"生意总有亏有赚,不做一锤子买卖,坚持做下去就一定能赚到"的长期主义,坚守"熬过无数的日夜,不断推翻自己的想法,用心做好产品与服务就离成功不远"的信念,发出"努力就是生意旺季,不努力就是生意淡季"的奋斗宣言,直到"折腾"出自己独家的"生意经",将自由创业者特质彰显无遗。(见图3)

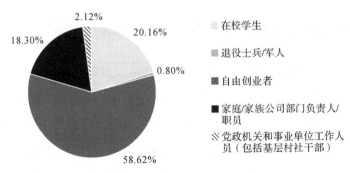

图3　青年来国际商贸城创业前的职业

(一)青年创业繁荣市场的积极作用

对于生产商而言,要么积极研发新产品,要么提升供应链效率,否则就可能成为"库存商"。对于代理商而言,经营家家户户都有的爆款,价格比较透明,利润不高,要么做全做宽,用爆款吸引消费者眼球,触发其他商品消费,从而支撑全年盈利水平,要么有前端开发新爆品能力,持续收割一批又一批爆款的利润。一些创业青年初入国际商贸城,能以年轻人的视角剖析消费热点,抓住行业细分,迅速成为多行业的爆款引领者,催生并带动产品、产业、产值实现从无到有的突破。C8表示,因为人们对家居生活、美妆护肤、母婴用品、零食酒水等进口类商品的消费意愿不断增强,其数次往返东南亚多国寻找印度香料等日用百货,凭借质优、价平、便捷供给的优势创造消费,成为行业爆款"鲶鱼"和创新引领者,最终催生及带动产品、产业、产值实现从无到有的突破。

(二)推动市场主体向贸易服务商转型

一直以来,国际商贸城经营户通过中间商批量走货,较少关注对终端消费者的服务,青年创业者用贸易履约新理念审视"人货场"商城生态圈,致力于开辟经营新赛道,在交易平台化、商品选择、服务细节上精进,重绘国际商贸城辐射力新版图。如C6开发了供应链商城App,C7推出了单位宝App,直接面对私域的终端消费者,上线门店所有门类商品并链接国际商贸城其他商家,一键满足个性化消费需求,实现消费的时间自由;通过延伸贸易服务链条优化巩固贸易合作关系,更新用户及采购规模;通过算法获取、处理、分析消费信息,尝试更新网络传播运营,构筑核心竞争力,推动市场主体从贸易商向贸易服务商升级。

(三)引领进出口贸易结构优化

青年创业者灵活游走于进口与出口、零售与批发、线下与线上,改变路径依赖,丰富产品品类,激发消费活力,成为畅通国内、国际双循环的新生力量。一类着力构建进口商品国内批发体系。以经营欧洲红酒的F3为例,他依托原有出口贸易伙伴关系网络和留学瑞士读酒店管理专业的女儿转向进口赛道,自己负责货源渠道和财务,由女儿负责国内市场销售,近三年来,汇聚线上线下资源,初步打开国内二级批发市场格局,20%在抖音、小红书等平台零售,30%供货给商超和酒店,50%批发给各地经销商。另一类着力突破新贸易保护主义,实施易货贸易。实地访谈中发现,父辈—子辈与代理商升级战略伙伴是重要成功路径,正引领市场经营户涌向此赛道。为应对东北亚资本和产能南下移向东南亚和南亚,F4在五区经营韩国日用百货,儿子则在东盟注册贸易公司和生产企业,F4与儿子组织东盟十国特产与中国日用百货的易货贸易,跨越全球产业结构新变局。C9最早受聘于W的公司(马来西亚采购外商),担任国际商贸城商铺店长,后成为W公司的中国代理商,升级为战略伙伴,架起马来西亚燕窝与中国日用百货之间易货贸易桥梁,突破国际贸易金融壁垒,缩短产业链内部分工,降低交易成本。

(四)催化新科技的应用及创新

青年踏"数化万物"之浪而来,以敏锐的洞察力准确把握消费偏好及升级趋势,催化科技应用的多元场景和生产工艺迭代创新。青年人玩转线上交易狠狠冲击了F2的理念,她携儿子参加商城集团商学院培训班,拜师青年创业者,反复琢磨引流隐藏技巧,总结自家产品客户群体特性,逆势突围赢得巾帼创新创业大赛等冠军,率先研发AI数字人,实现用36种语言24小时在线直播。C3曾留美学习设计专业,她的公司改变了传统以功能定义伞的方式,创造性定位轻奢时尚配饰单品,着力研发国风系列,彰显中国文化内涵,提高产品附加值,大胆使用绿色低碳生产技术创新RPET面料,全球注册商标保护上一辈专利,一举拿下"品字标浙江制造"认证,跑出新质生产力,增效全新"加速度"。

四、青年在国际商贸城创业面临的困难与挑战

马克思在《政治经济学批判》导言中指出,消费生产着生产,"没有生产,就没有消费;但是,没有了消费,也就没有生产,因为如果没有消费,生产就没有目的"。义乌小商品市场主体秉持"万物皆商机"理念,挖掘看似无关的事物背后潜藏的商机,推进市场业态演化,发展可持续贸易"生态圈"。但对于青年创业而言,如何实现"稳外贸+拓内销"的良性互动仍存在诸多挑战。

(一)市场预期前景不明朗

负责商位招商的G2指出,2023年,市场商位需求回暖比较明显,三区新入场创业者419人(35岁以下青年占61%),创业者的籍贯构成为义乌人83人,浙江人(除义乌外)182人,浙江省外237人。与问卷调查数据相对应,39.26%的青年创业者正面临全球市场预期前景不明朗的创业挑战。F1和F2在访谈中描述欧美市场时提到,工人工资近20年涨幅很低,因此依赖低价进口日用消费品。W和F4表示,东盟国家人工成本仅为国内平均水平的1/4,受疫情影响消费能力更是处于极低水平。市场内青年创业者的经营规模变化数据显示,缩减三成以下的占11.14%,缩减三到五成规模的占6.10%,保持原来规模的占54.64%,扩大规模的占23.34%,新创立公司的占4.77%。(见图4)

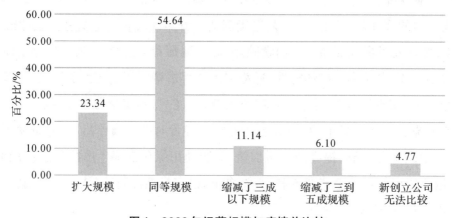

图4 2023年经营规模与疫情前比较

交叉分析发现,跟随父辈在市场经受过历练的"创二代"或"商二代"对市场的预期更乐观一些,他们中有59.39%的人认为,市场景气状况3年以内可恢复至疫情前预期,这一比例远高于其他青年创业者(见表5);市场需求低迷作为创业挑战,认同度略低,仅占3.64%(见表6),显得更有应对挑战的底气;积极开拓内外贸一体市场的比例达53.94%(见表7)。C1表示年轻人没有回避挑战,而是直面解决问题,正在把父辈以内销批发为主的生意转变为拥有更强设计能力和电商优势的全球生意:"我们的线上比重在逐年增加。和疫情前的三四年相比,如今的线上销售已经超过了七成。"

表5 市场景气状况恢复至疫情前预期

是否"创二代"或"商二代"	周期								小计/人
	1年		3年以内		3—5年		5年以上		
	人数/人	百分比/%	人数/人	百分比/%	人数/人	百分比/%	人数/人	百分比/%	
是	30	18.18	98	59.39	28	16.97	9	5.45	165
否	44	20.75	100	47.17	51	24.06	17	8.02	212

表6 市场需求低迷认知

是否"创二代"或"商二代"	认同度										小计/人
	非常不符合		不符合		一般		符合		非常符合		
	人数/人	百分比/%	人数/人	百分比/%	人数/人	百分比/%	人数/人	百分比/%	人数/人	百分比/%	
是	6	3.64	10	6.06	87	52.73	31	18.79	31	18.79	165
否	10	4.72	14	6.60	102	48.11	56	26.42	30	14.15	212

表7 2024 年经营目标计划

是否"创二代"或"商二代"	经营计划										小计/人
	维护并优化贸易伙伴结构		加快消费新场景产品开发		积极开拓内外贸一体市场		跟进AI技术迭代及应用		努力维持现有的经营状况		
	人数/人	百分比/%	人数/人	百分比/%	人数/人	百分比/%	人数/人	百分比/%	人数/人	百分比/%	
是	114	69.09	88	53.33	89	53.94	39	23.64	76	46.06	165
否	138	65.09	113	53.30	93	43.87	45	21.23	84	39.62	212

(二)行业竞争加剧

65.79%的青年创业者对行业挑战感触较深,认为"行业竞争激烈"。交叉分析发现,不同年龄段创业者对行业竞争的激烈程度感知不一,31—35岁创业者的风险意识高于其他年龄段。(见图5)访谈发现,行业竞争加剧主要表现在3个方面。

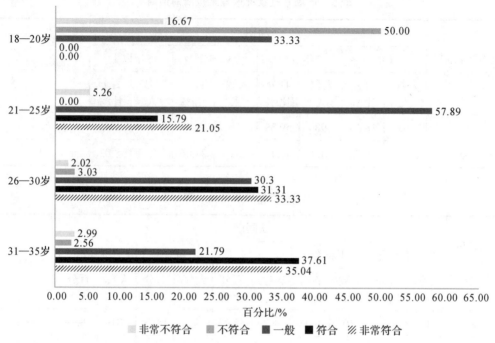

图5　不同年龄段创业者对"行业竞争激烈"的认同度评价比较

1. 透明价格战

电商渠道平台的多样化、专业化迅猛发展,使得消费者及采购商通过"键与屏"选择更加方便,商品信息特别是价格越来越透明。采购商在进行线上线下采购时,同一平台货比多家,同货还在不同平台比价,大量订单都是价格低者优先,价格战愈演愈烈。

2. 创新模仿战

国际商贸城产品创新多为实用新型和外观设计的创新。前者成本低、研制周期短,后者侧重于功能性产品装饰,模仿者稍做改进便可组织生产或代加工,视频弹幕"义乌在做了""义乌已安排"就是对这一创新模式的生动写照。访谈对象D和H在描述所在行业的新品模仿跟风情形时提及,实力强的经营户推出新品后,短时间内会被大量模仿,利润摊至超薄,最后退出市场。无雄厚资本支撑和知识产权保护的创意产品很难获利。

3. 抢人才大战

国际商贸城的许多店铺都在争抢互联网营销师等销售实用技能人才,将他们聘任为店长。这些互联网营销师不仅可以主动热情接待客户,还能灵活收集市场信息,策划营销方案,使客户再次购买。生产岗位拼抢创意设计专业大学生,这类大学生更容易将简约朴素、经济实用的潮流融入创新,推出个性化、品质化、体验化消费新品。但面对这些人才的竞争,青年创业者由于"筹码"不丰厚,经常失利。不少青年创业者表示,销售岗刚完成一轮专业培训就离职的不是少数,员工不是被其他商位高薪挖走,就是选择了自己创业。

(三)资金缺口比较大

关于在国际商贸城内创业所需要的条件和支持,超六成青年认为创业最需要资金支持(66.31%),在众多需求中占比最高,远超政策支持(51.19%)、人脉资源(49.34%)、创业者品质(44.30%)、技术(42.44%)和人才需求(42.18%)。(见图6)访谈对象普遍持"资金制约着青年创业落地和创业规模成长"这一观点,认为在备货起步、滚动投资和账期周转环节存在资金缺口。

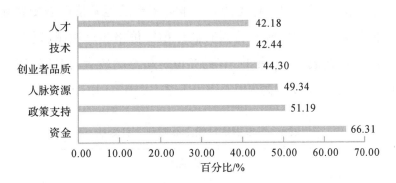

图6　在国际商贸城创业所需资源

1. 备货资金

起步之初的资金主要来源是个人或家庭积累,占79.31%(见图7)。"创二代"或"商二代"拥有总体规模适度的资金和充足的现货。其他创业者可以自行决定备货规模,但需叠加物流及账期等资金的周期成本。五区市场的访谈对象提及,按2023年的销售量与海运180天时间估计,青年创业者新进入市场时,至少须有200万元资金。

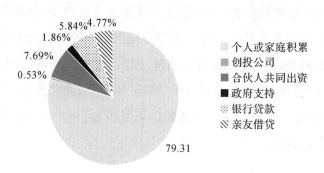

图7 第一次创业的启动资金来源

2. 滚动资金

在资金保有规模约束下,加快资金流动性和提高资金利用率无疑是最理性的选择,既可扩大规模还能提升品质。访谈重点围绕增加关注度的直播流量与商位租金投入展开。考上商城集团编制的G1创业热情不减,常组织青年沙龙研讨提高直播流量转化率的办法及分享创业体验,以使青年间合作氛围更加融洽。此外,G1还尝试增大小额滚动资金的杠杆支持。但电商平台的运营依旧需要大额资金投入才能收到正面效果。商位实际经营人对商位租赁价格相对敏感,近50%的受访者认为会增加滚动资金成本(见表8),有的商位价格浮动较大,但商位使用权人则相对心态平稳,认为增加幅度不高。

表8 商位租赁价格上涨对创业者影响

商位性质	租金上涨挑战										小计/人
	非常不符合		不符合		一般		符合		非常符合		
	人数/人	百分比/%	人数/人	百分比/%	人数/人	百分比/%	人数/人	百分比/%	人数/人	百分比/%	
使用权人	5	2.99	9	5.39	78	46.71	37	22.16	38	22.75	167
实际经营人	11	5.24	6	2.86	87	41.43	45	21.43	61	29.05	210

3. 周转资金

周转资金主要受结算账期影响。国际商贸城内外贸一体特征明显。为提高外商重购率,主流结算方式是"赊账",即由外商收货后支付给外贸公司,再由外贸公司向经营户结算。近年来,为防范外贸风险,经营户要求现款结算。虽然现款现付的情况有增加,但占比依然不高。特别是受局部地区战争等因素影响,会拉长账期,有时甚至出现无法收回货款的情况。青年创业者在接中东地区的订单时要承受冻卡风险,如果不接订单则有可能使创业无法继续。在进口商品进商场超市方面,会出现45天结算周期问题,并经常遭遇增加销售员提供推广服务的要求。青年创业者构建进口商品国内二级市场时,常因无后续周转资金支持而停滞不前。

五、助推青年市场成功创业的对策建议

2024年2月18日,浙江省委"新春第一会"深化实施人才强省战略,全面加强"三支队伍"即高素质干部队伍、高水平创新型人才和企业家队伍、高素养劳动者队伍建设,以"大人才观"全力打造中国式现代化建设者大军,强力推进创新深化改革攻坚开放提升,促进创新链、产业链、资金链、人才链深度融合,推动各类人才在勇当先行者、谱写新篇章中各尽其才、大显身手、奋发进取、竞相奔腾。为进一步放大市场、发展红色根脉优势,以新质生产力赋能青年在国际商贸城内自主创业,课题组建议如下:

(一)高效平衡变与稳,提升创业政策组合效应

在国际贸易环境风云变化中,支撑青年群体搏击商海的扶持政策有多种组合,分为供给推动型、环境平衡型和需求拉动型。供给推动型通过阵地建设、资金支持、培训辅导和信息服务等形式,重点培育创业人才,激发青年活力,不宜形成刚性政策。环境平衡型是政府及职能部门政策制定的重点方向,通过财政金融、税收优惠等工具降低创业成本,通过技能竞赛等举措营造良好的外部氛围,提升青年创业积极性。这类政策虽短期创新作用较强,但难以成为长期竞争的政策优势。需求拉动型锁定满足创业者核心需求,解决急难愁盼问题,但因创业项目评价标准不一,差异化政策供给数量少。

访谈中,青年创业者表示有些政策交叉重叠,扶持力度大但覆盖面较小;有些政策受众宽泛,力度不够;有些政策缺少义乌特色,不敌其他区域的吸引力。青年创业者对提升各部门公共政策整合的满意度较高,占比达57.29%(见表9)。国际商贸城

创业青年的真实诉求是,立足世界小商品之都,积极优化创业环境、优化供给和需求政策的组合,顶格落实税费减免,支持企业向数字化改造要效率,向品牌质量要效益,平衡各政策的变与稳,增强创业政策供给的正向激励、环境的精准配置和需求的资源集约效应,让青年在国际商贸城内找到创业的安全感、价值感和成就感。如提供增加商品、商人、商位曝光度等服务,使青年创业者能够与义乌城市、国际商贸城同奋斗、共进步。

表9　您期待的创业扶持政策方向

题目选项	很不满意/人(%)	不满意/人(%)	一般/人(%)	满意/人(%)	很满意/人(%)
增加商品、商人、商位曝光度	8(2.12%)	6(1.59%)	134(35.54%)	120(31.83%)	109(28.91%)
增加创业经验分享会频率	10(2.65%)	15(3.98%)	161(42.71%)	109(28.91%)	82(21.75%)
增强分行业的个性化服务	8(2.12%)	6(1.59%)	153(40.58%)	116(30.77%)	94(24.93%)
提升各部门公共政策整合	8(2.12%)	9(2.39%)	144(38.2%)	119(31.56%)	97(25.73%)

(二)融合购买与公益,提升创业平台专业服务

商城集团实施义乌市场"走出去"发展战略,以"市场万里行"的流动展会联动国内专业市场,持续发挥义乌源头工厂和专业市场平台优势,传播提升义乌市场进出口好货口碑。实施品牌出海行动,通过海外仓、海外分市场、海外展厅、海外展会、海外站等链接,联动"千团万企"拓市场增订单行动,导入全省银行保险机构出海接单专业金融服务,开发随团金融顾问、信保服务、定向融资、跨境结算等配套产品,青年创业者对其积极作用有很高认同。(见表10)

表10　青年创业者眼中的"品牌出海"行动

选项	第1位	第2位	第3位	第4位	第5位	小计/人次
增加国际市场交易机会/人次(%)	104(50%)	75(36.06%)	21(10.1%)	5(2.4%)	3(1.44%)	208
验证国际贸易信息窗口/人次(%)	105(56.15%)	32(17.11%)	20(10.7%)	24(12.83%)	6(3.21%)	187

选项	第1位	第2位	第3位	第4位	第5位	小计/人次
寻找创业发展蓝海桥梁/人次(%)	29(18.83%)	41(26.62%)	60(38.96%)	19(12.34%)	5(3.25%)	154
拓展贸易伙伴信任背书/人次(%)	15(11.36%)	17(12.88%)	31(23.48%)	65(49.24%)	4(3.03%)	132

访谈中发现,青年难以把握要素间复杂而微妙的关系,需要更专业的创业帮助,诸如涉外法律服务等。应融合志愿服务与政府购买服务,深耕供应链,增强履约服务能力,周期化耦合内外贸交易机会,真正实现更多商品走出去和订单引进来,开拓新市场,建立新合作关系。

构建青年创业者游学平台。向统战组织购买服务,引侨资、聚侨力、凝侨心、汇侨智,吸引海内外青年参与"创业交流周"活动,由回国创业青年分享国际商贸城创业体会,云端或实地感知国际商贸城投资创业政策环境,聆听海外青年分享国际贸易发展趋势和创业意向,发挥留学生联合会等组织作用,促进伙伴关系缔结。

打造青年创业人才"蓄水池"。做精做细商城先锋服务团活动,吸纳青年提供志愿服务,深度参与清廉商户、纠纷调处、安全生产、文明创建等治理事务,在服务过程中向市场监管、公安、税务、法院、市场等部门的党员学习,引导青年落户国际商贸城创业。

(三)注重养成与塑造,提升创业群体归属意识

当前,共建"一带一路"是一个具有全球影响力的国际合作倡议。义乌因国际商贸城的"买卖全球"贸易,成为新丝绸之路的起点城市。国际商贸城经营主体身份认同感是稳定关系的信任背书,容易被"一带一路"合作伙伴的市场主体接纳和理解,亦是参与共建"一带一路"国家和地区市场竞争的创业基石,使得各方能共同应对国际环境挑战,追求共赢贸易目标。在被问及"什么是做生意"时,访谈对象总是轻描淡写地一笔带过:"很简单的,就是与人打交道。"综合C1—C10创业故事的成功要点和F1—F4对子承父业的期待共性,课题组解构了国际商贸城创业者行为规则,"爱好做生意""为人厚道""勤恳扎实"的形象跃然纸上,市场经营主体偏好接纳带有这些特质

的青年加入。青年需自觉养成市场经营主体的共同创业价值观,同时主动接受商品贸易往来外部塑造,潜移默化群体归属意识,避免被市场竞争淘汰出局。

首先,爱好做生意是思维层面的兴趣。创业是一个漫长的过程,需以发自内心的热爱致敬事业,没有兴趣首先就耐不住寂寞,没有兴趣也就不敢尝试,没有兴趣易陷入定位不准的沼泽。有兴趣创新创业的青年才会产生源源不断的创意,自然而真实地生出悦纳之心,学习供应链、客户关系、品牌代理等商业逻辑,勇于依托某一比较优势尝试创业,试错成本相对不高。

其次,做人厚道是人品层面的要求。多数受访者表示,"只有厚道方能成就更高的事业,走得更远"。厚道不是创业者自封的,而是他人的评价认可。创业"小白"简单复制他人模式或是挖公司客户创业,可能会掀起一些波澜,在公司规模小时无人关注评价,但规模做大之时,曾经不厚道的痕迹将成为合作绊脚石,这是市场持有的优胜劣汰规律。

最后,勤恳扎实是做事维度的要求。"勤快一点总没错""多问几个为什么总有好处"。不懂没事,只要会问;不会没事,只要肯学。一步一个脚印地做事,不怕做错。"不抵触别人的帮助",无论帮助源于父母、老板,还是前辈。

(四)激发潜能与活力,提升创业基地孵化效率

访谈中发现,访谈对象对大学生创新创业培训指导的满意度偏低。青年希望在校期间获得有效的创业前期辅导,在多元实践基地中接受社会检验,锻炼交际、协调和运营能力等,打通理论与实践互通的渠道,拥有多次创业试错机会,积累多样实践经验。国际商贸城市场经营户希望在校企合作中,以资金投入和全责风险为前提,给青年学子提供才能展示机会,打通市场需求与供给转化的通道,提供市场行业趋势判断的指导,经由青年学子头脑产生创意,输出符合潮流消费的生产供给,包括文创产品、创意包装、营销文案等,获得市场高回报。沿着"机会引青年,青年促变革,变革化繁荣"的思路,提升国际商贸城创业实践基地孵化效率,助力青年创业的"石榴花开"。

一方面,建立利益风险机制,持续为青年提供有效的创业指导服务。设立完善创新创业培训活动的积分制,联动兑换国际商贸城信用等级,鼓励市场经营户分享创业经验,提供短期分类见习岗位,开展从创业技能知识点讲解到实践落地的培训。设立创新创业大赛导师优先权制,参赛青年自由邀请市场经营户作为创业导师,共同组

队,导师负责指导评估市场规模和价值、资金需求量、投资收益、成本构成等,获奖项目落地运营时导师享有优先入股权,以降低青年创业成本压力,激发导师辅导及投资热情,共担创业风险、共享项目盈利。

另一方面,延伸创新创业教育服务,鼓励青年为实现自己的理想目标而持续奋斗。将创新创业教育与高等(职)院校的专业教育、通识教育、思想政治教育融合,使创业实践基地成为连接教师与学生、教学与科研、课上与课下、学术与生活的中介,培养青年善于观察发现生活"痛点"的能力,激发个性和潜能;使创业实践基地成为连接学校与社会、理论与实践、创意与产品、需求与生产的中介,锻炼青年应对社会不确定性风险的能力,转化创业知识、积累创业经验、锻炼创业技能。

供稿单位:中共义乌市委党校、浙江师范大学

撰稿人:杨雪萍、郭金喜

县域青年创业人才成长路径与政策支持：以嘉善县为例

一、调研背景

县域作为城市和农村结合的有机体，是联动都市和乡村的关节点，更是推动高质量发展的重要载体。促进县域高质量发展既是推动城乡区域协调发展、实现乡村振兴的要求，更是推动建设共同富裕示范区的依托。青年是社会上最富活力、最具创造力的中坚力量，也是县域经济社会发展过程中的最大变量和增量之一，在引领县域产业发展、带动县域高质量发展、激发县域经济社会内生发展动力等方面发挥着重要作用。其中，县域中的创业青年更是推动县域创新发展的主力军。近年来，浙江省各级党委、政府充分认识到青年创业在县域经济社会发展中的作用和地位，积极出台了扶持青年在县域范围内进行创业的各类政策。

基于此，为深入了解浙江省县域创业青年在创新创业过程中所呈现出的特征、存在的问题，以及政策享有状况等方面的内容，本研究以嘉善县为调研样本，对嘉善县域的创业青年展开调研，力求从中总结规律、发现问题，以期有针对性地提出切实可行的对策和建议。

二、调研方法及调研区域的情况说明

(一)研究对象

本次调研对象以在嘉善县域内开展创业活动的18—35周岁青年为主。因考虑到创业是一项连续性比较强的工作,所以将调查对象的年龄扩大到了45周岁。这些36—45周岁创业者的经历、感受和面临的问题同样具有参考意义。为方便表述,下文将统一使用"县域创业青年"来指称本文的调研对象。

(二)调研方法

本次调研在梳理以往文献研究的基础上,采用问卷调查和访谈等方式来获取第一手调研资料。在问卷调查方面,主要是从创业的基本情况、存在的问题和政策享有状况等维度设计问卷,并借助团嘉善县委的力量面向县域创业青年进行线上问卷调查,共发放问卷341份,回收有效问卷336份,回收率98.53%。被调查者中,男性创业者略多于女性创业者;28周岁以下的创业者占了近50%,29—35周岁的创业者占40.18%;毕业时间在"5年以上"(50.73%)的创业青年数量最多。在访谈方面,由团嘉善县委按照性别、创业领域、企业发展规模、创业年限等因素进行筛选推荐,共选取了4名创业者进行深度访谈。通过结构式个案访谈,了解他们的个人基本情况、创业情况及政策享有和需求情况等内容。在对访谈资料的编码处理上,按照人员姓氏、性别的组合进行编排。其中,人员姓氏以拼音首字母代替,性别编码中M为男性,F为女性。

(三)调研区域的情况说明

嘉善县隶属于浙江省嘉兴市,位于嘉兴市东北部、江浙沪两省一市交会处,地处长三角城市群核心区域,东邻上海市青浦、金山两区,北靠江苏省苏州市吴江区,是浙江省接轨上海、融入长三角一体化发展的第一站。在县域城市中,嘉善县具有其特殊性:一是经济发展较快,综合实力较强。嘉善县位列全国综合实力百强县,更是全国唯一的"县域科学发展示范点"。2020年,嘉善县实现地区生产总值655.77亿元,增速列浙江省第二、嘉兴市第一。二是地理位置优越,毗邻上海等大城市。嘉善县地处长三角黄金地带,与上海、苏州等地在文化和地缘上联系紧密,因而在利用上海、苏州等地人才、技术等资源,主动接受上海和苏州的辐射,承接产业转移等方面具有天然优势。三是城乡贫富差距小,民富安康。按2019年全县常住人口59.2万人计算,嘉善县2020年人均GDP约11.08万元,按2020年平均汇率计算折合约1.61万美元。根据世界银行相关标准,全县经济状态属于"全面小康经济"水平。四是重视创业工作,县域创业环境优良。嘉善县政府一直高度重视创新创业工作,出台了涵盖场地、税收、补贴、服务等全方位的政策体系,同时配套建设了诸如上海人才创业园等创业孵化平台。这些行政手段和措施进一步激发了县域创业潜能,优化了县域创业环境。

三、县域青年创业人才发展现状及存在的问题

随着嘉善县创业环境的不断完善,选择在嘉善自主创业的青年人数不断增加。调研发现,以嘉善县创业青年为样本,县域创业青年在群体特征、创业领域、创业动机、创业规模等方面存在以下特征、趋势和问题:

(一)发展现状及特征分析

第一,县域青年创业人才队伍提质明显:具备学历高、专业知识丰富、了解本土情况等多重优势。调查显示,超半数(55.13%)的创业青年拥有大学本科学历,也出现了一些拥有硕士研究生(2.05%)学历和博士研究生(0.59%)学历的高学历创业者。另外,还有33.14%的创业青年具有专科/大专学历,这些人一般具备一定的专业知识和技术能力。数据显示,嘉善县创业青年中具有人文与社会科学类、工程与技术科学类学科教育背景的较多,其中排在前三位的依次是管理学(25.16%)、经济学(23.87%)、工学(17.42%),文学(11.29%)、理学和艺术学(均占比7.74%)专业的创业青年也占了一定比例。管理学、经济学的专业知识与创业这一经济活动有一定关联度,故而这些具有一定专业知识、接受过高等教育的年轻创业者更能够将自身在年龄、思维认知等方面的优势转化为创新意识和实践能力,并推动正在开展的创业活动,为县域经济发展提供新动力。同时,嘉善县的创业青年群体中,嘉善籍青年是主体,其数量占创业青年总数的87.39%,这些创业青年相较于外来创业者而言,在本土

文化适应性、市场熟悉程度等方面更具优势。从嘉善县的调查数据来看,县域创业青年呈现出学历高、具有一定专业知识和技能,以及以本地青年为主等特征,这些给青年创业带来一定助益。

第二,县域创业转型升级趋势明显:呈现全链条发展、多产业融合的态势。调查结果显示,嘉善县创业青年的创业领域涉及文化创意(13.49%)、青创农场(12.9%)、信息技术服务(10.26%)等领域,涵盖了加工流通、休闲农业、乡村旅游、文化创意、养生养老等产业。同时,以与农业相关的创业为例,嘉善县青年创业的领域涵盖了从农业上游种植到下游社区零售,呈现出逐渐向产业全链条发展的趋势。更为重要的是,这些创业领域呈现出了多产融合的趋势,从而出现了一些新产业、新业态和新模式。

再以农业领域的创业为例,创业青年并不固守在传统农业,而是以农业种植为基础向二、三产业延伸,走出一、二、三产业融合发展的新路子。例如,嘉善县西塘镇某家庭农场将现代精品农业和旅游业相结合,衍生出休闲农业这一经济业态。还有一些创业者将农业、养殖业与研学教育、养生健康、电子商务等结合起来。这一趋势有效弥补了当前县域范围内产业转型难、生产主体缺失等发展困境,走出了县域产业创新、延伸与融合发展的新路径,为县域经济发展注入了新动力。

第三,青年创业动机更加多元主动:以追求个体更好发展的"发展型创业"为主。调查显示,"出于个人兴趣爱好"(48.68%)是促使县域青年创业的最主要的因素,其次是"创造财富"(34.6%)、"提升自己的能力"(18.77%)和"实现个人理想"(14.96%)。该结果表明,当前县域青年的创业动机以寻求个人发展为主。而基于生存需要的"被迫型创业"占比较小,数据显示"主要是为了解决就业问题"这一动机因素的比例只有7.62%。这种更高层次的创业动机、目标追求和抱负有效契合了我国乡村振兴战略深入实施的发展需求,有利于破解小富即安、缺少创新追求的传统思想。

第四,蓝海市场和区位优势更加凸显:具备成为创业热土的核心竞争力。在问及"您选择在嘉善县创业的主要原因"时,"市场潜力大"(41.64%)和"地理位置优越"(38.71%)是创业青年选择嘉善县的最主要因素。近年来,随着城乡一体化和新型城镇化的发展,县域已成长为国内产业集群的繁衍地和金融资源的富集区,也成为国内发展速度最快、最活跃和最富潜力的区域。同时,相比于大城市的创业成本、白热化的市场竞争,县域创业的成本相对较低、市场发展空间较大,加上有国家众多政策的加持,县域已经成为创业的"新蓝海"。而嘉善县作为全国百强县,经济基础较好,市场潜力巨大。此外，正如前文所提，嘉善县具有得天独厚的区位优势，创业者能够"近水楼台先得月"地对接中心城市的外溢资源，如资金、技术和人才等。如有访谈对象说："因为嘉善离上海比较近，就更容易跟上海那边搭上线。我们公司有个合伙人有渠道接触上海那边的资本，所以我们现在也能融到上海那边的资本。"（编号：ZF）值得注意的是，除上述两大因素之外，地缘和血缘因素也是青年选择在嘉善创业的重要原因。前文提到，在嘉善创业的青年以嘉善籍为主体，这些嘉善籍创业青年"可以照顾家里"（27.27%）和"有家乡情结"（16.42%），因此，乡梓情怀的牵引也是促使他们在嘉善进行创业的内生性动力之一。

调查还发现，嘉善县创业青年的创业规模以小微企业为主，占比高达91.5%。这主要是因为创业者年纪还比较轻、创业时间短，资本和经验的积累不足，企业还在发育成长过程中。如数据显示，被调查者中，有73.9%的创业者创业年限在3年以下。此外，这也可能与当前创业模式逐渐向专业化、精细化方向转变有关。

（二）存在的问题

调研发现，县域创业青年在创业过程中主要存在以下问题：

首先，融资"老大难"问题依旧存在。青年在嘉善县创业过程中面临的最主要的问题是"融资难"，难以获得足够的创业资金。这一问题位居所有选项之首。与此同时，近七成（69.21%）的创业青年表示"资金"是其在创业过程中最需要的资源，同样位于所有要素之首。可见，在资金方面，创业青年需求大，但融资难度也大，供需之间的缺口十分明显。融资难的原因在于创业青年的企业多为小微企业，经营时间不长，创业的风险较高、回报率低和缺少抵押物等。因而，自筹资金成为创业青年解决融资问题的首选方案。访谈中，大多数创业青年表示自己的创业启动资金是来自亲缘投资或者个人存款，资金来源渠道较单一。数据也显示，只有31.67%的创业青年获得过"政府的低息或是无息贷款"，相对而言，"家庭经济资助"（49.85%）、"与他人合资"（32.55%）以及"个人工作收入"（29.03%）等依托个人社交网络的自筹资金占比依旧很高，是创业者筹集创业资金的主要渠道，只有极少数（9.97%）创业青年获得过"其他渠道的融资"。这一问题也显示出县域创业青年期待更加完善的县域金融体系和更强劲的金融供给。

其次，县域创业资源和经济体支撑存在短板。数据显示，有31.96%的创业青年表示存在"受限于县域社会经济整体发展水平,公司招人难、留人难"问题。此外,分别有21.99%、19.94%和16.42%的创业青年面临着"同类型企业集中,竞争激烈""受限于县域社会经济整体发展水平,技术成果转化、研发水平等配套生产性服务不成熟"和"县域经济体量有限,市场需求不足"等问题。紧随"资金"(69.21%)之后,"人才和团队"(45.16%)、"市场"(31.09%)和"技术"(24.63%)也是创业青年迫切需要的资源。可见,在人才、市场和技术等创业资源方面,县域经济体的所供与创业青年所需之间同样存在着供不应求的矛盾。例如,在人才方面,受周边中心城市虹吸效应影响,本身县域城市就存在着不同程度的劳动力和人才外流带来的空心化问题,同时,受薪酬有限,教育、医疗、文娱等民生服务吸引力不足等因素的影响,县域公司在招才引智方面也面临困难,难以寻找到素质能力较高的人才。例如,一位在农业技术相关领域创业的青年说:"我们是从事技术研发的,很需要找到相关领域的国内外专家资源,但是县域范围内这类资源比较少,希望政府部门能够提供对接与交流的平台。"(编号:MF)再如,在市场竞争方面,嘉善同一县域内或邻近县域间,创业青年选择的创业项目存在同质化高的问题,有不少创业青年扎堆涌入电子商务、乡村旅游和民俗餐饮等投入成本较低的创业项目,一定程度上造成了行业领域同质化竞争。在产业链支撑和技术成果转化、研发水平等配套性服务方面,县域经济体也存在一定短板,不能为创业项目提供有力支持。如一位生物医药领域的创业青年说:"嘉善自身市场经济发展水平有限,基本上没有技术含量较高的生物医药实验室和检测平台,所以我们需要用这些资源的时候,就要跑到上海或者苏州。"(编号:ZF)

再次,创业政策落地落实力度有待进一步加强。在"创业中国"的大环境和大背景之下,浙江各级政府在资金、服务、场地、税收等方面出台了非常多的支持性政策,为青年创业保驾护航。但调研发现,创业政策的落地效果仍需进一步提高,约四成的创业青年认为政策落实情况"一般"及"较差",甚至是"很差"。调查发现,政策落地过程中,存在以下几个方面的问题:一是创业青年政策知晓率、了解程度不高。数据显示,"政策宣传力度不足,大家对其不了解"(32.55%)是创业政策落地过程中存在的最主要问题,位居所有选项之首。在更具体的层面上,分别只有5.87%和12.32%的创业青年对政策"很熟悉"和"了解大部分"。相对而言,熟知政策的创业青年比例不高,并且只有约两成(21.12%)的创业青年表示"较容易"或"很容易"获得创业政策信息,有36.66%的创业青年认为在政策信息获取上难度很大。二是创业政策覆盖范围有限。数据结果显示,有约三成(29.62%)的创业青年表示"没有享受过任何政策",同时也有12.6%的青年认为"政策不给力,支持力度不大,范围不广"是政策落地过程中存在的最主要问题。同时,还有9.09%的创业青年认为"政策申请的门槛高,求助无门"是政策落实过程中存在的另一个大问题,而这种高门槛也导致了一部分创业青年处在政策覆盖范围之外。访谈过程中,一位工作了七八年之后才开始创业的青年说:"现在很多创业政策都是针对毕业五年内的大学生,对学历和毕业时间都有要求,像我这种中职生就很难享受到。能不能扩大一下政策覆盖的群体范围,让像我这样的创业青年也能去申请。"(编号:XM)三是政出多门,支持力量多元且分散。调查结果显示,"政出多门,政策过于分散"是创业政策落地过程中仅次于"政策宣传力度不足,大家对其不了解"的第二大问题,占比达17.3%。在实际操作层面,创业相关工作涉及的部门比较多,不同职能部门从各自工作权限出发出台相应的支持政策。一方面,这使得相关的支持越来越完善,资源也越来越多;另一方面,各职能部门之间权力分散、手段有限,导致支持措施出现碎片化。如何协调和整合不同职能部门的资源,形成合作共赢的工作局面是需要进一步思考的议题。四是创业政策同质化现象严重,政策吸引力和针对性有待进一步提高。目前,浙江各地政府出台的政策"撞型"情况频发,同质化现象比较严重。这也就导致了创业政策对创业青年的吸引力和针对性不强。如一位创业青年说:"我们公司是(被嘉善县政府)招商引进过来的,但其实各地政府在招商引资过程中给出的政策都大差不差,无非是场地、税收、服务这些。嘉善可以针对重点发展的几个产业方向,出台一些针对性更强的创业扶持政策。"(编号:ZF)此外,创业政策的效能也有待进一步增强。数据显示,仍有超五成的青年认为创业政策对其企业发展的影响程度"作用有限、不显著"(41.35%)、"基本可以忽略"(11.44%),甚至是"完全没作用"(4.4%)。

最后,地域文化、传统观念等外部环境不利于良性创业氛围的营造。嘉善县本地经济发展水平和老百姓收入水平都比较高,百姓生活比较安逸,"小富即安"的生活理念在当地比较盛行。这导致一部分嘉善县青年创业热情和积极性并不高,不愿意走上辛苦创业之路,进而导致嘉善县整体的创业氛围有待进一步激活,也与"人人想创业、人人想当老板"的温州和台州等创业氛围浓厚地区形成了一定的对比。如有青年说:"嘉兴本地人家里条件都还可以,不少青年不愿意去辛苦创业,更愿意找一个体制内的安稳工作,哪怕是合同工。"(编号:MF)

四、优化县域青年创业人才发展的路径分析

(一)进一步优化融资环境,加大青年创业资金帮扶力度

一是完善县域金融服务网络。政府应积极鼓励并引导商业银行在创业较为集中的乡镇设立提供贷款"绿色通道"的基层网点,提高贷款办理乡镇覆盖率。二是进一步提高金融贷款工作的服务水平,精简业务流程,实行限时办结,进一步降低小微企业获取金融服务的时间成本,切实提升小微金融服务水平。三是探索建设青年创业金融服务站,为广大创业青年提供金融信息咨询、金融产品推荐、信贷融资服务和金融知识培训,并依托服务站为嘉善青年与上海、苏州、杭州等资本市场牵线搭桥。四是进一步加强政银合作力度,针对小微企业的金融需求特点,进一步优化和创新"青轻贷""雨露青禾·青创伙伴"等青年创业贷款产品,为创业青年提供更有针对性的资金支持。五是完善创业担保贷款政策,适当提高对特定领域和行业的创业企业贷款不良率容忍度,探索建立信用乡镇、信用园区免担保机制。

(二)进一步夯实人才、技术等创业资源"供应链",加大创业资源对接力度

切实做好人才(团队)、技术、市场、配套性服务等青年需求缺口较大的创业资源对接服务工作,夯实创业资源"供应链"。一是要贯彻落实嘉善"祥符英才"计划、创新创业等政策,探索开放式、灵活性强的人才、技术、团队等创新要素引进聚集机制。二是要利用自身地域优势,加强与上海、苏州、杭州等地创业资源要素的合作,积极建立或拓展多层次、多领域的国内外开放式联系对接网络。三是要探索建立各类人才、技术平台的资源库,并为有需要的青年搭建联系渠道。四是常态化开展专家和技术团队下基层、进企业等公益性活动,给有需求的企业和乡镇送去智力支持和技术支持。五是常态化组织不同领域的创业青年到国内外不同地区进行交流,学习其他地方、其他公司的经验做法。

(三)进一步优化政策落实机制,提高政策实效性

一是要进一步优化政策的顶层设计,突出县域产业经济发展的特点和青年创业需求之间的关联度,因地制宜地制定相关扶持政策。要完善现有的创业政策体系,对政策门槛进行适当调整和优化,扩大政策覆盖面,降低政策申请难度,提高政策的可获得性、可操作性。二是增强政策落地的部门协同性,用好青年工作联席会议机制,明确部门分工,落实部门责任,形成齐抓共管、共同推进的工作合力。三是要做好创业政策宣传普及工作,深入企业一线进行有针对性的政策宣传解读。充分利用"指尖上"的新媒体,利用微博、微信、抖音、小红书等新媒体平台开展通俗易懂且精准的政策解读,以实现政策宣传全覆盖,政策服务零距离,政策落实无盲点。四是强化跟踪服务,力促政策落地。加快制定政策的实施细则,确保创业扶持政策可操作、能落地。建立健全政策服务机制,创新服务方式,变政府"端菜"为创业青年"点菜",实现创业过程一站式、一次办成服务。五是加强督促检查,建立督促检查机制。将政策落实和工作推动纳入年度目标任务考核,激励与追责并重,督促工作人员强化服务意识。

(四)进一步营造良好创业氛围,鼓励青年创业

一是加强奋斗、上进、吃苦耐劳等正向价值理念的宣传,引导青年树立正确的人生观和职业观,正确认识自己,摒弃"小富即安"的思想认知,鼓励青年勇于追求和实现人生价值。二是要利用各类传播媒体讲好创业青年故事,加强对创业成功案例的宣传力度,给更多县域青年提供榜样的力量,也给更多公众提供一个了解创业青年的窗口和平台。三是通过青年企业家协会等组织积极开展联谊会、交流会、恳谈会等,使创业青年切实感受到政府的重视和温暖。四是积极开展青年创业活动大赛,通过"以赛会友""以赛学艺""经验分享"等形式,拓宽创业群体的人脉圈,增加商业联络,实现共同进步。五是进一步优化县域创业环境,打造良好的生产经营环境,确保县域创业青年在公平、有序的市场环境中发展事业,形成良好的创业氛围。

供稿单位:共青团嘉善县委

撰稿人:于洋、程德兴、孙钰凯、盛凌霄

舟山海岛乡创青年发展现状与支持政策研究

青年是社会重要的人力资源,是最富活力、最具创造力的群体,其就业形势一直是社会关注的热点。随着全球经济增长放缓,青年就业形势日趋严峻,亟待挖掘新的发展潜能。当前传统产业的发展模式遭遇瓶颈,而青年创业能推动经济持续增长,促进就业与消费,激发市场活力,并推进科技创新和乡村振兴。习近平总书记强调,乡村振兴,人才是关键。因而,为了进一步推动乡村振兴战略的实施,各地应吸引更多有志青年扎根农村,创新创业,让返乡创业(简称"乡创")成为促进农村经济健康发展、维护社会和谐稳定的新动力。

一、问题的提出

(一)乡村发展需要有生力量,青年乡创能为乡村振兴、人才振兴发挥关键作用

改革开放初期,乡村人口大量涌入城市,在快速推进经济发展和城镇化进程的同时也引发了交通拥堵、环境污染等负面问题。随着经济形势的变化,城乡之间双向流动增多。乡村以其良好的自然生态资源、巨大的发展空间和强大的承载力,吸引众多青年返乡创业。返乡青年大多以第三产业新业态的形式加入并重构了乡村产业链,提高了当地产品附加值,拓展了传统的农业文化,再塑了城乡经济和社会发展的新样态。青年乡创被视为乡村振兴和人才振兴的关键,能有效缓解城乡二元社会经济结

构造成的发展壁垒,实现乡村振兴的良性循环,推进新时期城乡高质量融合发展。

(二)国家和地方鼓励青年乡创,政府扶持政策为青年乡创奠定牢固制度基础

自2015年起,国务院先后颁布多项创业政策。党的二十大提出全面推进乡村振兴,《中华人民共和国国民经济和社会发展第十四个五年规划和2035年远景目标纲要》进一步提出推进创新创业向纵深发展,优化双创示范基地建设布局,全面实施乡村振兴战略,允许入乡就业创业人员在原籍地或就业创业地落户并享受相关权益。

政府视乡创青年为乡村人才振兴的重要资源,有针对性、多角度地为广大青年在乡创过程中提供更多的政策支持。有研究表明,每位创业者平均可以带动8个就业岗位,创业能带来良好的就业态势,降低社会失业率,因此,扶持青年创业是解决青年就业问题的长效办法。

(三)舟山市青年乡创势头良好,总体发展依然属于弱势,青年乡创的扶持力度亟待进一步提升

舟山市属于浙江边远海岛地区,岛屿分散,交通受制,产业单一,人口基数少,多年人口负增长,人口老龄化严重,青年人才流失问题严峻。"出去一火车,回来一卡车"在过去是人尽皆知的地域俚语。年轻人外出求学,大学毕业后大多倾向于在上海、北京、杭州、宁波等大城市就业,觉得返乡难有光明的职业发展前景。但随着乡村振兴战略的推进和当地经济水平的提升,舟山逐渐冲上海洋经济发展的潮头浪尖,青年人才流动顺差显现。越来越多的有为青年进入或返回舟山,开启海岛乡村创业,助推海岛共同富裕。相关部门主动贯彻《浙江省农业农村厅关于实施十万农创客培育工程(2021—2025年)的意见》等文件精神,挖掘乡村创业资源,严格落实培育工作,积极推动乡村人才振兴、社会共富。但从社会现实来看,青年乡创在行业前景、创业环境、融资等方面依然存在困难,国家和地方还未建立完善的创业政策体系、青年群体自身在商业行为中信誉不强,融资借贷难度大,扶持政策针对性不高,抗挫折力有待提高,这些问题容易导致创业困难,甚至失败,因此青年创业环境总体有待提升和改善。

鉴于此,本课题着眼于剖析舟山市乡创青年的生存现状和影响因素,提出要营造

优质的海岛创业生态系统吸引和留住乡创青年，重点讨论如何优化扶持性政策和相应服务，推动舟山市经济结构的良性调整，助力乡创青年成为社会经济发展的新浪潮、新动力。

二、乡创青年的发展现状

人才结构不断优化，为高质量推进农业农村领域共同富裕提供了有力支撑。为充分了解舟山市青年乡村创业现状，本课题组以问卷调查、组织座谈会、实地调查等方式对舟山市乡村创业实际表现和影响青年乡创的关键因素进行实证研究。舟山市现有农创客1231名（根据2023年舟山农业农村局数据），"80后"占46.3%，"90后"占42.5%，大学生创业者共477名。结合MOS模型理论拟定问卷，获取数据，基本掌握舟山乡创现状，并就扶持政策的知晓度、满意度等进行评价，了解目前政府的各项创业扶持政策对青年创业产生的实际影响。根据调查结果，课题组有针对性地提出政府创业扶持政策的优化策略。

本次调查对象为18—35周岁的乡村创业青年。年龄超过35周岁且不超过40周岁，自2017年开始创业的创业者也被纳入调查范围。调研采用分层随机取样的方法。共收回问卷240份，其中有效问卷237份，有效回收率98.8%。

受访乡创青年男性、女性为1∶1.19。女性多了近两成，表现出更多创业热情。城镇青年选择在乡村创业的比例高于乡村本地生活者。城市（城镇）青年非农业户口者为119人，农业户口者为27人，可见前者更具冒险和开创精神。从青年的户籍所在地的角度来看，随机受访的非农业户口和农业户口的青年愿意选择乡创的行为基本一致。

乡创青年受教育程度普遍较高。73.0%的乡创青年拥有本科及以上学历。大部分乡创青年有较为稳定的生活状态。乡创青年年收入的中位数（第118人）处在"低于十万元"档次，创业收益总体处在中等偏上水平。48.5%的人主动选择乡村创业，放弃稳定岗位甚至高薪。13.1%的待业者一开始就以乡创来解决就业问题，19.8%的自由职业者原先属于城市创业者，自主变更"赛道"。乡创在更大程度上满足了他们内心不断发展的成长需要。

三、青年乡创的主要特征

第一,乡创以机会型创业为主,海洋特色、较低门槛的小微创业是舟山乡创青年的主要偏好选择。整体上,创业团队规模总体偏小,带动劳动力就业的能力比较弱。

从创业目的看,青年乡创可以分为生存型创业和机会型创业:前者指因经济需要且缺乏其他就业选择而被迫从事的创业活动;后者指为了更好地捕获商业机会而主动开展的创业活动。接近四成的舟山乡创青年选择为满足最基本需要的生存型创业,超过六成的乡创青年则是着眼于自我提升、谋求发展的机会型创业。

从内容形式看,青年乡创偏好低门槛的小微创业,以低投入、低风险、时间灵活、轻体力、重脑力、涉海性、善用网络资源为主要特点,业态主要表现为电商和新消费行业等,以此来应对农村市场空间有限、投资回报周期过长等风险。初代乡创多集中在果蔬种植和民宿行业,当下青年乡创聚焦打造个性化海味民宿和海洋元素鲜明的一、二、三产业融合体,具体如"秘境""半坡""无二""枕海望屿""沐海拾光""无问西东"等海岛风情特色民宿,乡村市集、乡野工坊、生态农场、家庭农场等农村三产融合新业态,从理念和实践两方面创新性打破了三产界限,推动产业链的延伸和农业功能性的拓展,激发了农村自身活力。

从创业规模看,大部分舟山青年乡创团队体量小,团队成员数低于3人者占到49.6%,5人及以下者共占85.4%。可见,通过青年乡创来带动劳动力就业的能力总体比较弱。

从创业主体看,64.6%的乡创青年属于第一次创业,经验不足,相比较其他地区,舟山创业大环境成熟度有待提升,存在较多隐患。

从创业客观环境看,土地流转、海岛气候、海岛交通和物流均是舟山青年乡创遇到的突出问题。舟山乡创大多与农业、渔业、文旅等紧密联系,需要具有一定规模的土地指标。舟山各村土地流转政策不一,承包成本高、租期短,这些都推高了创业成本。部分地区沟渠水利设施荒废,田块分散不成片,再度增加了管理成本和劳动力成本。因海岛气候而生成的台风、强降水等自然灾害频发,断水断电停航等时有发生,海岛交通和物流能力有限,均可能导致乡创成本大幅提高,更严重影响消费者对乡创产品的体验。

第二,乡创资金支持多元化、总投入不高,资金筹措渠道单一,团队组织多采用"熟人社会"的传统模式,社交媒体借力依然很少。

舟山依然属于传统的乡土社会、熟人社会,亲缘、地缘纽带是主要的社会关系。乡创青年初创时期的资金支持主要源于自有资金的积累,其次就是亲人和朋友,传统血缘、亲缘、地缘关系在创业过程中发挥着很大的作用。家人和亲友对其创业选择的支持程度也会影响其创业意愿。随着城镇化进程的加快,乡创团队的社会支持已经呈现多元化。银行、金融贷款占到30.8%,机构资助风投、众筹等形式都已经进入创业者的实践操作范畴,占到19.4%。

现实中舟山青年乡创资金筹措仍存在困难。以一项围绕舟山团市委与定海区海洋农商银行联合推出的"青农贷"创业贷款的调研为例(2020年):89%的被访者表示对贷款有需求,36%的人申请到了贷款;91%的人认为对自己的创业有很大作用,29%的人表示对这一政策不知情;85%的人认为此类贷款额度太低,64%的人认为还款年限太短;56%的人认为申请手续过于复杂,43%的人认为此类贷款利率相比其他信用贷等贷款没有明显优势。可见,此类贷款存在种类偏少、贷款额度较低、优惠扶持力度不足、申请手续较为复杂等问题。

组织亲朋好友、熟人同学加入仍是组建乡创团队的主要方式,其次是线下招募。以社交媒体方式实现线上招募的比例很低(8.7%)。舟山乡创团队在成员纳新环节依然倾向于采用传统方式,其原因是互联网上的社交很难建立充分的信任感,都不愿意冒险或者不敢冒险。

第三,兴趣和优惠政策是吸引青年乡创的主要动机,社交媒体成为乡创青年信息获取的主要渠道。

创业大多不是青年开启职业生涯的第一选择,而是在经历"职场压力大,重新挑战自我,做自己喜欢的事情"、关注"自我兴趣和需求"的探索后沉淀下来的决定。兴趣所在(占59.5%)和满足"自我实现的需要"(占40.9%)分列第一和第二,是青年乡创的主要内在动机。"政府的优惠政策"(占30.4%)和"当地资源有吸引力"(占27.4%)是青年乡创的前两位外部原因。

信息渠道是指传送信息的媒介物,好的信息传递渠道能让人们更方便快捷地获取信息。乡创青年对信息获取的渠道依赖性从强到弱分别是社交媒体、政府工作和相关信息、主动探索、亲友推荐和机缘巧合。社交媒体成为一个至关重要的信息获取渠道，以手机为代表的电子产品和互联网一起占据了56.5%的信息来源。青年乡创者同样重视以政府为代表的传统渠道，政府作为地方权威信息发布主体（占47.3%），信息可靠，在信息获取中发挥着重要的作用。乡创青年还表现出强烈的自主意识，主动发起探索信息（占40.1%），超过了对"他人推荐"的依赖（占38.0%），更胜过了被动等待的"机缘巧合"（占30.4%）。

第四，乡创环境整体良好，对精简办事程序、资金扶持满意率高，培训教育和扶持政策则需要进一步优化。

好的创业环境是决定青年乡创成功的重要因素，对推动青年从创业意愿转变为具体的创业行为起着关键作用。本课题分别从创新创业政策、共青团创业类专项服务、政府举办创业大赛等宣传活动、政府对乡创的资金扶持、政府公开创业相关信息的速度和广度、政府精简办事程序、政府的创业培训和政府组织的众创空间、孵化器、科技园等运行角度做五级评价（很不满意，不满意，一般，比较满意，非常满意）。

受访的乡创青年对此总体评价良好（四级及以上），其中关于"精简办事程序"（64.2%）、"资金扶持"（55.3%）、"政府公开创业相关信息的速度和广度"（55.3%）的积极评价较高。可见，政府对乡村创业十分重视，设立创新创业基金或多种形式的创业补助，给乡创青年带来红利。

"培训教育"（49.8%）和"扶持政策本身"（49%）的满意度则处于末两位，通过访谈发现，创业者认为培训内容和政策扶持的针对性不足，以及效果还不够理想。此外，有些受访对象表示对政策不够熟悉，主观原因在于个体主动性较低，或咨询检索能力不强，这在客观上说明政策的推广、普及有待加强和完善。

第五，资金受限、同质化竞争依然是青年乡创的最主要困境，团队管理、融资渠道、乡创教育（培训）还有较大的改善空间。

青年乡创者对解决融资困难问题的呼声高涨，认为乡创最大的困境是资金受限。科技部发布的报告指出，2019年，仅1.1%的创业投资投入农林牧渔行业。风险资本主要倾向半导体、医疗、新能源、新材料，舟山地区现有乡创大多偏好小微业态，起点低，没有规模效应，无法被风险资本青睐。大部分青年乡创者难以通过吸引投资来解决资金问题（58.2%）。半数受访者认为市场竞争过大，同质化竞争比较严重。三分之一的受访者认为自身专业性不够，团队管理不佳，存在团队危机、理念落后，缺乏相应的知识和能力。可见,青年乡创者除资金问题之外,在业务开发和产品创新上也缺乏相应的竞争力。

贷款、资金支持或补贴、税收税费减免是乡创青年最主要的诉求(57.8%)。期望投融资渠道增加的占到39.7%,反映出创业者亟须解决资金困难问题。期望拓展信息渠道的占48.1%,期望有高质量乡创培训需求的占40.5%,期望加强乡创社会氛围营造需求的占36.7%。

第六,乡创青年对创业收益的满意度评价中等偏上。

创业满意度是创业主体根据市场资源和收益等因素综合考量自己创造经济和社会价值行为的主观体验与评估,通常遵循市场理性原则。很多"80后""90后"在父辈支持下,不需要承受独立购买房产等大项开支带来的直接经济压力,他们追求稳定、体面、高质量的生活,强调生活功能取向,评价趋向多元化,态度倾向于保守、不冒险。因而,整体上他们对物质追求的欲望不高,对物质收益的预期偏低,从而对乡创盈利结果的总体评价中等偏上,对乡创总体表现的满意度相对较高。

四、影响青年乡创的主要因素和优化策略

综述舟山市青年乡创的主要特征,发现他们总体受到政治、经济、法制、科技、文化等社会环境的宏观系统、政府扶持政策的中间系统以及创业者人格、能力、需要动机等微观系统的影响和制约。结合本次调研的核心主题,在此针对政府扶持政策做重点讨论。

参考发达国家的创业政策体系,各国国情不同,但政府扶持政策基本包含创业信息服务、创业技术支持、融资政策支持、基础设施支持等一系列服务政策,并强调需要依照企业在每个发展阶段的普遍问题制定适合本土企业的专门创业扶持政策。鉴于此,结合青年乡创群体特征和需求,分别从激发创业动机、深化创业教育和拓展创业机会三个方面提出创业帮扶政策的优化策略,解决创业障碍,推动社会经济的发展。

(一)扶持政策激发创业动机,实现创业带动就业

1. 优化金融政策,强化创业红利,增加奖励机制,巩固贷款、税收、资金支持

首先,政府可在融资方面给予更多优惠政策、宽松条件或重点倾斜,具体包括但

不限于定向减免税费、社会保险缴费优惠、银行贷款担保、优先为乡村创业者服务等一系列政策,对现行的政府创业扶持政策实现动态管理。增加创业投资引导基金、小额贷款担保、小额贷款利息补贴、专项贷款等项目,指定适用乡村创业对象、适用时间,根据舟山在地实际经济条件制定相应的补贴标准。例如,乡创单位主动吸纳一定比例的就业特困成员,政府给予岗位补贴的保障条件。

其次,推广行之有效的奖励政策,并加大宣传力度。舟山市已经制定出台《关于支持乡村人才振兴的实施意见》,全面加强人才引进、人才培养、人才评价、人才激励四大机制,优化项目政策扶持、大学生创业创新支持、创业用地用海保障等七项政策。具体包括:支持大学生创业,在校大学生和毕业5年以内的高校毕业生初次创办现代生产型农业企业,并担任法定代表人或主要负责人的,给予企业连续3年内总额不超过10万元的创业奖补。下辖普陀区对在渔农村首次成功创业、稳定经营1年以上并带动就业5人以上的农创客给予1万元一次性乡村振兴农创客补贴。下辖嵊泗县对认定为嵊泗民宿一类、二类人才的,可以享受30万元、15万元的购房补贴。各县区之间可以相互借鉴启发,立足各地实际和产业特点,遵循市场规律,因地制宜、因势利导,动态发展,招贤纳士。

最后,科学评估现有扶持政策,重点解决现有的政策单一、受益面窄、额度不高的实际问题,整体营造社会良好的创业氛围。

2. 加强政府引导,准入制度更加人性,减少进入壁垒

第一,增强政府服务意识,优化准入政策,开设相应的线上线下咨询服务窗口,有条件的可以开设乡创服务专线。该类政策有利于青年乡创者在创业初期及发展期便捷地进入市场,减少行政、法律法规等方面的制约。通常用于服务和解决青年乡创过程中遇到的公司注册、税收缴纳、土地流转、税费优惠、创业场地房租补贴等实际问题,尽可能降低青年乡村创业的成本、解决青年乡村创业过程中遇到的困难,激发青年乡创热情。

第二,乡村专业化运营管理。以下辖普陀区展茅街道8个村组建的强村公司为例,通过"政府搭台、村社抱团、财政补助、银行贴息、社会支持"的运行模式,以强村公司为平台集中打造乡村共富市集品牌,形成"公司+村集体+村民/乡创者+业态"的共富模式,打造以"乡创未来、共富市集"为品牌的乡创基地,大力推动乡村创新创业。该模式发展极大地推动政府、乡村和乡创青年间的共同奔赴。当前强村公司已经实施首个"飞地抱团"投资项目,出资320万元购买约1000平方米厂房并成功出租,初步达成"村村成股东、户户有分红"。通过盘活资源实现项目引领,带动周边村庄整体实现"共富联合体"。

3. 保证扶持政策的力度和连续性,给青年乡创吃定心丸

政府各部门协调顺畅,保证扶持政策的力度、连续性、针对性和可持续性,最大限度地缓解融资难问题,降低青年乡村创业的经济成本,提高创业项目的收益,激发广大青年返乡创业的动力,实现外部动机的内化,真正回应他们内在的兴趣。

针对各地乡村发展不平衡的问题,政府相关部门应精准打通政策落地"最后一公里",让惠农乡创政策能充分覆盖和利好乡创领域。相关部门应大力提升保障政策的力度和连续性。针对青年乡创对网络信息资源的依赖性,要推动大数据、云计算、物联网、人工智能、区块链等技术对青年乡创项目进行支持和覆盖;针对产销渠道需求的迫切性,要支持搭建农批、农超、农社、农企等线上线下展销平台;针对技术服务依赖性,要组织在地高校、科研院所、市农业产业技术创新与推广服务团队等提供持续的技术服务输出。

4. 榜样示范,提高青年在乡创中的自我效能感

爱惜人才,留住人才。政府应积极培育优秀典型,组织优秀乡创青年参加省级农创客培训,通过评选"乡村振兴返乡创业之星",积极选树"三农"创业创新典型等乡创带头人,总结推广优秀青年乡创榜样、农村创业导师等成功经验模式,发挥人才示范带动作用。应打造一大批能涵盖农业农村相关产业、体现创新性引领作用的乡创队伍和乡创服务平台,积极宣传、广而告之,激发青年的乡创动力和热情,提升创新能力和创业效能感。

个体榜样示范:浙江木对信息科技有限公司负责人夏子喻,"兔子集市乡村振兴服务平台"创建者,"建行杯"农村创业创新大赛三等奖获得者。夏子喻扎根舟山做市集超过5年,坚持做原创性的市集,打造自己的品牌IP——兔子集市。通过与音乐节、重大赛事、品牌活动等融合,用品牌质量和辨识度吸引消费者,不为昙花一现,努力将人流量转化为"客留量"。作为优质乡创青年典型,夏子喻及其"兔子集市"在本土市场已经具备较强的号召力和影响力。

团队榜样示范:普陀湾众创码头(全国创业孵化示范基地)发挥海岛金字招牌的集聚效应,以现有的舟山特色的退役军人创业和大学生创业"二中心四园区"的空间布局为基础,按"一核多区、全岛全域、多创融合"的思路,从原先的城市双创向乡村、海岛延伸,在展茅街道路下徐村创建舟山市首个乡村主题创业园区(普陀湾众创码头——展茅乡创基地),一期聚集青年乡创企业20多家,解决就业100多人,有效辐射整个舟山地区。

(二)深化创业教育:推出更多加强乡创教育(培训)的政府扶持政策,实现专业人才孵化

乡创教育(培训)是培育乡创青年相关知识和技能的重要方式,通常包括专业技术、商业知识、创业能力、组织管理等知识,能借助培训项目、工作经历、同伴交流、社会关系等获得。乡创者在遇到困境时,依次求助政府相关机构、同行青年和行业专家,所以扶持政策需匹配满足乡创青年提升创业技能的需求。

1. 完善乡创项目启动支持和持续保障策略

启动初期指导:支持政策包含但不限于提供责任部门、创业专家、创业咨询员的信息咨询及服务工作,具体包含创业公共服务、融资信息服务、创业孵化服务等服务内容。

重点制定创业项目孵化目标:对孵化项目和进驻企业提供精细化、精准化的指导和个性化服务。

双向沟通便捷:在相关职能部门开设专门的创业指导服务场所或服务窗口,招募和培育乡创咨询人员,为各类乡创青年建档,及时、准确提供各类创业信息和咨询服务。在资料存档的基础上持续开展精准的扶持工作。

2. 拓展乡创教育途径,切实提高乡创青年的素质

政府扶持乡创教育(培训)机构搭建相关教育平台,落实相应责任单位,创建创业指导专家资源库,通过系统的教育或培训提高乡创者素养和能力。

在培训中,应宣传全民创业的理念、强化创业意识,强调创业价值并帮助创业者掌握信息挖掘能力。如组织开展农创客"百村百场"大宣讲活动,让青年深切感受在推进乡村振兴、共同富裕中的使命与责任。全民创业是近年来应对创新型经济发展和促进就业增加的需要而提出的关乎国计民生的政策措施,能缓解就业形势严峻问题。

政府应提供创业教育平台和技术支持,利用现有项目和资源网络、联合高校或企

业开展职业技能培训,提高创业者在市场中解决风险的能力。舟山市可多开展渔农产品加工、休闲农业、乡村旅游服务方面的培训,使青年乡创者积累市场经营管理知识,因地制宜提高创业绩效。

通过"请进来",建立专家资源库。通过深入课堂教学和现场指导,赋能青年乡创的成长。与场地、设施等投入不足相比较,适配舟山渔农业科普教育文创活动、乡村旅游等的专业人才缺失是一个更为现实的问题。扶持政策应在现有乡村人才培训体系上引进专业机构、高校等与企业深度合作,尤其是当前需求迫切的电商及创新工场的培训工作,培养知识型、技能型、创新型的本地青年乡创人才,带动就业。

通过"送出去",让舟山市推选乡创青年去匹配度高的地区交流、取经,进而发挥优秀创业者的榜样作用,提高创业教育的育人成效。

可以积极和所在地或周边高校建立联系,借助高校资源和优势,加强校园培训。或推出开放式社会青年创业教育,联合开发乡创全产业链的项目,开设"人才实践教育基地",鼓励旅游、农业、电子商务、物流、艺术、建筑等相关专业的师生助力乡创建设,向社会输送合适的乡创人才。

例如,下辖普陀区人社局以"小岛你好"海岛共富行动为契机,以"一岛一品、一岛一策"差异化发展为方式,打造"没有围墙的海岛创业园",选派优秀乡村振兴创业导师与青年乡创者结对,"一对一"提供项目设计、经营管理、融资对接、市场拓展等指导。2022年数据显示,该局当年实现13名创业导师与40余名乡村创客结对,解决实际问题8个;引导优秀大学毕业生下乡返乡创业,推动优秀人才和项目资源向乡村倾斜,组织开展民宿设计、运营管理、电子商务、新媒体直播等针对性业务培训,制定服务清单,根据创业者服务活动需求,开展创业大讲堂、创业分享会、创业培训、创业导师面对面、创业市集、创业大赛等各类活动20余次。

3. 提高应对创业风险的针对性培训

创业有风险,乡创青年需要开展风险教育活动,应当充分调研了解相关行业的基本情况和自身优劣势,掌握对相关行业国家政策、市场需求和潜力以及创业项目成本收益等进行分析的能力,结合自己的过往经验技能等,审慎选择创业项目,不宜盲目跟风,避免同质化的无序竞争。

(三)拓展创业机会：打造有品牌效应的舟山乡创文化

营造积极的政策扶持环境,加强政府监管过程,控制负性因素等。

1. 政府积极造"节",乡创创意造"物"

政府扶持引导,依托"星辰大海"计划、东海云廊"云上公园"、茶山浦水街、枸杞里西育苗场度假综合体、保利朱家尖四柱山文旅综合体等项目,打造月月有"市集",处处有亮点,定期有"节假"的社会氛围。青年乡创顺势而为,借市集和假期推出各种类型产品和体验活动,有助于乡创业态发展和扩大社会影响,进而辐射周边城市。如2022年,普陀"520潮生集市"开市当天客流量达7.2万人次,高峰期客流达1.3万人次,同比提升30%。集市街首日营业额达6.9万元,同比提升35%,收益显著。

2. "本业+文创+旅游+N"模式有助于乡创多元化、个性化发展,打破同质竞争

舟山有独特的海洋海岛自然风光和海洋文化、观音文化等,匹配乡村观光、农事参与、田园采摘、特色美食、海洋休闲、民俗体验、家庭娱乐、教育研学等多种功能。通过建设农旅休闲综合体、海岛乐园、观光农园、乡村民宿、休闲农庄、精品酒店、研学基地等商业业态,打破本业边界,多业结合后形成新业态,兼顾文化内涵、创意表达、经济效益,增加附加值,能满足高、中、低各层级消费者的不同需要,提升市场竞争力。现有青年乡创产品大多是乡村书店、咖啡店、烘焙、农家乐、民宿等,虽占有一定的市场空间,但无论是品牌加盟或自创,市场竞争力总体一般,更需要探索多元深度融合。应融合科技,贴合地方风土人情,打造高质量乡创产品智慧体验馆。通过推进乡村电子商务、物流系统的建设,从实体到虚拟,全方位吸引消费者。应融合文创,发展周边,让常规产品包装后产生强烈的高级感,打造品牌,创新性实现三产融合的新业态,以品质吸引市场。

3. 融入当地乡村建设,实现乡创精品化发展和深度体验

乡村的人居和生态环境具有厚重历史文化基础和极其重要的人文价值。政府应通过政策引导,促进青年乡创行动的规范化发展。乡创青年应多方面了解乡村,敬畏乡村,关注市场细分、产品定位、开发原则、经费预算和效益分析等专业问题,进而挖掘当地资源优势和社会需求。可利用舟山现有的民风民俗、古村古树、寺院庙宇、沟壑峡谷、温泉滩涂,甚至是水库河流等,强调人本、审美、情怀、生态和环保,"精巧、独特而雅致",重视分类营销,实现乡创品牌的专业化建设,打破标准化,增加项目生命力。如东极岛、白沙岛等特色民宿的合理规划和改造,都是乡创融入乡建的范例。乡村振兴的良性循环正是对原生态资源的保护性传承和开发,成熟而优质的乡创将通过对乡村的传承和开发有力推动乡村经济,从而吸引更多青年人才投入乡创,带动新就业。

4. 注重双线运营,讲好舟山青年乡创故事、赋予乡创项目鲜活生命,实现品牌特色化和数字化

首先,运营强调"产融"双线结合,是指不仅要做好产品,还要保障产品背后的金融支持。政府应通过相关扶持政策实现一定程度的融资保障。其次,乡创品牌主要以"海洋""乡土""文化""禅修"为主题,以"传统""传承"为核心,如深化现有"百县千集潮生海市、百县千宿岛居舟山"的运营,重视创造和传播故事性话题。最后,运用新媒体技术,有意识地将青年乡创项目制成短视频传播,通过光影手法讲述"真人、真事、真情",让乡创更触动人心,用面对面的"故乡的味道"吸引全世界的消费者。

5. 推行良性的政府监管,减少乡创的后顾之忧

根据双因素理论,在寻求激励因素之际,也要控制容易产生意见和导致消极行为的因素。政府宜减少或修改已不适合当前实际的法律法规、行政财税体制、社保政策,减少或减轻处罚程度,建立对创业失败的救济制度。针对表现欠佳的乡创青年或某些特定群体推出的专门创业扶持政策,即"救济"策略,如给予从业风险综合保险的优惠等,该举措充分考虑青年乡创失败的风险应对,从外在因素上降低压力,提高乡创者的耐挫力。

6. 强化资源对接共享,挖掘乡创的生长机会

政府应在最大限度地汇聚资源,推动大数据、云计算、物联网、人工智能、区块链等技术在青年乡创项目中的渗透和覆盖。可以组织高校、科研院所、农业产业技术创新与推广服务团队等提供和加强技术服务。如舟山普陀区展茅乡村振兴投资发展有限公司,统一招商、统一收集闲置农房、统一对外发布信息,为青年乡创打造便利条件。如浙江木对信息科技有限公司打造"兔子集市乡村振兴服务平台",形成一定的吸引力和号召力。此类模式能激发区域内乡创产生更多的生长点,对新农村建设的发展具有重大意义。

7. 强调创业导师专项指导和自助服务相结合

政府相关部门应通过成立公益性的乡创者协会、乡创会客厅等典型或非典型组

221

织,为青年乡创建搭一个有温度的乡创者之家。乡创平台能对接政府资源、社会资源,寻求社会专家咨询答疑、开展互动交流分享、组织专题能力培训,多方位营造乡创产业社会氛围。乡创平台根据青年乡创活动和市场的实际需要,制定全过程自助服务清单,如政策咨询、创业培训、运营指导、专家面询、同行分享、创业竞赛、产销渠道等,实现动态管理,内容无盲区。可设立相应的青年乡创者联合会,便于沟通交流。并加大财政支持力度,将专家指导和平台自助服务深度捆绑,为自主创业提供更加优越的环境,进一步深化青年乡创者的抱团发展、合作共赢。

供稿单位:共青团舟山市委
供稿人:陈涛、丁芳盛、李傲

返乡创业女青年的媒介化劳动与群体身份建构分析

一、浙江女青年返乡创业短视频的界定与特点

乡村振兴背景下,返乡创业青年成为乡村振兴的中坚力量。随着信息技术的发展,乡村短视频为返乡创业青年提供了新的发展机遇。乡村短视频是指以乡村场景为背景,以乡村生产、乡村生活和乡村文化为主要拍摄内容,以在农村居住的村民为主要拍摄对象,利用社交网络平台进行传播的短视频,时长一般在6分钟以内。中国互联网络信息中心发布的第53次《中国互联网络发展状况统计报告》显示,截至2024年3月,我国网民规模达10.92亿人,互联网普及率达77.5%。截至2023年12月,农村地区互联网普及率为66.5%。时下,哪怕再小再偏的乡村,都能通过短视频来展现当地农特产、风光、传统文化等,从而打响乡村知名度,降低群众创收难度。因此,越来越多在外务工的农村青年选择回到家乡,搭乘短视频的快车,借用镜头记录家乡的一草一木,宣传特色地域文化。这不仅为人们了解新农村打开了一扇新窗口,同时也为乡村振兴带来了新的契机。据抖音平台的公开数据,"三农"领域创作者有54%为返乡创业青年,其中以农民工、大学生、退役军人、妇女[①]四类人群为主。在乡村振兴的过程中,青年女性是一股非常重要的力量,是乡村发展的重要推动力,对这类群体的

[①] 为方便研究,本文将女性创业者单独作为一类进行分析。

研究有重要意义。因此,本文针对浙江地区返乡创业的青年女性的短视频创作进行研究,总结出其在创作主题、拍摄手法、传播平台3个方面的特征。

(一)创作主题:前台展演构建乡村生活面貌

欧文·戈夫曼的戏剧隐喻把社会生活比作一场戏剧,每个人都是演员,社会是舞台,个人互动是对话,行为受到社会规范和价值观的指导。戈夫曼还区分了前台自我和后台自我,前台展演的自我反映了内化的社会规范和行为期待。返乡创业女青年拍摄短视频的行为属于前台的展演,通过界定视频内容主题、设定出镜个体的人格、与乡村环境事物互动等前台展演形式,来构建出视频创作者认知中的乡村生活面貌。

从返乡创业女青年拍摄的短视频内容来看,她们的视频多以呈现朴实无华的农村生活为主,用一帧帧镜头语言展示悠然自得的田园生活。创作者们通过捕捉四季的变化,展示乡村在不同季节的景色和环境。春天的花朵盛开、夏天的田野翠绿、秋天的丰收金黄以及冬天的银装素裹都通过视频中细腻的镜头语言展现出来。除此之外,她们的作品中还有不少记录自己创业的内容。这些视频往往通过比较细微的镜头语言展现出来,以时间轴的方式拍摄自己一天的生活。例如衢州的"小豆芽儿",她用视频记录自己从阿里裸辞后的返乡创业日常,视频取材于衢州某乡村的真实生活,博主借助视频在平台获得的流量进行变现和商业带货,从而形成个人短视频创业路径。

不仅如此,这些短视频还会具体展示某一项特色美食的做法。他们通常会将美食制作过程与日常生活相结合,从而带给观众一种更自然和闲适的感觉。以博主"老陈家的燕子"为例,她的视频就常常展现乡村美食的制作过程。例如一期"端午节包粽子"的主题短视频,她会从采摘粽叶、制作馅料的步骤开始拍摄,结尾以博主和家人一起吃粽子结束。精心设计的视频画面与恰如其分的背景音乐相互渲染,将日常平凡的生活细节转变为艺术化的视觉表达,透过屏幕传递乡村生活的淳朴和闲适,成功激发了观众对乡村宁静生活的深切向往之情。

东晋陶渊明诗中的"田园意象"是对旖旎的自然风光和怡然自得的农耕生活的概括,勾勒出了一幅极具意境美的隐居生活图景(任静、丛红艳,2023),追求一种人与自然和谐相处的生活状态。同样,乡村短视频以展现农村面貌、拍摄传统美食制作等为主题,展示了一幅悠然自得、静谧美好的田园生活景象。

(二)拍摄手法:多元素场景化叙事赋权返乡创业女性话语自我表达

传播学者梅罗维茨在英尼斯、麦克卢汉的媒介理论以及戈夫曼的拟剧论基础上,提出了"场景"概念,基于此研究"媒介场景"对人的行为以及心理影响。场景化也成为短视频的特征之一。在返乡创业青年创作的乡村短视频中,人文景观是故事建构、叙述不可或缺的重要资源,通过场景调度、色彩调配、蒙太奇组合等多种手段对乡村生活进行重新建构(曾一果、罗敏,2022),从而展现出一种理想化场景。这种理想化场景不仅仅是乡村生活的呈现,更是人们对慢节奏生活的追求和向往。通过短视频的传播,乡村景观得以跨越地域限制,进入更多人的视野。

女性创作者往往会以更微观的视角和更细腻的后期制作来呈现短视频作品。通过场景叙事,描绘乡间的劳作生活、邻里间的家长里短,构筑了乡村日常生活影像,真实自然地呈现出村民日常生活状态(陈吉,2022)。例如,湖州南浔的"菰城格格"的视频便以明亮温暖的色调为整体的基调,视觉上营造了一种清新、美好的氛围,同时也为画面注入了一种淡淡的文艺感,使观众感受到乡村生活的宁静祥和。除此之外,视频中露面的主人公选择也十分重要。例如在"老陈家的燕子"的视频中,除燕子本人之外,她的丈夫也经常出镜,两人经常一起干农活,通过日常对话场景,勾勒出一幅怡然自得的夫妻田园生活画面。这种拍摄手法能够呈现出农村夫妻之间亲密深厚的感情,在叙事中增加情感体验,从而引发观众共鸣。乡里乡亲之间则是共同劳动、互帮互助的关系,呈现出一幅和谐理想的乡村邻里图景,以此塑造淳朴、美丽、勤劳的乡村群体形象。

除画面和人物选择之外,声音的出现在乡村短视频中也格外重要,借助音调、旋律和节奏等背景音元素,能够更好地引发观众的情感共鸣。在"菰城格格"的视频中,她本人没有多少台词,大多以自然界声音为背景音乐,如打油菜时的啪嗒声、夏夜虫鸣声、晨起鸡鸣声等。自然声为视频注入了立体、鲜活的气息,让观众在看视频时身临其境。此外,其也常常选择平静舒缓的轻音乐作为背景音,与其拍摄的恬淡闲适的画面相得益彰。再以"农家九姑娘"为例,她的视频声音由人声、配乐、音效、自然声组成,用人声串联情节,作为浙江媳妇,她的视频中也经常出现浙江方言,让本地的观众更有亲切感。总体而言,背景音在乡村短视频创作中是一种极具表现力的工具,不仅可以提升观众的观看体验,还能够让创作者更好地表达自己的情感。正确选择和运

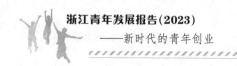

用背景音,能够为乡村短视频注入更丰富的文化内涵。

(三)传播平台:"三农"政策支持建立多平台传播矩阵

随着农业农村部宣布实施"耕耘者"振兴计划,着力培养自媒体短视频领域的乡村振兴新力量,各个短视频平台通过策划"金稻穗计划""新农人计划""秋实计划"等活动加大了对"三农"创作者的扶持力度(王敖,2023)。2023年10月,快手面向"三农"创作者宣布推出"快手'三农'红人计划"和"快手'三农'耕耘计划",全面升级服务体系,计划投入数亿流量和资源,助力创作者成长、变现。除流量扶持外,短视频平台还通过补贴机制刺激"三农"领域快速发展,引导"三农"博主积极参与优质内容的生产。除内容首发平台之外,"三农"短视频往往还会通过社交平台进行二次传播,从而扩大影响力。以浙江丽水的"Rose"为例,她在微信视频号平台的粉丝人数超10万,平均视频点赞量过千,每一个在抖音上的视频都会同步在微信视频号上,社交媒体平台的二次传播能够让乡村短视频的触及面更为多样。不仅如此,视频号主页开通的商品橱窗也让其变现渠道更为广泛,从而获得更可观的收入。

电商时代来临后,人们购物所参考的信息不再局限于图文描述,而是更愿意通过动态的视频了解产品细节。乡村短视频通过展示原生态的农产品,往往会促使消费者产生购买行为。因此,"三农"短视频的传播目前也在电商平台中进行。这种与消费者购买直接挂钩的传播形式也能为创作者们带来一定经济收益。例如"酒鬼小莉"就经常拍摄家乡的绿色传统美食,比如"农家手工酿酒大揭秘"主题视频展示了浙江新昌县的农家酒酿制作过程,包括祖传的酿酒配方和比例、酿酒过程等。观众通过公开透明的制作流程,直观地了解到农家酒的生产过程,这就更加容易促进消费行为的产生(任杰,2020)。抖音目前也在逐渐搭建起"三农"短视频的赛道,鼓励网民将朴实的乡村居民、美好乡村风貌以及特色乡村文化上传至抖音平台,借助平台传播的乡村短视频吸引流量,然后以不同的形式带动乡村地区产业的发展。这种方式成效显著,实现了政策引导与实际行动的有机结合,为乡村振兴注入了新的活力。

二、浙江返乡创业女青年短视频中的媒介化劳动过程

正如莫斯可所言,"生产和信息传播需要脑力劳动和体力劳动,接收并对媒介信

息产生反应同样需要劳动"(莫斯可,2013)。随着媒介技术的发展演进,媒介形态也相应地发生变化,在此情况下也会产生各具特色的媒介劳动样态。有学者认为,"媒介化"研究包含着"以实践为脉络"的研究路径,通过有针对性地观察特定媒介下的传播实践如何进行,可以分析该传播实践将会对社会组织产生哪些影响。因此,本文从浙江返乡青年的短视频创作实践出发,重点分析选取的返乡创业女青年主体是如何借助短视频开展媒介实践的,并将其提炼为研究问题即主体具体进行了怎样的"媒介化劳动"。

乡村振兴,关键在人。其中,乡村女性的力量不容忽视。女性是乡村振兴队伍建设的重要组成部分,她们是乡村社区的建设者、乡村经济发展的参与者和乡村文化的创造者(袁方成、李敏佳,2023)。早在2018年,全国妇联就下发《关于开展"乡村振兴巾帼行动"的实施意见》,明确实施"农村妇女素质提升计划",动员农村妇女积极投身乡村振兴战略;2023年中央一号文件提出"实施乡村振兴巾帼行动、青年人才开发行动",再一次强调了女性力量对于实施乡村振兴战略的重要性。抖音作为主流的短视频创作平台,为使用者提供了开放智能的创作环境。当下,在抖音短视频平台涌现了一批通过拍摄短视频进行创新创业的女青年,本研究主要聚焦抖音平台上浙江省27位女青年发布的返乡创业类短视频,根据粉丝量选取其中最具代表性的11位,分析返乡创业女青年通过短视频在抖音平台上的媒介化劳动过程。(见表1)

表1 所选样本基本情况(粉丝数量统计截止时间为2024年1月)

序号	用户名	粉丝量/个	所在地	拍摄内容
1	Rose	1412.4万	浙江丽水	非洲媳妇在丽水的乡村生活、美食
2	大野蜜探·背锅侠	1353.7万	浙江丽水	农村美食
3	小英夫妻:温州一家人	850万	浙江温州	温州曳舞
4	小勤来了	450.7万	浙江衢州	和婆婆的乡村生活
5	小豆芽儿	107.2万	浙江衢州	阿里程序员返乡创业日常
6	磐安县子美优品土特产商行	44.4万	浙江金华	乡村土特产美食制作
7	娜娜的乡村生活	42.1万	浙江宁波	农村母女的生活和美食日常

续表

序号	用户名	粉丝量/个	所在地	拍摄内容
8	鹿人一枚	24.2万	浙江绍兴	经营民宿日常
9	菰城格格	19.5万	浙江湖州	农村创业日常
10	苏清吾	14.8万	浙江温州	女大学生传承非遗木艺
11	岛主吹吹	9.8万	浙江舟山	渔村日常

截至2024年1月,抖音新增乡村视频超10亿条,播放量超2.4万亿次,获赞530亿次,超43万名用户参与抖音的"乡村守护人"项目,激发乡村文化新活力。本研究选取抖音平台中,在浙江省内青年返乡创业方面具有较大影响力的11位女性博主,对其视频内容进行参与式观察和文本分析,对其媒介化劳动过程进行梳理,发现浙江返乡创业女青年的媒介化劳动在创作主体、内容生产和媒介实践等层面体现出独特性。

(一)依托"乡村共情空间"建构者身份描绘浙江乡土画卷

媒介技术和媒介形态在不断变化,当代社会已被媒介"浸透"。个体和社会被媒介"浸透"越彻底,私人空间和公共空间之间的界限也就消失得越迅速。以短视频为例,在互联网链接的网络空间,大多数时候主体处于异质的物理空间和社会空间中,却又在网络空间相遇。短视频技术将各种关系节点联结起来,短视频技术的使用全面贯穿于创作主体的日常生活。返乡创业女青年的短视频实践不是以"做加法"的方式迎合大众的审美习惯,而是通过"做减法"传递最本真自然的乡村符号(徐冠群、朱珊,2023),以此实现乡村情感可见性重建。

从个人角色方面进行划分,可将返乡创业创作主体定性为"乡村共情空间"的建构者,在这一空间的建构过程中,返乡创业主体可细分为前台展演者和后台记录者,二者在内容创作上也有明显区别。展演者倾向于在视频中直接出镜,拍摄内容也多将自己作为主体,而后台记录者更倾向于将镜头聚焦于乡村风景或者乡村田野中的其他个体,对乡土空间内的"人、事、物"进行饱含情感的地域性解读。创作者通过表演性质的日常视频、文字等媒介内容,把作为物质性存在意义的浙江乡村进行全景化、个性化、情感化的加工重现。返乡创业女青年通过创作各具特色的短视频内容，不仅打造出理想化的新农人身份，也借助一系列饱含家乡情感的短视频成为"乡村共情空间"的建构者。

乡村是一个可随时观赏、互动交流、储存甚至再次加工创作与传播的文化视听空间。在短视频不断被转发、点赞和评论的过程中，在拍摄乡村短视频的实践中，创作者与受众实现了共建情感空间（梁光苇、宋壮，2022）。浙江返乡创业女青年凭借独特丰富的片段化乡村景观、个性化身份标签，成为一个个特色鲜明的"地方推介者"。在浙江返乡创业女青年的乡村短视频中，既有展示安静悠然、富有诗意的乡村客栈生活的内容，又有展现清幽雅致的田园生活的内容。视频内容依托天然的乡土情感，譬如乡村地缘联结下的亲情和乡邻之情，构建出一幅幅丰富多样的乡土画卷。在创作者与受众的互动中，逐步完善"乡土共情空间"的建构，为走出乡村的游子提供可缓解乡愁的共情空间。

在这一过程中，返乡创业女青年获取身份认同，最终依托短视频形式在媒介实践空间中完成自身身份定位。浙江返乡创业女青年通过短视频在家门口完成创业梦，打破了外界长期对于返乡青年的刻板印象。返乡创业女青年在短视频实践中，借助短视频平台ID身份账号、个性化地方服饰、极具地方特色的背景音乐（如温州曳舞）塑造个体新农人身份形象。因此，不同于当地上一代的"传统农民"，返乡女青年是浙江乡村生活记录者、新型乡村文化传播者、乡村共情空间建设者。

（二）以个体化媒介文本凸显多元化的浙江乡村生活

在返乡创业类的短视频中，个体的媒介文本更多与人设、拍摄风格等相关联。返乡创业形式对应的人设，如民宿老板、土特产老板，与地区特色山水场景相关联的拍摄风格，由于媒介内容的创作特性而呈现个性化特征。这些返乡创业女青年借助短视频开展的媒介化实践，不仅为当地的乡村振兴提供了非常好的媒介内容，并且可以为乡村形象和乡村产品代言，成为促进乡村振兴的新生力量。

乡村短视频从发布内容上大致可以分为农业知识普及、乡村美食生活宣传、农产品推广、手工艺品制作等。而聚焦于浙江省返乡创业女青年时，她们借助抖音平台发布的短视频作品内容，大致可以分为"乡村美食""农村生活记录""乡村非遗技艺"几个主要部分，但是较少涉及农业技艺、农业科普等内容。例如通过抖音短视频传播非

遗文化的"苏清吾"，借助短视频平台进行创业，反哺非遗木艺文化传承与发展。

乡村美食是抖音乡村短视频中最受欢迎的类型，发布内容主要以浙江农村美食制作为核心，如"大野蜜探·背锅侠""小豆芽儿""磐安县子美优品土特产商行""菰城格格"等，她们发布的短视频都以分享美食为主。乡村美食类短视频既让观众通过视频感受到诱人的农家美食，同时也能宣传浙江省不同乡村独有的饮食习惯。

农村生活日常也是浙江返乡创业女青年的短视频围绕的一大话题。以往，受社会、家庭结构以及传统观念影响，女性极易被置于社会生产实践之外，她们通常顺应"男主外、女主内"的劳动分工，无法通过提升生计能力来把控生活。而短视频的崛起为女性创业提供了平台，其原本被视为弱势象征的"主内"式劳动分工，恰恰能让女性在"农村生活记录"的话题中游刃有余。Vlog形式的短视频、温暖的镜头语言能够勾起观众的"乡愁"，既展现出浙江乡村的美丽与发展，也体现新时代青年女性勤劳创新的人物形象。以推广农产品为核心内容的博主，依托抖音平台成熟的电商直播机制开始了探索"短视频+直播"的创业路径。例如"小豆芽儿"的视频拍摄者从2022年开始返乡利用短视频创业，一开始通过分享衢州乡村生活来积累粉丝流量，后续便每晚直播带货进行创收。此外，浙江乡村情景剧内容的短视频也是返乡女青年创作的热门类别，例如博主"小勤来了"就以乡村日常的家长里短为核心创作情景小短剧，此类作品通常会在搞笑的表象下暗藏代际关系、城乡矛盾等内核，同时通过女性视角进行细腻的解读，因此也广受欢迎。以手工艺品制作为核心内容的博主，例如传播非遗技艺的"苏清吾"，其内容往往前后会形成较大反差，视频画面能给观众带来震撼体验。

（三）从寻求心灵治愈到促进乡村振兴

布尔迪厄强调，身体具备主动习得以获取更多身体化的资本的潜能（布尔迪厄，2020）。返乡创业女青年在短视频中呈现出的"身体概貌"构成一种独特的媒介话语呈现，在短视频创作和观看过程中实践着"返乡"的情感沟通和社交联结。短视频中的乡村是一个"使已确立的价值观沉淀下来的中心"（段义孚，2017），能为归属于乡村的人们提供共同的心灵治愈空间，形成关于家乡和个人经历的情感同频共振，激发有关"返乡"的价值认同。作为乡村短视频的创作主体，返乡创业浙江女青年对于乡村生活图景的媒介化呈现，既包含个人心理层面的探索、个体心灵治愈，也包含在社会层面上的促进乡村振兴。

　　一方面,从个人心理层面看,有一些返乡女青年想表达在乡村寻求治愈的心理过程。这类青年在返乡创业的过程中可能会经历从城市中具有一定社会地位的企业职员、白领到新农人的身份转变。例如"小豆芽儿"在2023年辞去程序员的工作,回到家乡记录乡村的温暖生活,而她镜头中的治愈系乡村生活吸引了107.2万的粉丝。

　　另一方面,浙江返乡创业女青年的视频表达体现了投身于乡村振兴的主题。其中一类是想在乡村寻求机遇,而其中又有两种情况,一是部分学生毕业之后返乡寻求发展,她们具备相关的专业知识和强烈的媒介意识,并且经历了乡村—城市—乡村空间地域的反复抽离,有着浓烈的"乡愁"情怀,希望为家乡做出贡献(禹明蒙,2022)。例如博主"岛主吹吹"是一名在校大学生,出于对家乡小岛的眷恋回到家乡发展,其拍摄内容就是渔村小岛日常生活分享,借助短视频的方式宣传自己的家乡。二是一些青年本身在城市生活,却迫于城市生存压力,转而向农村寻求发展机会。例如博主"Rose"因为语言不通无法适应城市生活,因此选择在乡村长久发展创业。这类创作主体在社会竞争失败后成为边缘性角色,在返乡创业之前她们大多只是抖音平台的内容观看者,经济资本和文化学识方面的欠缺让其在城市的场域中不可见,而当她们返乡进行创业,政策的导向以及平台的扶持让其在乡村的场域中变得可见。

三、浙江农村返乡创业女青年的群体身份建构

　　"赋权增能"这一概念最早由拉波特提出,他认为赋权增能是指个体能够尽可能地掌控自己的生活(Rappaport,2002)。赋权理论起源于"自助"和"互助"两个传统,强调人自我帮助与互帮互助的向度(程玲、向德平,2018)。在短视频时代,随着女性自我意识的觉醒,社会女性运动与女性组织的涌现,相关社会政策及社会组织对在社会结构、社会定位以及历史等方面处于弱势地位的女性群体的助力也不断增强。通过创作短视频,浙江农村返乡创业女青年获得不断的赋权赋能,实现返乡创业女青年的群体身份建构和对家乡发展的反哺,并对整个浙江地区的文化、社会和经济产生重要影响。

(一)技术可供性下的女性自助者

　　第七次全国人口普查数据显示,与第六次全国人口普查相比,人户分离人口增加

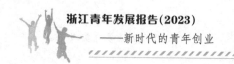

2.31亿,增长88.5%;市辖区内人户分离人口增加近7700万,增长192.7%;流动人口增加1.54亿,增长69.7%。在乡村青壮年男性外出务工带来的家庭流动性影响之下,许多乡村女性开始承担留守农村的养家之责。

自乡村振兴战略提出以来,抖音平台对"三农"类短视频的流量扶持和对"三农"类短视频账号的培训指导,让大量相关短视频创业者涌入,其中包括大量农村女性创业者。在抖音等平台以及互联网提供的支持下,许多留守的女性开始尝试技术介入,积极培养和训练自身的短视频技术,并敢于进行"三农"类短视频的尝试。在浙江地区,一些年轻女性通过返乡创业类短视频展现了多样化的创意和主题。例如"老陈家的燕子""农家九姑娘"等账号以分享农村生活和美食为主题,展示了她们在短视频平台上的应用实践。"小勤来了""南乡朵朵"等账号则通过分享儿媳与婆婆的生活日常来进行短视频运营,呈现了农村家庭生活和亲情关系的连接。同时,"小豆芽儿""鹿人一枚"等账号则选择分享个人返乡创业的经历和故事,突出了女性青年个体创业者在农村就业领域的探索与挑战。这些不同主题、风格的短视频反映了女青年在返乡创业过程中的多元化表达与实践。这些短视频内容形式不同,但归根结底都是在展示"三农"生活。这些账号背后都是积极进行短视频尝试的农村女性,她们都在流动性带来的家庭"空心化"背景下承担起养家糊口的责任。流动性引发的农村结构的改变,以及技术可供性背景下大量农村女性加入"三农"类短视频赛道,都在不断地实现对女性返乡创业的赋权,使其产生更大的社会影响。农村女性在短视频应用的过程中,不断提升自身能力,意识到女性的社会作用,实现女性的自助。

(二)返乡创业背景下的共情传播者

在互联网女性组织强大的认同感以及"女性自强"这一赛博口号巨大的感染力下,越来越多女性意识到自身的能力与社会结构下的各种不公平待遇相矛盾。群体遭遇下的共情与觉醒,促使这类有着相似经历的女性尝试将自己从父权社会带来的男强女弱的泥淖当中解救出来。这些女性返乡创业类短视频账号的出现,正是女性资源运用能力与女性自我意识逐渐被挖掘和激活的体现。

在传统的社会认知当中,农村女性由于家庭结构压迫以及性别限制等原因,往往处于家庭的从属地位,难以拥有资源支配权以及实际话语权。但随着女性群体的进步以及妇女运动的不断兴起,越来越多的农村女性选择进行短视频创业。在进一步实现对女性返乡创业类短视频赋权的同时,女性群体也逐渐通过经济收入的提升,以及对家庭生计的把控,改变家庭权力结构,获取家庭内部乃至整个社会中的实际话语权。

性别关系内嵌于乡村振兴的政策和实践之中,并会影响乡村振兴的行动过程和最终成效。乡村振兴的政策议程和实践过程应纳入"性别透镜",并重视赋权返乡创业的女性群体。这不仅有利于调动妇女在乡村振兴中的主体性,同时也对推动实现性别平等至关重要。

(三)助力乡村振兴的实践先行者

在数字技术快速发展的当下,女性正成为县域现代化和乡村振兴的重要力量。国家政策也表现出对妇女在乡村振兴中所扮演角色的期待与重视。女性自主创业、挖掘自我内在能力,应与国家政策等外在驱动相结合,真正从实践层面改变农村女性的境遇。

当前社会呈现出高度的"个体化"特征,女性自强自立是赋权的重要前提,而更深层次为女性赋权的机制与方法仍然应当从政策层面进行考量。在浙江省内,农村妇女作为主角的自媒体账号数量较多,且其内容及创作主题往往能够为乡村振兴起到积极作用。如返乡传承非遗木艺的女大学生"苏清吾"、以乡村民宿经营为主题的"鹿人一枚",以及非遗手工姜炒米制作技艺的传承人"糖宝"等,她们扎根乡村、立足自身特色的同时与国家政策指导方向高度契合,一方面能够实现自身发展,另一方面也发挥了宣传乡村文化、为自身所在乡村经济引流等作用。

从政策层面来看,为农村女性短视频创作者提供更加明确的政策指导以及更加多层次的行动支持是为其进行外部赋权的重要手段。如CCTV-17就曾与《农民日报》合作举办"金稻穗"奖,为"三农"视频创作者提供鼓励与支持,也为"三农"类短视频创作提供了指导方向。因此,从政策赋权机制层面来讲,对于女性"三农"类短视频创作者应当加大扶持力度,如村组织可以同视频创作者合作,共同进行在地化乡村文化宣传及创作;乡镇一级政府单位和妇联组织可以定期举办研讨会,为女性"三农"短视频创作者提供交流平台,促成联动合作;省市级单位则应当为视频创作者提供经济支持以及政策优惠,使乡村女性拥有更大的创作自由和创作热情。以政策作为纽带,将政府与创作者、资源与创作者、创作者彼此之间进行联结,真正实现政策对于女性

"三农"类短视频的深度赋权作用,也使其成为乡村振兴的强劲动能。

总而言之,浙江农村返乡创业女青年的群体身份建构可以概括为短视频技术可攻下的女性自助者、返乡创业背景下的共情传播者、助力乡村振兴的实践先行者。首先,基于抖音等平台的流量扶持和创作支持,许多留守的女性开始尝试短视频创业,展示了农村女性在家庭"空心化"背景下勇于担当的勇气与责任感。这些女性不仅仅在经济上承担养家糊口的责任,更在技术应用和创业实践中提升了自身能力,意识到女性在社会中的重要作用,实现了女性自助。其次,通过具体案例,进一步展示了农村女性短视频创业者是如何解决自身问题、实现自我发展,以及对社会发展产生的积极作用与意义的。最后,从政策层面考量返乡创业的青年女性作为乡村振兴实践先行者,需要对应的政策支持及具体建议,如加大政策扶持力度、提供经济支持和政策优惠等,以实现政府、创作者和资源之间的联结,推动女性"三农"类短视频创作者的发展,为乡村振兴注入新的活力。

四、结语

浙江女青年返乡创业短视频,体现了个体的自我意识觉醒、技术应用与创业实践相结合的过程,同时也凸显了政策对女性赋权的重要作用。与之相关的研究不仅有助于我们更深入地理解农村女性在数字时代的赋权与发展路径,也为促进乡村振兴提供了思路和启示。

(一)家乡是创业的基底,引导短视频创业女青年做家乡代言人

家乡是创业的基底,朴实的乡村生活和家庭的温馨氛围是乡村短视频表达的主要内容。外出务工的女青年借助短视频得以结束背井离乡的生活,有时足不出户就能开展日常工作。例如衢州女青年"小豆芽儿"辞去了大厂的工作后回乡创业,受邀参加"自媒体达人为家乡代言"的相关活动,为家乡山水和美食代言。短视频不仅能为外出务工的青年返乡创业提供平台,而且能够吸引当地的农村妇女参与到乡村话语的主体性建构中。

返乡创业女青年把自己土生土长的乡村生活搬上短视频平台,积极展现当地特色美食和风土人情,借助优质内容打造乡村文化IP,有利于形成特色乡村文化品牌,

促进当地旅游、文化、经济等多方面发展。如今农村博主遍地开花,有展现宁波美景美食的"娜娜的乡村生活",有从非洲远嫁到中国农村每日分享乡村美食制作的非洲媳妇"Rose"。乡村短视频博主在互联网中有较大传播影响力。浙江当地政府要用好这股力量,"因人制宜",将本土网红发展为家乡代言人。

(二)开辟乡村资源整合新路径,完善农村青年人才培养机制

返乡创业女青年的短视频文本内容多样,随四时节令变化,展现了"绿树村边合,青山郭外斜"的乡间美景、"晨兴理荒秽,带月荷锄归"的乡间劳作,重现"一方水土养一方人"的乡土人情。但是,乡村短视频的意义远不限于田园牧歌的浪漫,其也为乡村资源的整合与利用开辟了新路径。短视频中的返乡创业者从小处看是在做家乡"土特产"文章,放大看是依托农业农村特色资源,向开发农业多种功能、挖掘乡村多元价值要效益,向一二三产业融合发展要效益。充分借助短视频的拍摄,加大对农产品以及衍生产业产品的创意营销,无疑是对当地经济发展的有力促进。

乡村的风土人情各有特色,乡村社会中男女老少的生活、农村琐事为乡村短视频创作提供了丰富的素材。从视频拍摄剪辑到带动当地特色产业,短视频拍摄只有通过专业团队的高效运营,才能快速打通完整的短视频带货产业链。实现乡村振兴首先要激发乡村人才振兴,乡村人才振兴则需要打造良好的乡村营商环境,为返乡创业青年提供机会;吸引从乡村内部出走的优秀人才回归,从乡村外部吸引、留住、用好大学生,在乡村大地上"下沉越深,上浮越快"。

(三)更大限度融合乡村和城市文化,吸引新媒体平台加盟乡村振兴

梅罗维茨认为电子媒介会造成传统地域的消失,由于信息成为决定性因素,因此人们身处一种无地点的文化中(梅罗维茨,2002)。抖音"新农人计划"激励乡村创作者创作更多优质的内容,同时也是帮助乡村群体表达生活和发展乡村的一种途径,可以让更多乡村生活传达到用户手里。同时,抖音的母公司字节跳动下沉诸多乡村,"抖音·美好乡村"计划就是字节跳动助力乡村振兴的重点项目之一,旨在通过电商"知识送培、名品出街、创作大赛"等方式,一方面,帮助乡村女青年利用互联网创新创业,另一方面,培养短视频创作人才,发展直播带货产业,传播社会正能量,助力人才振兴、产业振兴、文化振兴。

抖音电商发布的《2023丰收节抖音电商助农数据报告》显示，抖音电商"三农"达人数量同比增长105%。返乡创业女青年群体是乡村振兴战略铺陈中的重要力量。另外，抖音发布了"新农人计划2024"助力"三农"视频的传播。据《2023抖音三农生态数据报告》，有1.76亿人在抖音记录"三农"生活，10.2亿视频获赞530亿次，更多乡村的美好因抖音被看见。返乡创业女青年在城市与农村之间扮演了"黏合剂"的作用，她们通过短视频拍摄制作和电商直播的形式将乡村与城市连接起来，主动嵌入乡村振兴的时代语境之中，从而锚定了一条实现乡村振兴战略的重要路径。

供稿单位：浙江传媒学院

撰稿人：王淑华、于青青、张瑶、黄逸文、邓民谣

数字游民公社的乡村嵌入与创业实践：以DNA数字游民公社为例

一、引言

数字乡村建设对于我国乡村振兴战略的实施具有重要的意义和价值，为乡村振兴提供了一个全新的发展路径。2023年，中央网信办等五部门联合印发的《2023年数字乡村发展工作要点》提出要"以数字化赋能乡村产业发展、乡村建设和乡村治理，整体带动农业农村现代化发展、促进农村农民共同富裕"。于是，乡村发展迎来数字化的业态新模式。在这一背景下，湖州市安吉县溪龙乡尝试打造以数字游民公社带动乡村数字化发展的新模式。本文以安吉县溪龙乡横山村DNA数字游民公社为研究对象，采用实地走访及深度访谈的研究方法，了解并厘清数字游民公社的运营模式、创新方式，分析DNA数字游民公社组织对数字乡村发展的多维作用，探索数字游民赋能数字乡村发展的动能机制，探讨如何发挥各要素促进农村就业创业，强化数字游民与数字乡村的联结，实现从数字游民到数字乡民的转化，为我国数字乡村发展实践提供经验与参考。

安吉县溪龙乡位于长三角核心区域，白茶产业兴盛。DNA数字游民公社的驻扎为溪龙乡吸引了江浙沪乃至全国的互联网从业者与创意型人才，其新颖的组织形态也吸引了社会的关注。流动的游民与集结的公社是否构成一种新的形态？游民能否赋能乡村建设？除此之外，溪龙乡数字乡村的在地化实践究竟进展如何？这些问题

都值得我们进一步探究。

二、文献综述

(一)数字乡村:乡村振兴的数字化图景

在2019年由中共中央办公厅、国务院办公厅印发的《数字乡村发展战略纲要》中,数字乡村被确切定义为"伴随网络化、信息化和数字化在农业农村经济社会发展中的应用,以及农民现代信息技能的提高而内生的农业农村现代化发展和转型进程"。随着数据日益成为现代社会重要的生产要素之一,将数字化融入乡村建设越来越成为推动乡村振兴的必经之路。目前,以"互联网+传统产业"的数字化模式已经在乡村得到广泛应用。

目前,围绕数字乡村建设的研究主要集中在数字技术助推农业生产、乡村产业数字化转型、乡村电子商务发展等方面,国内学界也常以建设实践中的具体问题为逻辑起点,运用多学科交叉的框架和方法论体系,寻找解决问题的合理工具和路径,但对于更深层的实证性分析和学理性阐释还有待丰富。虽然现有研究惯以对标国家关于数字乡村建设政策文件的思路来构建评估体系,但尚未形成公认的标准。例如冯朝睿、徐宏宇(2023)立足数字乡村建设的国家政策及任务目标,从乡村数字生活、乡村数字治理、城乡融合发展等五方面建立了数字乡村建设指标体系,用以量化评测;许敬辉、王乃琦、郭富林(2023)从数字信息基础、数字产业发展等5个维度选取了24项指标构建了数字乡村发展水平评价指标体系。由此可见,信息基础建设、乡村数字生活、数字产业发展是数字乡村高质量发展不可或缺的重要评价指标。本研究也将从这三点出发,探讨溪龙乡是如何运用数字化手段来赋能数字乡村建设,提高村民生活水平的。

虽然目前我国数字乡村的建设已取得一定成就,但随着数字乡村建设的不断深入,其中的问题也在逐渐出现,例如,乡村数字人才短缺、乡村治理主体混乱、基础设施不够完善。张鸿、王思琦、张媛(2023)从治理主体的角度出发,认为数字乡村治理趋于复杂化,多主体利益交织容易引发现实冲突,可能成为阻碍乡村建设进一步发展的障碍。因此,必须针对多个主体的策略选择进行优化,在动态决策中实现利益均衡。相较于城市,农村面临着专业人才引进困难的问题,地方政府应完善人才引进政策,给予适当的资金和政策扶持(林炳坤,2022)。针对信息技术在乡村生产生活中的应用,赵练达(2020)提出可以从乡村电子商务发展交通建设、乡村信息化硬件和软件设施两方面来完善乡村信息基础设施建设。区别于国内的研究重点,国外对于数字乡村建设的研究更关注对具体问题的实证性、理论性讨论,研究方向主要为乡村地区数字普惠金融的利用、农业装备智能化及土地合理利用等,对本次研究的参考意义不大。

全面建设数字乡村是一项艰巨的系统工程,任重而道远。近年来我国在推动数字乡村建设、数字经济赋能乡村方面进行了大量有益的探索,为乡村经济发展提供了强劲的新动力。但乡村人才短缺问题仍普遍存在,关于如何拓宽渠道集聚人才、激发人才创新等问题的研究尚处于在摸索中前行的阶段。而数字游民作为近几年新兴出现的"流动性"群体,有望为破解乡村的"人才之渴"提供一种新的思路。

(二)数字游民:数字时代的"流浪者"

"数字游民"指的是借助互联网和数字经济实现全球流动和地理套现的身份群体。牧本次雄和大卫·梅乐斯敏锐地洞察到科技革命对人际沟通的影响,预测了电脑与通信技术对人们定点办公模式的消解及对未来生活方式的重塑,描绘了游牧型工作形态与生活方式的轮廓,提出了"数字游民"的概念设想。他们认为数字游民只需要网络和登录设备便能实现远程办公,甚至可以离开原工作地点,来到贴近自然、乡村的地理空间之中,利用数字技术建立起非传统性质的工作与生活状态(Makimoto & Manners,1997)。如今,互联网确实为一些特定职业群体提供了远程办公的条件,使数字游民这一群体的出现成为可能。

1. 从"流浪者"到"数字游民"

数字游民这一群体的本质主要体现在"游民"之"游",即这一群体的流动性。"游民",指游荡而没有正当职业的人。它原指人类历史演变过程中,因物质匮乏而被抛出主流社会的漂泊者。在游荡漂泊中,游民逐步形成了特殊生活方式,建构了以物资共享为核心逻辑的社会亚文化(张士军,1995)。而与游民的原始含义不同的是,数字游民并非刻板印象中无所事事、游手好闲的"流浪者",相反,他们是能够依靠职业技能来解决基本生活问题的人。

数字游民这一群体出现的原因可以从学理和社会因素这两个层面进行阐释。从学理上来看，移动通信技术对现代社会生活脱域属性的强化，应允了脱离实体地域的社会交往和劳动实践。曼纽尔·卡斯特尔提出数字化技术创造出的流动空间，解绑了实地性的人地关系，物理空间与地理空间不再作为工作的唯一依凭，数字技术汇聚了各种便利与优势条件，催生了数字游民（Castells，1996）。从当前社会发展因素来看，数字经济的全球性变革产生了内容创业、副业发展、零工经济等生计模式，催生出流动性劳动的全新业态（张雪纯、房钦政，2023）。不可否认的是，后疫情时代的经济余震也对这一群体的出现产生催化作用。因为新冠疫情的影响，数字游民群体正在全球范围内兴起和活跃，也有越来越多的国家和地区纷纷研究制定相关政策吸引数字游民的到来（李庆雷、高大帅，2021）。

戴夫·库克对数字游民的种类进行了细分，即数字游民自由职业者、数字游民企业家（创业家）、受薪数字游民、实验性数字游民和空想式数字游民（Cook，2023）。其中受薪数字游民则是当下快速增长的一种数字游民形式——受雇于一个公司、有薪水和合同，同时不受地理限制，可以自主决定居住地和办公地。受薪、受雇能保证稳定的收入，因此这一形式也正成为数字游民越来越青睐的劳动方式（王婧，2023）。

目前围绕数字游民这一群体的研究刚刚兴起，兴趣点往往集中于群体本身，例如其生活形态和群体个性特质等呈现出一定的"社会隔绝"特征，却常常忽略群体作为实体集结的社群与在地社会环境的关联性问题。尽管数字游民这种群体越来越流行，但人们对数字游民"流动"的内在属性还缺乏深入的理解和看法。当数字游民融入乡村数字化在地实践、乡村振兴的图景时，更加需要一个清晰的学理性阐释。

2. 数字游民的发展：实现生产实践的资源转化

当数字游民携带着流动空间中的资源与便利来到新的属地空间之时，他们作为劳动资源本身为所属地的发展带来了更为庞杂而现代化的发展机遇。张雪纯、房钦政（2023）等在对数字游民的流动性进行考察后发现，数字游民个人的动机与偏好等的不同导致这一过程充满不确定性，而群体在流动后所开展的在地社区共建、游民社区联结等空间生产实践具有更为现实的意义。越来越多的数字游民主动入驻乡村，从数字游民转变为数字乡民，有望成为乡村振兴的重要生力军（宋庆宇、付伟，2023）。因此，需要进一步催化他们与乡村要素之间的化学反应，推动这些资源与县域社会和既有产业充分融合、共同发展。

目前国内外对于数字游民在数字乡村建设过程中是否存在实质性的作用、如何将数字游民转化成数字乡民这两个问题缺乏实证检验。在对数字游民做出考察时，研究视野往往局限于互联网从业人员的个体选择范畴，未来应该将数字游民这一群体置于Web3.0时代语境之中，结合当下的经济、政治环境去探查其所涉及的有价值的议题。

（三）游民公社：数字游民的具身汇集

1. 丹麦"自由城"与游民公社

在对游民公社进行研究时，要注意自由精神、民主自治、人情观念、绿色生活等理念是其核心所在。而包含着这类理念的空间形态早已存在，在联邦德国叫作"群居点"，在奥地利叫"自然村"，在丹麦叫"自由城"。

"自由城"即"克里斯钦尼亚"（Christiania），被社区成员标榜为欧盟之外的"自由净土"。自由城拥有自治以及人情关系密切两个显著特质。自治，是以自己的方式来规范日常事务及相关问题，即会议和共识民主。人情关系密切则指的是自由城保持了良好的邻里关系，像是回到过去的乡土生活。傅国云、傅婧在《社区的复兴：丹麦克里斯钦尼亚社区治理经验的借鉴》中提到，在真正开放和包容的社区，每个个体都应得到尊重，都是具有平等地位的公民。

2. 流浪者的集结：孤独患者的社交需求

社会交往是数字游民作为社会人自然的本体需求，而以个体为单位流动的数字游民是孤独的，因此，成为数字游民的抉择杂糅了个体对社会风险和自我选择的复杂权衡。存在主义哲学家克尔凯郭尔将自由界定为可能性（Kierkegaard，1969），人会不断向着自己的可能性空间探索，而在此过程中就会产生焦虑。焦虑与自由的产生模式解释了众多数字游民在经历长期的流动生活后所具有的焦虑与孤独状态（张雪纯、房钦政，2023）。数字游民在脱离了传统集体化的工作模式的同时也脱离了社会群体——家庭、工作单位、传统城市社会，他们处在一个不断流动但又渴望扎根的心理矛盾状态，使自身陷入了自由与焦虑的共存悖论之中。于是，数字游民这一新的职业形态兴起的背后是群体成员的重新修复与同类绑定的诉求，他们作为社会个体而言渴望寻找群体的存在，从而形成一个固定社群。在加勒特等人的研究中，作者指出了为参与者建立社区的重要性——数字游民们需要在各地寻找固定社区，重建"归

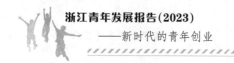

属感"。

3. 游民公社：空间意义的创造与选择

游民公社是数字游民所要选择的关于空间的连接，数字游民需要将自己的数字工作实践与不同的场所和可用的基础设施相结合，并在不同的地方维持有效的职业生存。实际上，数字游民的流动性空间并非如媒体描述中的毫无边界，也并非游于"任何地方（anywhere）"（Nash，Jarrahi and Sutherland，2020:272），其游牧工作具有极为强烈的位置独特性，因此空间对于数字游民具有重要的形塑作用。他们对工作与生活地点极为挑剔，所以游民公社需要满足数字基础设施、安全、交通、气候及人文环境等多方面的要求。

实际居存的属地空间与数字化技术所造就的流动空间，对于数字游民来说构成了其存在的双重结构层次，两重空间之间呈现出互为嵌入的联合关系，而在其间发生联结动作的正是数字游民本身。当数字游民携带着流动空间中的资源与便利来到游民公社时，他们在城市空间中被压制的现代性在新的所属地空间中得到唤醒，重新建立起以爱好、趣味、文化为联盟的自由结构，形成在数字技术节点化构成层级中的对抗性力量。目前，数字游民偏爱的聚集地——云南大理、海南万宁，出现了众多具有崭新现代面貌的游民公社，游民们在此举办艺术文化市集、开展趣味爱好活动、建立社区咖啡馆等等，都是数字游民作为独立社群的自主力量汇聚，也是空间互嵌之下主体性力量的成功凸显。

游民公社将数字游民的分散力量进行集聚，把自下而上的自发性力量纳入宏大时代命题与语境下进行重置，从而引导数字游民从个体现象走向集结。目前关于数字游民公社的研究并不多，也很少有研究提到数字游民公社的可持续发展前景。数字游民公社的运营基础是什么？它们如何获取经济支持以维护社区？目前国内的数字游民公社是否在数字乡村建设中发挥了积极的作用，是否成为参与者和行动者的新型趋势？这些都是值得探讨的问题。研究和理解这个新兴趋势的本质和影响，将为大家更好地把握数字化时代的发展方向提供重要的参考。

三、研究方法

本文为探寻DNA数字游民公社对安吉当地数字化建设的推动作用及其动力机

制,采用社会调查法,以实地调研走访和深度访谈相结合的方式了解数字游民、公社、上海爱家地产、横山村党委等多方参与者对研究内容的看法。本研究通过线上招募的方式,联系到6名(4名女性,2名男性)不同职业且在数字游民公社居住超过一个月的数字游民进行线上访谈,围绕个体体验以及对数字游民公社和数字乡村的理解进行交流,并在数据出现明显重复时,继续完成两组访谈。

同时,研究者采用线下走访的方式,与融媒体负责人、村支部书记、项目资方及数字游民公社主理人进行一对一访谈,了解DNA数字游民公社的运营模式、作用及数字乡村整体发展状况等。编码按照"昵称缩写—性别—职业"格式呈现(见表1)。

访谈大纲主要围绕数字游民公社"对数字化建设的推动作用"及"动力机制"两个部分展开,采用线下或线上一对一访谈的方式进行,访谈时间不少于80分钟。访谈过程实时录音录像,并借助讯飞听见音视频转写软件进行文字转写,最终形成42708字访谈文字稿。

表1　受访者信息一览表

序号	昵称缩写	性别	职业
1	ZW	男	融媒体负责人
2	JGL	男	横山村村支部书记
3	SXY	女	横山村村委工作人员
4	SS	女	DNA数字游民公社主理人
5	WDY	女	爱家集团负责人
6	PP	女	数字游民1
7	XRM	女	数字游民2
8	GGJ	女	数字游民3
9	CAR	女	数字游民4
10	LCY	男	数字游民5
11	WCB	男	数字游民6

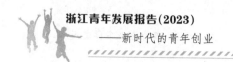

四、研究发现

（一）播种在商业土壤下的异变形态

DNA数字游民公社是播种在商业土壤中的异变形态。各方利益主体目的的差异,致使DNA数字游民公社这个"乌托邦"中充斥着矛盾对立,成为一个多方诉求融合的化合物。项目资方以获取商业利益为第一目的,希望通过游民公社发展房地产产业;乡政府则关注乡村建设,渴望通过互联网人才的"回流"与"引进",助推当地的经济社会发展。尽管公社在商业资本的滋养下得以运行,但理想主义的公社主理人并未向政府和资方妥协,坚持以数字游民本身为发展核心。DNA数字游民公社呈现出了不同于另两方预期的性状。

1. 土壤与播种许可:招商引资提供发展契机

DNA数字游民公社是由爱家集团投资的房地产项目,爱家集团作为投资方为游民公社提供了资本。有记者曾在报道中提到,上海爱家集团二代掌门人李彦漪在房地产发展"文旅小镇"风潮失败的背景下,提出了新的定位——成为"生活美学服务商",即打造一个理想社区(梁静怡,2023)。

于是,DNA数字游民公社应运而生。爱家集团基于对数字游民和远程工作者市场增长趋势的认知投资了数字游民公社,通过对这一群体住宿与办公所需硬件设施的双重满足来获取商业回报。同时,爱家集团更希望一批又一批来此聚集的数字游民通过自发的宣传与自组织的扩张,将这里发展成为一个文旅小镇,推动房地产事业的发展。爱家集团选择了安吉县溪龙乡,溪龙乡政府的支持则给予了爱家集团"播种的许可",这一许可是建立在对爱家集团所打造的这个项目能够赋能当地数字乡村建设的期待之上,希望游民公社可以吸引更多投身于数字乡村建设的应用型人才。

> 我们当初引进这个项目的时候,一方面是想通过他们的宣传,让更多的人来我们这里旅游,发展我们这里的旅游产业;另一方面也是想引进一些数字化的人才来帮助我们的发展。(SXY,女,横山村村委工作人员)

在全球化和技术进步的推动下,远程工作者和自由职业者的规模正不断扩大。横山村党委看到了数字游民的潜力,希望能够通过为其提供支持和服务来吸引数字游民进一步参与到数字乡村建设的进程中。湖州市委书记陈浩将公社看作是"把更多具有高学历、高收入、高专业技能的'三高'人才吸引到乡村来"的重要平台。2019年1月,安吉县溪龙乡与生活美学服务商上海爱家集团正式签约,共同开发安吉白茶园。爱家集团投资60亿元,与政府达成32.3平方公里全域开发的合作意向,从自然、生活、建筑、人居等角度出发,围绕白茶产业形成文化、教育、医疗、旅游等全域化产业链布局。DNA数字游民公社的建立也是吸引渴望理想生活方式的数字游民参与白茶园项目的重要一环。

2. 种子的异变:DNA数字游民公社成为乌托邦

虽然DNA数字游民公社是爱家集团播种在商业土壤中的一粒"种子",但实际对公社进行"栽培"的是爱家集团委托的公社主理人。爱家集团将游民公社的项目委托给了SS——DNA游民公社现任的主理人。SS一直梦想着能够建立一个年轻和自由的理想生活社区,恰好爱家集团也在寻找这样的合作伙伴,双方不谋而合。

> 刚好有这个契机,爱家集团找到了我们,提出想要打造这样的一个地方,也给了我们比较大的自由,何乐而不为呢?(SS,女,DNA数字游民公社主理人)

而对于公社主理人SS来说,建设DNA数字游民公社是实现自我价值的一个可行途径。在资方和乡政府的帮助下,她划出一片不受外界打扰乌托邦式的独立空间,独属于数字游民的精神家园就此诞生。

(1)理想化的生活环境

数字游民公社的主理人SS致力于营造一个理想化的社区环境——平等自由、资源共享,拥有和谐宁静的生活状态。它能够提供各种社交、文化和娱乐活动,满足游民的多样化需求(见图1)。

图1　户外活动场所

没有欢迎仪式,不用自我介绍,大家见面也不太关心彼此过去的职业、身份和经历。狼人杀、音乐趴、玩滑板、打篮球、茶话会等一个个自发组织的活动,让每一个新居民都能快速、自然地融入社区生活中。DNA数字游民公社为来到这里的人提供了一个舒适的生活工作一体化社区。在这里,游民们可以专注地做自己想要做的事情,自由地进行工作和社交。

现在社会带来的所谓的内卷让你没有办法彻底放松下来。但当你来到DNA,无论在哪种状态下都可以保持自己最舒服的状态。(SS,女,DNA数字游民公社主理人)

DNA数字游民公社的内核是人与人之间紧密的社交关系。"全世界有趣的人联合起来"是公社的标语(见图2)。公社的特点就在于其灵活性和自由度,只要在合理合规范畴内就可以任意开展活动。

图2　公社标语

（2）在社区共同体中自由发展

来到DNA数字游民公社的数字游民有着许多种不同的身份，来自各行各业。DNA的数字游民有比较强的职业特征，一部分从事创意行业，另一部分的职业和互联网关联度较高。这样一群教育、成长、职业背景迥异，但价值观相似的同类住在同一屋檐下，可以随时交流，突破自身知识和经验的限制。他们在网上晒出来到这里的感想与攻略，同时在闲暇之余不断丰富公社内的活动，使得公社自身的发展逐渐变得全面（见图3）。

图3　公社工作区域

DNA数字游民公社内的居民通过共享办公空间、共享设施和参与共同活动等形式来共享资源，同时也实现了高效利用和可持续发展的目标，而这种资源共享的实践也可以进一步增强社区内部的凝聚力和封闭性。

　　住在这儿的时间里认识了许多可以说是志同道合的朋友，我也把我的
一位合伙人邀请来，在体验后我们最终决定将我们的工作室整个搬过来。
（GGJ，女，数字游民3）

（3）社区的封闭性

DNA数字游民公社因其理念和经营策略而较为封闭。数字游民公社的设计初衷是为数字游民和远程工作者提供理想的生活和工作环境，因此会采取一些措施来限制社区的入住人群，以确保社区内的成员具备相似的生活方式和价值观。公社有着严格的入住筛选流程。在入住前，需要填写信息审核表（见表2）。这种严格的入

住筛选流程为这里的游民提供了舒适的生活环境和自由的生活状态。DNA数字游民公社的房间除了单人间,其余都不配发钥匙,因为大家都不锁门。

表2 DNA数字游民公社入驻申请者的信息审核表

有入住意愿的话请提供以下信息,我们需要审核一下,看是否符合入住条件以及是否有空床位(请认真填写,这个很重要)	
姓名:	性别:
手机号码:	身份证号码:
需要入住的床位类型:	预计入住时间&时长:
出发城市及街道:	是否携带宠物:
是否接受室友养宠物:	
·用3—5句话简单自我介绍一下(比如专业介绍、当前生活状态、平日的爱好等):	·在DNA期间有什么规划,想做什么好玩的事情:
·是否有意愿开办分享会:	
最近入住的小伙伴较多,我们会根据提供的信息进行初步筛选,符合入住条件的小伙伴,我们会主动联系你的哦。	

组织让信任变得更简单,让社区变得互助友善。这也同样导致公社内部形成了相对封闭的社交圈子和社区文化,与外界相对独立,一定程度上实现了乌托邦式的社区构想。

(二)数字游民公社在数字乡村建设中的参与实践

借助社交媒体平台的宣传与推广,DNA数字游民公社为溪龙乡吸引了更多的游客,在一定程度上推动了溪龙乡文旅产业的发展,拉动了乡村经济的增长。但从严格意义上来说,目前DNA数字游民公社对于推动乡村数字化转型提供的帮助仍有限。发掘新的产业优势、破解数字乡村建设中的人才困境、完善其他基础设施的建设仍是重中之重。

1. 积极效应:互联网人才"引流"带动文旅产业

在乡村的文旅产业发展方面,数字游民公社确实为溪龙乡吸引了职业类别丰富的数字产业人才。数字游民作为具有高学历、高技术、高收入的"三高"人才,可以将自身所携带的数字技术资源投入社区的建设。

数字游民所携带的数字技术在助推乡村文旅产业发展中可以通过多种方式促进生产要素之间的互促共生,为乡村文旅产业的发展提供信息化手段,并通过互联网平台推广、整合、创新旅游资源。根据数字游民在小红书、微博等发布的内容可以发现,他们所撰写的文章、发布的视频都在一定程度上吸引了更多的人来了解、关注DNA数字游民公社,促使有着数字游民倾向的人们"流入"溪龙乡,留在溪龙乡。

> 我们会让在地的游民分享他们与DNA数字游民公社的故事,我们也会给予作者一定的报酬。一方面可以让这些自由工作者获得一份额外收入;另一方面,这也是对DNA数字游民公社的一种宣传,以他们的口吻讲述的故事会更加吸引人。(SS,女,DNA数字游民公社主理人)

通过在大众化社交媒体平台上进行推广,溪龙乡白茶和DNA数字游民公社的知名度都有了显著提升,也促进人们对于数字游民这一新兴群体的关注和了解。一方面,带动了当地主要经济收入作物白茶在网络上的销售额,提高了乡民们的收入水平;另一方面,旅游业也逐渐成为溪龙乡的又一发展方向,进一步带动溪龙乡文旅产业迅猛发展。

与此同时,数字游民作为人才资源可以吸引外来经济、文化资源,促成新型文旅行业生态形成。

> 其实每个游民都有自己的关系链条,我们是做文旅产业的,那如果他们待在这里,他关系链条中的亲朋好友都来到这里旅居,那也是可以带动这边的旅游经济发展的。(SS,女,DNA数字游民公社主理人)

乡村文旅产业具有巨大的发展潜力和市场需求,如果政府能够通过开发旅游景区、打造文化体验等措施吸引客流、物流、资金流进入农村地区,就可以推动农村产业升级和农村经济发展,从而进一步推动文旅产业的发展。"年轻人和安吉原有的产业优势也在逐渐嫁接。"双赢局面逐渐呈现,DNA数字游民公社在溪龙乡文旅产业上确

实起到了推动作用,提升了溪龙乡的知名度和吸引力,提高了乡村的经济收入,为乡村振兴提供了新的增长点。

2. 道阻且长:在数字乡村建设中的实际参与不足

就现阶段而言,数字游民在溪龙乡的聚集只是物理层面小范围的人口聚集,游民公社和乡村的联结属性还比较弱。虽然说DNA数字游民公社促进了溪龙乡的文旅产业发展,进一步推动了乡村振兴,但是严格意义上来说它并没有推动文旅产业的数字化转型,对于建设数字乡村的助力效果并不大。

> 不排除公社和乡村未来一起办活动的可能性,但是目前来说可能还没有看到这个需求,大部分的活动项目暂时还没有达到这种程度,其实大家现在都是各自在用力。(SS,女,DNA数字游民公社主理人)

在游民公社带动乡民就业层面,DNA数字游民公社为溪龙乡提供的就业岗位有限。

> 我们了解的情况就是目前公社那边不太缺人,公社就只招了基础后勤岗位的员工。(SXY,女,横山村村委工作人员)

由于DNA数字游民公社所提供的岗位只局限在一些数量很少的基础后勤岗位,覆盖面十分有限,更谈不上全面提高乡民的经济收入,因此对于解决乡民的就业来说帮助不大,且在进一步推动乡村的生产结构调整方面较为困难。综上,目前数字游民公社对数字乡村建设的贡献程度还是有待考量的。

3. 发展潜能:农村电商直播或成为新的发力点

要想充分发挥数字游民公社对数字乡村建设的作用,需要进一步推动数字游民与乡村要素发生化学反应。数字游民本身所具有的高移动性意味这个群体有极大可能性将乡村、县域与大中城市乃至全球市场紧密联系在一起,为数字乡村的建设探索新的路径,如推动县域电商、乡村文化产业、特色产业等新产业形态的发展。而安吉所携带的创业基因,比如转椅产业、茶产业、竹产业等等,也吸引着更多数字游民来到这里,甚至有部分数字游民已经在这里成立了自己的工作室。如游民GGJ就在综合评估公社条件及自身创业需求后,将溪龙乡作为了创业所在地。

而从溪龙乡的在地需求方面来看,乡村对数字电子商务方面的需求比较强烈。随着移动互联网的发展,直播已经成为数字乡村建设中打通农产品销售的新工具。而溪龙乡政府也正努力推动当地的白茶电商产业,希望电商能成为又一重要销售渠道。

但根据研究中所掌握的情况,溪龙乡的直播从业者大多数是乡镇本地的茶农,数字游民公社中的游民们对此参与程度不高,数字游民中的直播行业人才也寥寥无几。若要发展数字乡村的直播产业,就必然要求加强社会化电商人才的引进与培养,而具有互联网专业思维的数字游民就有望成为助力农村电商发展的种子用户。一方面,农产品的市场定位、产品包装和品牌运营需要根据终端销售数据和消费者偏好进行全方位的转型和升级;另一方面,在农产品的生产端,也需要有专业人才针对市场需求,进一步提升对农产品种植养殖过程的标准和质量。

要想吸引更多数字游民更便利地入驻乡村,推动农村电商的发展,溪龙村就必须在完善交通网络方面上寻找切入口。相对闭塞的交通环境在一定程度上阻碍了游民公社的扩建和发展,也限制了农村基础设施的进一步完善。

> 对于现在的很多年轻人来说,交通是一个非常重要的基础配套环节,如何让大家更便利地到达是我们正在研究的。(SS,女,DNA数字游民公社主理人)

农村交通一直是数字乡村建设中的重要一环。完善农村的交通网络不仅对溪龙乡乡村居民、数字游民的出行和生活质量具有深远影响,还对乡村经济的可持续发展起着重要的支撑作用。在助推农业发展上,畅通的交通网络可以加快乡村资源要素的流动、促进农产品的流通和销售,为农村电商发展和产业振兴提供物流网络支撑,促进农民增收和农村集体经济发展;在振兴人才队伍上,良好的交通条件也有助于吸引外部人才,孵化多类型电商新农人,推动农村电商的发展。因此,交通设施的兴建有望成为未来推进溪龙乡数字乡村建设的突破口之一。

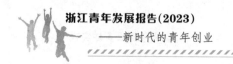
（三）如何营造良好的创业氛围

实现从数字游民向数字乡民的转变需要游民与乡村双向合作,而这种双向合作要以优越的自然环境、完备的基础设施,以及有利的人才引进政策为基础。因此,如何加强数字游民与数字乡村之间的关联,进一步创造优越的创业环境就变得尤为重要。经过深入研究发现,数字游民与乡村之间若想实现预期的双向互动,需从人、钱、场所三方面合力共建。

1. 人的联结:激发"共享—共创"行动力

数字游民对公社内部公私界限的维护与遵守是保障个体利益的基础。首先,数字游民对公共物品负有维护之责,如在公共桌椅的使用、维护和归还过程中,必然要以集体利益为前提,不得任意损坏、挪用公共物品,如有不当行为,在地游民之间会相互提醒和监督。其次,数字游民也会将私人物品进行个性化标记,被标记的物品意味着禁止他人使用或不愿与他人分享,以此来明确划分公私界线,避免集体利益与个体利益发生冲突。

在共享机制下,共创氛围也达到最大化。在DNA数字游民公社内部进行的所有活动,都脱离了传统社会组织中的等级制度,完全从数字游民个人兴趣出发,活动规则皆由活动发起人设定,并不对活动中的个人贡献和最终成果做要求,他人可自主选择加入与否。这种开源运动式的协同生产不仅降低了失败的成本,消除了群体活动中的"交易成本",还切实保障了个体行为与集体活动的独立性,不仅帮助数字游民摆脱规则束缚和强社交压力,还大大提升数字游民群体的参与积极性,为不断探索新事物提供鲜活土壤,最大化地释放个体创造力。

目前,数字游民在DNA数字游民公社内部的自发性活动和创造力大多显现在文化共创和艺术创作层面。

> 一些做艺术的、做手工艺的人留下来,他们会跟当地的企业产生关联。比方说有很多做设计的,可能和当地很多做茶叶的公司产生一些商业性的合作。(SS,女,DNA数字游民公社主理人)

就目前发展来看,在公社集聚的数字游民们所携带的数字技术在助推乡村文旅产业发展中可以通过多种方式促进生产要素之间的互促共生,为乡村文旅产业的发展提供信息化手段,并通过互联网平台推广、整合、创新旅游资源。事实上,通过小红书等自媒体平台进行推广的宣传方式已然提升了溪龙乡白茶和DNA数字游民公社的知名度,并引起互联网上更多人的好奇和关注。有少部分的艺术创造者留在溪龙乡,他们与当地的企业产生合作,把自己丰富的创意和独特的艺术视角注入当地企业的产品设计中,为其注入了新的生机和灵感。借助这些合作,当地企业的产品不仅在设计上焕发出独特的艺术气息,也得到了更广泛的认可和市场的推崇。

与此同时,数字游民作为人才资源可以吸引外来经济、文化资源,促成新型文旅行业生态。DNA数字游民公社在溪龙乡文旅产业上确实起到了一定的推动作用,既提升了溪龙乡的知名度和吸引力,也提高了乡村的经济收入,为乡村振兴提供了新的增长点。未来,乡村可以提供更多就业机会或兼职岗位,进一步吸引更多数字游民参与到本地项目中,通过尝试、参与、共创,以完成数字游民到数字乡民的转变。

2. 资金帮扶:全方位创造创业条件

DNA数字游民公社坐落在溪龙乡,这里不仅是安吉白茶的原产地,还是由上海爱家集团与溪龙乡政府共同打造的"茶旅融合综合体",包含网红饮品店、特色民宿、创意餐饮和亲子营地等多个项目,吸引众多游客前去打卡。除DNA数字游民公社外,还有安吉创意设计中心(Anji Creative Design Center,ACDC),其开放的办公环境、浓厚的艺术氛围、独特的设计展厅以及专业的直播空间吸引了众多数字游民聚集于此。爱家集团考虑到数字游民的多样职业需求,打造了匹配的工作空间,若DNA数字游民公社的共创成果需要对应配套设施,则可以选择安吉创意设计中心的场地资源,由此,二者之间的相互承接与配套关系为数字游民的创业发展提供了新的选择和方向。

事实上,数字游民本身所具有的高流动性意味着这个群体有极大可能性将乡村、县域与大中城市乃至全球市场紧密联系在一起,为数字乡村建设探索新的路径,如推动县域电商、乡村文化产业、特色产业等新产业形态的发展。而安吉所携带的创业基因,比如转椅产业、茶产业、竹产业等,也吸引着更多数字游民来到这里,甚至有部分数字游民已经在这里成立了自己的工作室。

> 我在这里住了一段时间后,发现这个地方确实很吸引我,经过对地理
> 位置、生活成本等多方面的考虑,觉得很适合我们工作室……(GGJ,女,数

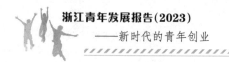

字游民3）

所以，要想充分发挥数字游民的创造力，进一步营造良好的创业环境，需要加强资方与数字游民之间的密切联系，帮助资方及时把握行业的前沿动态。在恰当的时机，对数字游民间合作的创业项目进行考察和推动，通过资方的物质帮扶和资金投入，保障创业质量，推动创业进度。与此同时，通过创业投资吸引的新型数字人才，不仅可以为创业事业增添前沿想法，还可以为本地产业注入新生力量，进而形成创业资源和人才流动的良性循环。

3. 场域吸引：打造专属创意空间

在游民聚集与创意诞生的过程中，场域发挥了重要作用。作为第一个乡村大型创意中心，安吉创意设计中心在规划阶段就以"供生活与创作的空间"为定位，即创造一个鼓励创新的环境，激发大众创新的力量，以服务于中国乡村的发展。而后，DNA数字游民公社的建立真正将人这个元素纳入空间之中，实现人与场域的融入，甚至融合。实体空间的建立，人才的流入为这片区域注入独属于这里的创业基因。

从数字游民职业构成上看，主要分为两大类：一部分从事创意行业，如各类设计师、创意文字工作者等；另一部分数字游民的职业与互联网关联度高，包括程序员、产品经理等。工作的创造性让安吉在地数字游民的独特性被凸显。在地实践中，创意工作者们相互联结合作共创，反哺安吉营造创业氛围；流动空间中，数字游民将DNA标签传递给未在地的游民，为场域中创意人才的扩充提供可能。在固定与流动的双重模式中，人对场域实现反向支持。

此外，相较于国内其他数字游民聚居地，安吉与创新早已紧密相连。不同于泉州一号地点盒子社区的社交属性，也区别于Serendipity空间融入自然，创造性成为DNA数字游民公社最为突出的特质。毗邻安吉创意设计中心的DNA数字游民公社三期相较于一期与二期有着更为垂直明确的定位，即创造者驿站。以创意型人才为主要受众，甚至支持创意团队的整体入驻，在人与场所的结合中，这片土地上将会迸发出更绚烂的创意火花。

我们也期待，更多人愿意来到这个空间，将这里作为一个艺术的驻地，让更多艺术的交流与灵感的迸发发生在这个我们所打造的容器之中，这样

的话,这个容器才有了意义。(SS,女,DNA数字游民公社主理人)

因此,场域空间的塑造对打造创业环境、吸引创意人才、激发创新力量有着重要作用。针对诉求与趋势走向,政府与资方应对空间场地进行合理的调配与扩张,满足容纳需要;运营方则要利用这一载体,打造独属于DNA数字游民公社的故事空间,将空间与创新紧密关联。最后,在多方合力之下,让空间自发形成"场域",以场所吸引人才,让创业在场所中自然而然地诞生。

五、总结

总结来说,DNA数字游民公社是在商业土壤中萌芽的"乌托邦",表现出与爱家集团、溪龙乡、游民公社主理人预期不同的性状(见图4)。对爱家集团来说,其投资DNA数字游民公社的根本目的在于为数字乡村建设吸引更多人才,为后续的房地产投资打下基础。而对乡村来说,他们期望的是能够利用游民公社吸引人才涌入乡村,以此推动当地白茶产业发展。与爱家集团、乡村的诉求皆不同,对游民公社主理人来说,营造一个不受外界打扰的、自由的公社才是他们的初衷,而安吉与其他城市并没有显著的不同,仅仅只是一个甲方提供的场所,并没有什么特殊之处。

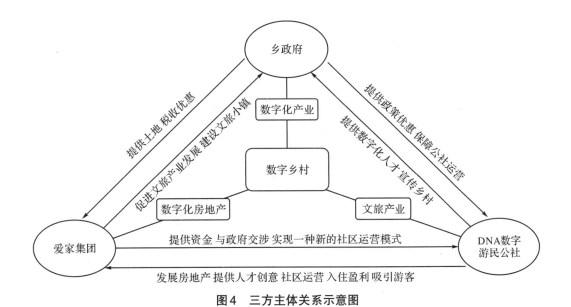

图4 三方主体关系示意图

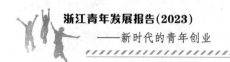

由于公社的发展目标融合了商业利益、乡村经济和社区建设等各异的诉求,不同的利益主体之间形成了巨大的矛盾,因此就目前而言,它与数字乡村建设的联结属性还比较弱,仅仅对乡村的文旅产业发展具有一定的推动作用。

未来,还需要进一步推动数字游民与乡村数字化各要素发生化学反应,才能充分发挥数字游民公社对数字乡村建设的作用。从乡村层面出发,溪龙乡政府可以通过完善基础设施建设、加强社会化电商人才的引进与培养等措施来深入数字化改革;从数字游民层面出发,可以根据自身特长,充分发挥主观能动性,依托当地资源实现个人发展和乡村振兴"双向奔赴";从资方层面出发,应主动考虑公社运营和村庄发展的长远利益,与乡政府、游民公社主理人协商制定合理的未来规划目标;从公社主理人层面出发,需要更多关注乌托邦构想的实际可行性以及村庄的整体经济发展和社会效益,力争能够进一步完善村庄与数字游民之间的双向互动机制。

供稿单位:浙江传媒学院

撰稿人:陈拓、李立杰、王珏

附录:青年创业典型样本

案例1 水下大疆,逐梦深蓝

　　俞宙,1989年生,浙江绍兴人,中共党员,浙江大学博士。现任杭州鳌海海洋工程技术有限公司董事长兼总经理,中国海洋学会海洋技术与装备委员会委员,浙江省"智能制造专家库"专家委员,浙江大学创新创业先锋,中国大洋科考队队员,浙江省优秀创新创业导师,中国大学生"互联网+"创新创业大赛国赛评委。其创业项目"水下机器人"入选了杭州市高层次人才项目,获得科技部中国创新创业大赛浙江赛区行业赛第一名、全行业总决赛二等奖并入围全国总决赛。其所在的杭州鳌海海洋工程技术有限公司曾获评国家级高新技术企业、浙江省专精特新中小企业、浙江省"雏鹰计划"企业、浙江省科技型中小企业、浙江省创新型中小企业等。

一、名师引领方向,无畏逐梦深蓝

　　本科期间,俞宙便开始跟随中国深海科考工程装备领域的资深专家周东辉教授学习深海机电装备技术,参与了多项国家级重点课题。在导师的带领下,确定了一个极具挑战、可媲美研究生课题的研究方向:为国家大装备"海龙"号水下机器人研制深海电动机械手。在导师的指引和悉心教导下,俞宙夜以继日地学习研究,成功完成了这项课题,"海龙"号在东太平洋海隆海底发现罕见巨大的"黑烟囱"并成功取样,标志着我国成为国际上少数能使用水下机器人开展洋中脊热液调查和取样研究的国家之一。俞宙被深海的奥秘深深吸引,从此下定决心继续投身中国的海洋技术装备领域,报考了深海机电领域方向的研究生,希望为中国探索深海、成为海洋强国贡献自己的

一分力量。

本科期间卓越的工作经历,让俞宙顺利获得了研究生入学资格。研究生期间,俞宙逐渐成长为各大国家级重点项目的核心骨干,包括国家重点研发计划"863"项目课题、国家载人潜水器"蛟龙"号配套深海取样装置等重大课题。他的辅导员评价道:"除了基本的研究生课程,俞宙不是在实验室干活、做装备,就是在大海上进行设备调试和验证实验。"

在为"蛟龙"号载人潜水器研究配套装备期间,俞宙已经成长为部分方向的团队负责人。能为这样的项目贡献自己和团队的力量,他深感光荣,也深知责任重大。在导师的鼓励下,他带领团队不断地攻克一个个技术难点。为了确保设备安全,团队对所使用的材料和结构不断进行计算机模拟仿真以及深海压力环境模拟试验,一点一点地进行极限优化,最终拿出了满意的版本。随后俞宙带领团队去无锡中国船舶科学研究中心与"蛟龙"号载人潜水器进行联合调试,迎接最终的大考。当"蛟龙"号机械手操作设备进行水池试验时,团队成员的心都被提到了嗓子里。大家知道,"蛟龙"号项目时间紧、任务重,最终,当"蛟龙"号成功回收设备时,整个团队都兴奋地跳了起来。一次性成功,让身边的人也纷纷竖起了大拇指。

2014年,俞宙作为中国大洋科考队的队员,坐上了当时中国最先进的大洋科考船"大洋一号",参与了中国第34航次西南印度洋科学考察,负责相关深海科考装备的使用和维护。此时的俞宙,已经有了将近4年的"行业经验",有着丰富的出海经验,熟练运用着各种装备,仿佛自己就是为大海所生,这就是他毕生的事业。

二、拒绝进口垄断,点燃创业火种

研究生期间,导师采购了一批进口先进设备供大家学习。面对琳琅满目的进口产品,俞宙有着不一样的思考。在船上,小到一个水密接插器,大到一台绞车,基本是进口的。虽然中国在顶尖领域已有了一席之地,但大部分的市场还是被进口设备所垄断。一台英国的水下机器人出现故障,团队成员把原厂英文手册都快翻烂了,也无法顺利启动设备。面对昂贵的设备,即使精通机器人技术,团队成员也不敢贸然自行维修,以免造成不可挽回的损失,这样持续了半年,始终没有解决问题。

俞宙心想,难道我们就不能自己造一台国产水下机器人吗?2014年9月,李克强总理提出"大众创业、万众创新"的发展理念。看到这个新闻,俞宙突然有了一个大胆的想法:创业! 做中国人自己的水下机器人。当时创业案例大多集中在互联网、餐饮等领域,一上来就要从事如此高科技领域的创业,俞宙内心曾经非常犹豫,甚至有点退缩,身边的同学也认为这是一个过于大胆和疯狂的想法,但他的导师完全支持俞宙创业,甚至愿意将部分水下机器人项目以外包的形式委托给他,包括借用实验室和场地。这完全超乎了俞宙的预期,创业的火种顷刻间被点燃。天时地利人和,俞宙知道,现在最关键的就是团队了。

三、艰难创业之路,只为探索深蓝

虽然没有创业经验,但俞宙知道效率和执行力是创业团队必须具备的能力。因此,他很快选定了几位志同道合的师弟,在具备初始资金和导师项目支持的条件下,鳌海正式注册成立。

凭借着过硬的技术能力,鳌海团队很快做出了第一代样机,但是过高的成本让他们意识到了一个问题:科研项目和商业化产品之间的巨大差异。做惯了科研项目的团队,并不适应开发一款低成本、高可靠、适合生产以及用户体验优秀的商业化产品。加之国内在这方面并没有成熟的供应链,这一度让团队陷入了困境,甚至觉得团队只是换了一种方式做科研项目,本质上的思维模式和工作方式并没有发生改变。他们并没有真正面向市场、了解市场。

经过激烈的讨论,团队决定向那些曾令他们"讨厌"的进口产品认真学习,了解其发展历史和理念。经过一段时间的疯狂补课,团队成员对市场有了更加深入的理解,不再仅凭自己的想法做事。大疆在2014年已经颇有名气,俞宙平时也喜欢玩无人机,这时他大胆地提出了一个想法:可否借鉴空中无人机的做法来制造水下机器人?无人机方面中国的供应链是世界最强的,只要做好防水防腐蚀等优化设计,是否可以大幅降低水下机器人的成本? 这个思路极大地鼓励了团队,成功打开了"思维紧箍",各种创新创意不断奔涌而出。

有了"指导思想"后,团队的凝聚力更强了,意识也空前统一,他们很快投到了新产品的研发中去。虽然气势如虹,但技术研发没有捷径,过程非常艰苦。同时,由于缺乏良好的财务规划,研发资金一度枯竭,他们只能通过承担一些相关项目来维持公司运转,但坚持的理念未曾动摇。终于,团队在沉寂了整整两年,几乎耗尽了所有资金之后,毕其功于一役,成功推出了一款超高性价比的商业级中小型水下机器人。这次,上天没有给鳌海团队设置过多的新障碍,产品一经推出就获得了市场的广泛认可,纷至沓来的订单逐渐改善了公司的财务状况,终于成功将公司从死亡线上拉了回来。

四、"蛟龙"之父点赞,发展不忘初心

随着企业的不断发展,鳌海团队逐步扩大,核心研发团队已接近30人,其中大多拥有硕博士学位。团队搬入了几千平方米的研发场地,拥有数万平方米的水下机器人测试水域,软硬件都得到了极大提升,为创新研发打下了坚实的基础。鳌海研制的水下机器人也获得越来越多的关注,受邀参加了中国创新创业大赛,获得了省内行业赛第一的好成绩。鳌海团队及其机器人产品,得到了自然资源部第二海洋研究所李家彪院士、"蛟龙"号之父崔维成教授等顶级大咖的亲自点赞,并被新华网、《国土资源报》、浙江电视台等多家媒体广泛报道。

获得诸多荣誉的同时,鳌海也不断地向社会提供力所能及的帮助,俞宙希望海洋科技进步不是束之高阁需要仰望的梦幻科技,而是能够为社会带来实实在在的帮助。鳌海机器人联合千岛湖水域救援队帮助遇难者家属水下寻找失踪人员;助力河南警方寻找一名在洪涝灾害中为优先转移群众而失联的优秀党员村干部;帮助宁波考古机构探索水下遗址,挖掘中华文明演变的奥秘;帮助安徽警方找到水下关键组织证据并成功破获震惊社会的"碎尸案";帮助江苏警方成功寻找到丢失的枪械;等等。一桩桩一件件,不计成本、无悔付出,让鳌海机器人赢得了广泛的赞誉。

多年来,鳌海机器人团队始终不忘初心、牢记使命。回忆当初的求学和创业历程,俞宙也希望给更多有着海洋梦想的人以鼓励和帮助。鳌海赞助了国内多所中学、大学的水下机器人竞赛并提供免费技术培训和指导,希望有更多的新鲜血液能加入海洋科技的大军,一起为中国的海洋科技发展添砖加瓦,助力国家海洋强国战略。同时,鳌海也不断举办各类公益性科普讲座,宣传海洋知识。俞宙认为发展海洋科技,需要更多的人关注海洋、了解海洋、热爱海洋、保护海洋。因为只有这样,才能有更多

人一起去保护我们这颗蓝色的星球。

供稿单位:共青团杭州市委员会

撰稿人:俞宙

案例2 科技惠渔,创新数字渔业发展新模式

叶宁,1987年生,浙江宁波人,中共党员,现任宁波海上鲜信息技术股份有限公司(以下简称"海上鲜")党支部书记、董事长,中国渔业协会副会长兼智慧渔业分会会长,团浙江省委常委,奉化区青年企业家协会会长。曾获全国农村创新创业优秀带头人、全国农村青年致富带头人、浙江省"金牛奖"、浙江省青春助力乡村振兴带头人"青牛奖"等奖项和荣誉称号。叶宁创办的"海上鲜"曾斩获互联网领域最高规格的国家级创业大赛"直通乌镇"全球互联网大赛一等奖。

一、科技兴渔,激活渔业发展新动能

海上通信信号覆盖受限,信息交互"老大难",传统渔业生产信息化程度不高,叶宁深知这一行业痛点,以"数字海洋"建设为切入点,以科技赋能为引领,以产业倍增为目标,打造国内领先的智慧渔业样板工程,助力海洋渔业高质量发展。

宁波市奉化区岳林街道数字海洋产业园是海上鲜投建运营的首个数字产业园。叶宁的会议室外有一句标语:青春是用来奋斗的。

叶宁于2015年带领团队成立"海上鲜"。"海上鲜"基于"卫星+互联网+渔业"打造一站式数字渔业服务平台,致力于为渔民、渔业公司、水产经销商提供便捷的生产、流通、运营等服务。

打开"海上鲜"App,有"渔获大厅""智慧加油""仓储服务"等多项服务模块。"海

上鲜"是运用新一代卫星通信技术和产业互联网模式建立的平台。通过平台,渔民船上的鲜货不必多次转运,到港后就能及时提货,还可以按照订单捕捞,解决了渔业信息互通互享问题,降低了买卖双方的贸易成本和时间成本。同时,平台链接银行等第三方机构,通过技术手段形成线上全流程操作闭环模式,为渔业从业者提供融资渠道。不仅如此,平台还整合了上游燃油供应资源,实现了渔船智慧加油服务。如此一来,有针对性地破解了海鲜"交易繁"、渔获"储存杂"、渔民"融资难"和海上"加油贵"等问题,实现一站式全方位提升各渔业产业链参与者的信息和商品的流转效率。

此外,平台从构建渔业大数据中心出发,形成上下联动、业务协同、信息共享的数字渔业产业体系,搭建渔业智能生产系统,链接融资渠道,创新渔业供应链及仓储服务,促进渔业生产节本增效,实现渔业可持续发展。

通过八年的运营,"海上鲜"一站式数字渔业服务平台已形成集渔业生产、销售、流通、融资于一体的一站式服务平台,带动传统渔业的转型升级,逐步由"经验化"渔业生产向"数字化"渔业服务转变。

二、抓住机遇,探索创办"海上鲜"

叶宁是技术人才出身,大学就读于浙江科技学院,大三作为交换生留学德国,2011年获得德国汉诺威应用科技大学硕士学位。留德期间,他在世界500强企业德国大陆集团实习,主攻信息处理与传输技术。

2014年被国内媒体誉为"创业元年",彼时的叶宁,已经硕士毕业两年,在宁波从事再生塑料贸易工作,事业风生水起。但稳定的生活让这个思维活跃的年轻人不甘于此。

"我还是喜欢挑战自我,国内的创业空间大、商业机会多、对人才技术也更为渴求。"彼时,北斗卫星亚太区域组网完成,即将向民用开放。2012年,叶宁带着积攒的创业资金毅然回国投身创业。他深知宁波是渔业大市,渔民群体庞大,但海上渔业生产信息化水平低,渔民每次出海捕鱼周期长,茫茫大海上没有网络信号……巨大的市场需求与北斗导航系统有着很高的匹配度,叶宁看到了打造"海上Wi-Fi"的广阔前景。"针对这一产业痛点,如果能将北斗、互联网、渔业结合起来,打造数字化渔业服务平台,填补市场空白,一定有发展潜力!"于是2015年,叶宁在奉化创办了"海上鲜"公司。

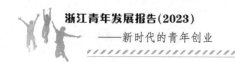
三、"数智"引领，赋能渔业高质量发展

公司最初做的是北斗海上通信服务，通过在渔船上安装"海上Wi-Fi"通信设备，从而实现海陆互通，由此正式迈出了科技惠渔的第一步。海上信号问题解决了，在调研中，他深入了解到传统海鲜行业存在交易模式落后、中间环节多、信息不对称、价格不透明等弊端，迫切需要借助"互联网+"加以转型升级。为了"让天下没有难做的海鲜生意"，叶宁怀揣着发展渔业产业的初心，立足渔业现状，围绕渔民群众需求，积极带领"海上鲜"团队进行技术研发，不断更新迭代"海上鲜"App，很快吸引了大量渔业水产商户使用。不过，公司也走过弯路，发展也遇到过瓶颈。公司成立之初，尝试了许多商业模式，既做B2B，也做B2C，却什么都做不好。比如在做B2C业务时，运营捉襟见肘，后端服务能力跟不上，而且客户对产品包装、售后服务等要求很高，业务多做多亏。"那时候我十分困惑，公司如何发展才能早日实现自我造血？"2017年，叶宁有机会去井冈山培训，学习期间忽然有了感悟：公司发展一定要聚焦。他决定给企业做减法，聚焦渔业产业服务。事实证明，他的选择是对的，"海上鲜"走上了良性发展的渔业产业链道路。

四、产业融合，共谋乡村振兴致富路

"海上鲜"在做强做优产业经济的同时，还积极响应共同富裕示范区建设的重要目标，努力推动渔业"数字化改革"，为渔政部门提供海上安全管理技术支持，与宁波市奉化区政府合力打造"浙里甬惠渔"多跨场景应用数字化平台，通过卫星天线实现外海渔船可视化定位联网，提供安全、行政和商务等服务，为渔民保驾护航。此外，"海上鲜"还积极响应共建"一带一路"和东西部协作的号召，在产业协作、经贸交流、平台共建等方面建立帮扶机制，与珲春市开展深层次的合作。

"海上鲜"一站式数字渔业服务平台开创了我国海洋渔业的数字化时代，公司先后入选全国首批供应链创新试点企业、商务部全国首批线上线下融合发展数字商务企业、商务部电子商务示范企业、浙江省经信厅第一批企业数据管理国家标准试点企业等。

2020年,"海上鲜"斩获互联网领域最高规格的国家级创业大赛"直通乌镇"全球互联网大赛一等奖。叶宁本人也先后获评国家重点人才计划专家、全国农村青年致富带头人、全国农村创业创新优秀带头人、中国长三角十大杰出青商、宁波市十大杰出青年等,累计获得荣誉30多项。

供稿单位:共青团宁波市奉化区委员会

撰稿人:陈佳丽

案例3 抓住风口，县城网络经济也能闯出一片天

许发泵，1991年生，浙江温州苍南人，苍南县青年联合会常务委员，苍南县营商环境观察员。现任苍南沃博网络传媒有限公司总经理，曾荣获"苍南县网络经济领军人物"、2023年度"最美温州人·最美电商人"等称号。其公司苍南沃博网络传媒有限公司曾获得"苍南县网络经济领军企业"荣誉称号。

一、红色传承，红旗下走出的大山孩子

许发泵，出生于风景秀丽的浙闽交界之地——苍南县桥墩镇南山头村。南山头村北接浙江，南连福建，是历史悠久的革命圣地。

八岁那年，他随父母搬至苍南县城灵溪镇，从大山里走出来的孩子在这片热土上开始了他的成长历程。幼时，许发泵的家庭并不富裕，他除了正常接受学校的教育外，几乎没有参加过课外的兴趣培训班，因为父母务工繁忙，他在高中时便就读于寄宿学校。在学习之余，他积极参与各类集体活动，展现出了超越同龄人的活力与领导才能。

高中时期的一个夏天，许发泵与同学们一同踏上了期盼已久的杭州之旅。城市的车水马龙和高楼大厦深深震撼了这个农村孩子，梦想的种子在那一刻也悄悄地埋在了他的心里，激起了他对未来的无限向往。毕业之后，决心要闯出一番天地的许发泵，选择了充满挑战的创业之路。至今他依然活跃在网络领域，并始终保持着敏锐的触觉和积极的行动力。

2013年,一个偶然的机会,许发泵在网络上看到了支付宝招募地推团队的消息。尽管他对互联网知之甚少,但"支付宝"三个字眼让他看到了未来。年仅23岁的他,毅然决定与伙伴们一起前往杭州,探索合作可能。在了解了业务内容后,面对难以提供3万元业务保证金和办公场地的难题,许发泵凭借坚定的意志凑齐保证金,并在父母的理解和支持下,将自家的烟酒行改造成了一间网络办公室,创建了"苍南金多多网络科技有限公司",寓意着未来的财富与成功。

然而,创业之路远比想象中更艰难。由于商户和消费者对手机支付的不习惯,他的业务一度停滞不前。直到遇到了他现在的妻子,一位连锁面包店的营业员,在她的支持和帮助下,面包店的所有连锁门店都成功接入"支付宝线下扫码支付收款系统",业务由此迅速展开。在短短半年内,全县各大商超、KTV、药店、餐饮店等超500家商户接入了他的系统。然而,支付宝公司年末的代理商招标,让没有资本和成功案例的他,不得不眼睁睁看着自己的努力被其他大公司取代,这是他在商业战场上遭遇的一次沉重打击。但即便如此,这段经历也无疑成为他获取成功的宝贵财富。

二、重整旗鼓,依然向往梦想的大山孩子

经历了一次挫败后,许发泵并未一蹶不振,对创业的热爱反而更加深沉。他成了网络平台的常客,如饥似渴地搜集着每一条有用的信息。不久,一位伙伴向他透露了一条令人振奋的消息:一群大学生开发了一款外卖订餐软件——"饿了么",并且发展神速。就在那一年,许发泵和他的团队承包了苍南县"饿了么"的配送服务——"蜂鸟配送"。在初创团队时,他们面临着一个严峻的问题:尽管苍南当地外卖市场需求旺盛,但作为新兴平台,"饿了么"缺乏商家入驻,而本地商家对于移动端点餐平台的接受程度并不高,他们更倾向于传统的电话订餐方式,既方便维护客户关系,又能准确预判备餐需求。但这并未难倒许发泵,他先后在平台上线了炸鸡店、比萨店和蛋糕店等本地知名品牌餐饮店,通过在街头派发优惠券的形式,吸引用户在平台上点餐。为了打消商家对平台的疑虑,刺激平台订单增长,他收集这些优惠券,然后亲自到店点餐,再配送到用户手中,使得配送业务顺利运作。在接下来的半年时间里,他成功吸引了超过80%的苍南本地商家入驻"饿了么"平台,并借此赚取了创业的第一桶金。然而好景不长,由于公司资质等问题,他的业务再次被大公司吞并,但他已凭借此前

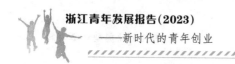

的成功积累了资金,为日后创立公司奠定了基础。

经历了两次业务被吞并的教训后,许发泵意识到创业不能过于依赖平台,于是他开始寻找新的商机。一次偶然的机会,他在杭州发现了一种新颖的智能快递柜,它能为快递用户提供便捷的存取服务,能有效促进互联网消费的发展。他将这个创意带回了苍南,并在2015年一年内,在苍南的多个小区、机关企事业单位、写字楼和车站等地安装了108台智能快递柜。同年,这一项目被纳入"苍南县十大民生实事",并在次年获得了政策补助。许发泵因此被评为"2015年度苍南县网络经济领军人物",他所创办的企业也被评为"2016年度苍南县网络经济领军企业"。

三、越战越勇,回归家乡、留在家乡、助力家乡

2019年,许发泵与他的伙伴们在杭州翻开了新的创业篇章,专注于电商网络零售。他们的首款产品是别具一格的星空棒棒糖,将每一颗棒棒糖精心打造成独立星球的模样,既有地球等八大行星的复刻,也有动漫世界中虚构星球的创意。他们设计了精美的礼盒包装,瞄准大学生情人节礼品市场,主要在淘宝天猫平台销售。凭借独特的创意和团队不懈的努力,在竞争激烈的淘宝时代,该产品冲破了层层障碍,在千军万马中脱颖而出,第一年就冲到了七夕礼品类目排名第一。这无疑使初到大都市发展的许发泵增强了信心。

随后两年,他们将产品拓展到了抖音、快手等直播平台,开始了全类目的运营业务。然而,正当直播业务如火如荼之际,疫情席卷而来。快递网点的封控、公司所在大楼的多次封控,导致直播销售的货物因快递滞留遭遇了前所未有的退货。在这样艰难的环境下,许发泵和他的团队最终决定带着公司骨干回到苍南。

回到苍南后,公司场地缩减至300平方米,许发泵也将公司更名为苍南沃博网络传媒有限公司。最初,他计划等待疫情结束再返回杭州发展,但在苍南,他发现了本地直播电商的巨大空间和年轻人学习直播电商的热情。这让他下定决心留在苍南发展。至今,苍南沃博网络传媒有限公司已建立自己的直播基地,占地2000多平方米。公司主营"三农"产品、服装和鞋类,拥有28名在职主播和来自全国各地的直播人才。

过去两年,许发泵不仅亲自培训本地年轻人学习直播知识,还利用自身资源为家乡创造财富。2022年,他的直播基地为苍南本地鞋服类工厂累计下单超150万单,订

单金额超过8000万元,带动了至少20家中型工厂的生产,1000人以上的技术手工人才稳定就业。基地在苍南本地快递行业累计充值面单金额超过450万元,主要为韵达、中通、极兔等快递,业务繁忙时快递公司更是直接派员工长期入驻基地,带动了300人以上的快递人员就业。此外,他们在苍南本地鞋盒类工厂、服装外包装气泡袋工厂等累计下单销售额超过300万元,间接带动了周边配套小型工厂的生产。

许发泵致力于加快乡村产业的高质量发展,通过新时代电商为周边农村创收增收。他的公司定期组织团队下农村开展助农带货活动,为乡镇解决特色农产品滞销问题,如"沿浦紫菜""炎亭鱼饼""马站四季柚""矾山肉燕""桥墩月饼""蒲城葡萄"等,通过自身的网红资源和工坊直播间,2022年全年助力"三农"累计销售额超过600万元。在2022年"双十一"活动期间,他们创下了2分钟内单品销售额1750万元的佳绩。

2024年开春之际,许发泵和他的团队前往杭州、广州和北京进行了为期15天的深入学习与交流,引入了先进的AI直播以及目前九大平台(支付宝直播、百度直播、小红书直播、微信视频号直播、抖音直播、快手直播、淘宝直播、得物直播、拼多多直播)的先进直播技术。随后,"爆流魔方"直播培训项目部应运而生,致力于为苍南本地企业提供专业的直播知识与技能培训服务,培训内容涵盖了直播策划、内容制作、互动技巧、流量获取等,受到了广泛的好评,还吸引了江西、安徽、河南等地的企业前来学习交流,展现了培训项目的广泛影响力和吸引力。3月,他们累计为苍南的28家企业和16位个人主播提供了服务,这个数字还在持续增长。

目前许发泵的商务团队已与多个一线超头部网红机构达成长期商务合作战略协议。他希望自己的团队能够成为直播电商领域赋能政府、企业、个人的服务型平台。该团队坚持务实、专业、创造价值的理念,致力于打造一个聚集优秀直播电商企业、供应链、网红主播和运营人才的具有"业绩卓著的直播电商企业""优秀企业的品牌直播间""具有影响力的网红""专业的培训体系"的直播电商生态圈。许发泵期望他的团队能够立足本地,深耕专业,向头部企业学习,建立成熟的运营体系,创造先进的模式,在企业孵化、培训体系建设上取得成果,成为行业的引领者。

供稿单位:共青团苍南县委员会

撰稿人:陈苗苗

案例4　小笼包里“蒸”出共富路

裘娜，1990年生，浙江嵊州人，中共党员。现任嵊州市吉昌荣食品有限公司总经理、嵊州市剡为面餐饮管理有限公司总经理、嵊州市政协委员、绍兴市老字号企业协会副会长、嵊州市小吃行业协会副秘书长、嵊州市青年联合会委员。曾获浙江省乡村振兴共富青年先锋“青牛奖”、浙江省农村青年电商创业创富大赛三等奖、绍兴市“优秀团员”、绍兴市“最美疫情防控志愿者”等奖项和荣誉称号。吉昌荣食品（剡为面）获得浙江首届地方特色美食小吃大赛优秀作品奖、浙江首届地方特色美食小吃大赛最佳手艺传承奖、浙江省点心展评会金奖、浙江省首届最佳名点（名小吃）大赛优质奖、浙江省名点名小吃选拔赛第一赛区优质作品奖等20余项荣誉。

一、以服务为先，引领行业潮流

嵊州，有着“中国小吃文化名城”的美誉，小吃品类多达百种，其中尤以嵊州小笼包位居“百味之首”。全市共有8万多名在外小吃从业人员，3万多家门店遍布全国各大城市，甚至走出国门，每年创造经济效益超过110亿元。2014年，从大学动漫设计与制作专业毕业的山区女孩裘娜，在成都一家药企从事营销策划工作，虽说工作稳定安逸，工作内容也算专业对口，但并非她心中的职业归属。于是，当国家提出乡村振兴战略后，裘娜义无反顾地踏上了回乡之路，决定从事嵊州小吃行业，继续完成小时候让所有人都能吃到嵊州小笼包的梦想。他乡异地的求职经历拓宽了她的视野，也培养了她独特的市场观察力。最初的一个创业想法就这样在裘娜脑海中形成了。

　　小笼行业的环境卫生差、从业人员多，种种现状都亟待改善，可是没有人去做这些事情。如果能把自己拥有的资源好好利用起来，为嵊州小笼包正名，那岂不是一件很有意义的事？

　　不会包小笼，她就去当学徒工拜师学艺。在求学的过程中，裘娜虚心求教，潜心钻研，聪明的她很快就掌握了做小笼包的秘诀。2015年，裘娜在几位志同道合的年轻伙伴支持下，众筹开设了第一家"剡为面"小吃店，创办了嵊州市剡为面餐饮管理有限公司。由于环境卫生好，用传统的老面发酵技术，有原汁原味的食材口味，"剡为面"在嵊州小笼包大军中脱颖而出，经过几年的发展，已经形成了近20家门店的连锁规模，甚至走出国门，产品在马来西亚、新加坡等国家获得一致好评。2017年，裘娜积极响应嵊州市委、市政府关于嵊州小吃"大嵊归来"全国统标工程的号召，率先将嵊州小吃门店标准化，大力推广嵊州小吃文化，并协助成立小吃行业协会，多年来在北京、广东、云南等地建立了35个联络站，为外地小吃从业者提供门店改造、技术指导、融资对接等"娘家人"服务。为嵊州小吃行业代言，为小吃从业人员发声，这是裘娜认为的政协委员职责之所在，作为嵊州小吃行业的界别代表，裘娜除了强化自身的发展，更加关注整个行业的前景。2018年浙江农业博览会期间，裘娜和她的"剡为面"小笼包受到时任省委书记车俊的接见和点赞。

二、以创新为魂，探索破冰之路

　　在很多人看来，做小笼包是一份又累又没前途的工作，但裘娜从一笼包子上挖掘出巨大的市场潜力，从传统走向创新，从单一走向多元化，将这个职业做到了极致。

　　在产品研发方面，她邀请省餐饮协会专家、黄酒专家、面点师傅等专业人士，组成多个研发团队，以传统的肉包和豆腐包为基础，开发出笋干菜包、铁皮石斛包、芝士小笼包、黄酒"醉小笼"等新口味小笼包。在制作工艺方面，她创办嵊州市吉昌荣食品有限公司，传承小笼制作非遗技艺，研发速冻冷藏技术，打通冷链运输渠道，将嵊州小吃产品从餐饮环节转向生产环节，形成工厂化流水线作业模式。在销售渠道方面，她充分发挥自己的专长，积极利用微信公众号、手游广告植入、网上商城等开拓网上消费市场，并探索直播销售模式、培育直播人才，实现嵊州小吃直播电商从0到1的突破。在宣传推广方面，她亲自指导拍摄了《一笼包子一座城》《越聚醉小笼》等视频，中央电

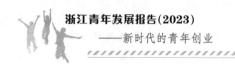

视台、浙江卫视、重庆卫视、湖南卫视的多个电视节目都以创业事迹为题材进行过专题报道。

由裘娜牵头组织发起的嵊州小吃三宝"一带一路,小吃带路"活动,得到了"老袁炒年糕"和"越为首"食品的积极响应,受到了沙巴州华人议员、马来西亚中国总商会理事、大马华社侨界代表、在沙中资机构代表、中国驻马来西亚领事馆代表等200余人的好评。裘娜利用嵊州市政协委员的身份,获得市委、市政府相关部门的鼎力支持,大力推进小笼包校园实践基地建设,并在剡湖街道中心学校落地结果,助推了嵊州小笼包的非遗传承。她的"剡为面"还在嵊州首创了小餐饮界的"阳光厨房",得到了广大消费者和绍兴、嵊州两级市场监管局的点赞。裘娜说:"老面发酵小笼包是纯手工的,每一只有23个褶皱,每天采用新鲜的肉来制作,并且要求每一位师傅(制作)的每一个包子的克重都有一定标准。"正是因为严格把控质量关,裘娜生产的小笼包在抖音、快手、天猫等各个平台上"遍地开花",她所探索的发展之路,为嵊州小吃企业提供了标杆典范。

三、以岗位为基,带动村民增收

公司创办以来,产品年销售额约5000万元,裘娜积极开展村庄结对活动,通过技能培训、订单农业、就业帮扶等方式,帮助当地村民实现增收。

裘娜的工厂设立在嵊州市浦口街道曹家洋村,该村有许多45岁以上剩余劳动力和受疫情影响返乡的小吃从业者,裘娜通过提供150个生产岗位,就近吸纳了这一个群体,并为应届毕业生和有梦想的年轻人创造直播就业机会150余个。为了进一步拓宽村民增收渠道,裘娜组织面点师傅、直播团队等工作人员,在浦口街道珠溪村文化礼堂,开设小笼包制作技术和直播带货培训,提升村民专业技能水平,带动当地农产品销售,今年以来已经开展培训15场次,参加的村民超430人次。此外,公司实施生产原材料产地溯源行动,与黄泽镇明山村联建发展订单农业,定向采购葱等蔬菜,带动种植户40余户,户均年收入增加1.5万元,不仅帮助村民利用闲置农田增加了收入,更让农产品来源更加透明,保障消费者从田间到餐桌的食品安全。

一系列举措,解决了农村剩余劳动力的创收问题,逐步实现了"人人有事做,家家有收入"的目标。裘娜说:"接下来,要带领更多的村民,特别是年轻人,利用直播、电商等新兴业态,为嵊州整个小吃行业建立一个新的销售体系,让嵊州小吃走向全国,甚至走向世界。"

四、以行动为本,担起社会责任

企业在自身发展的同时,应该当好"企业公民",饮水思源,回报社会,裘娜带领公司热心服务公益事业,尽显企业社会担当,助力构建和谐社会。

2020年3月底,得知国外疫情形势严峻,裘娜购买了5000个口罩、部分防护服及其他防疫物资。受交通管制影响,这批物资辗转一个多月终于送到了马来西亚沙巴中国总商会和中国驻哥打基纳巴卢总领事馆等地。为了表示感谢,中国驻哥打基纳巴卢总领事馆总领事梁才德专门给裘娜发来了感谢函。2022年3月,上海疫情大暴发,裘娜做好了全部亏损的准备,毅然决然把库存的包子全部捐赠给上海,那时候她的心里就想着"能帮一把是一把",安排车子,把包子送给有需要的人。"因业务需要,我们公司与上海多家企业往来频繁,与上海朋友们建立了深厚的友谊,听说此次上海部分地区生活物资缺乏,身为政协委员,身为'饮食人',一定要出一分力!"裘娜动情地说。2023年,嵊州市打造"爱心食堂"助餐体系,裘娜多次组织员工,为"爱心食堂"和养老院等机构捐赠小笼包、饺子等,并时常探望老年人,陪他们聊天解闷,经常帮助老年人满足精神和物质生活方面的需求。只有富有爱心的财富才是真正有意义的财富,只有积极承担社会责任的企业才是最有竞争力和生命力的企业。据不完全统计,裘娜和她的公司为公益事业捐款捐物的价值累计超230万元。

现如今,裘娜创办的小笼包工厂,秉持着"一辈子做好一笼小笼包"的精神,采取现代化工厂生产与传统手工制作相结合的模式,既提高生产效率和规范,亦保留了嵊州小笼包皮薄馅多、饱满有嚼劲等特色,嵊州小笼包更是乘着直播电商的东风快速"吹向"全世界,让更多的人品尝到"嵊州美味"。"在乡村振兴和共同富裕的大背景下,我将和正值青春的小伙伴们一起,继续深耕几代人坚守的传统产业,与更多的村民共同前行。"裘娜如是说。

供稿单位:共青团嵊州市委员会

撰稿人:张梦帆

案例5 "种"出黄金的"95后"农创客

沈钻专,1995年生,浙江湖州人,毕业于浙江农林大学,现任湖州伟祥生态农业发展有限公司总经理、吴兴区青年企业家协会会员。曾入选湖州市南太湖精英人才计划乡村振兴领军人才,获浙江省"百姓学习之星"、浙江省"青牛奖"百强候选人、湖州市农民专家、吴兴区"十大杰出青年"等荣誉称号。

一、不忘初心,让热爱回家乡

2017年的春节,沈钻专和家人一起吃年夜饭,父亲试探性地问他是否考虑回来创业。谈了半个晚上,他坚定了自己刚踏入校园时的初心。

作为一个土生土长的农村"95后",小时候每到暑假,沈钻专都会和父亲一起待在果园。夏天天气炎热,有时为了防止农药喷溅到皮肤上,他必须穿着长裤子、长袖衣,戴上帽子,捂得汗如雨下。即使酷暑难耐,他依旧在田间地头辛勤劳作,为的是丰收后的那一口甜。等到果子成熟时,他总是第一时间摘来品尝,种植过程虽然辛苦,但收获的喜悦为他培育了留在家乡的初心,并不断浇灌着这颗梦想的种子。

2013年,19岁的沈钻专在填志愿时放弃了就业环境好、就业机会多的经济管理专业,选择了与家乡发展息息相关的农林专业,为的就是坚守心中对乡村的热爱。四年的学习生涯让他深刻体会到父母和乡亲们种植果蔬时"粒粒皆辛苦"的不易,每每想起父母躬身田垄的身影以及乡亲们面对规模化种植销售时无助惆怅的眼神,他投入乡村发展的初心就更加坚定了,也让他对一直以来思考的"怎么能让普通的土地里长出致富的金子"这一问题有了更多思考和想法。

青春须早为，岂能长少年。2018年，他大学毕业后回到家乡伍浦村创业，接手父辈耕耘多年的土地。"种什么呢？"面对地里规模小、价值低的卷心菜、青菜、梨、枇杷等普通蔬果，市场状况唯有"脆弱"二字能形容：盛产蔬果省份的产品一旦涌入，价格将暴跌，本地农产品毫无竞争力；天气一旦发生突变，农产品产量将大幅下滑，农民的辛苦付诸东流。他决心改变这种受制于自然环境的被动境地。土地上永远不缺勤劳与勇气，但是缺技术、缺渠道、缺视野。他开始思考："高原作物平原化种植，价值高、前景也好，伍浦村能不能也往这个方向发展？"打定主意，说干就干！

他四处奔走寻求支持，通过多次沟通，在村干部的帮助下，他向村里租赁了500亩地，经织里镇和湖州市政府牵线，他与浙江大学生命科学学院的专家团队签订了技术合作协议，引进高原农产品平原化种植技术，在浙江大学专家的指导下，开始尝试培育灵芝、羊肚菌等高原农产品。他聘请浙江大学教授李卫旗、专职律师陈慧岑等10位成员担任创业导师，开辟试验田。由于这些原产于高原的作物，对生长环境条件的要求极为苛刻，在试种大球盖菇时，竞争性杂菌无情地蔓延开来，影响了作物正常生长，50亩地颗粒无收。在近乎绝望的日子里，他与技术人员和工人顶着压力，另辟20块试验田，沉下心来寻找消杀方法，经过大胆尝试、反复摸索，终于让大球盖菇在园区里成活了。

二、上下求索，以科技助振兴

成功种出菌菇的沈钻专并不满足于此，他又开始不停地思考"怎么优化投入""怎么提高产量""怎么提升质量"。他观察到太湖边大量的芦苇被简单焚烧，浪费资源且污染环境，就一直琢磨着如何"变废为宝"。2020年，他积极与浙江大学对接，开发芦苇秸秆轻简化技术，专项用于大球盖菌菇品种的培育，改变了太湖周边焚烧秸秆的农作形式，将"废"芦苇变成"宝"肥料，发展循环经济、绿色经济，带动周边230户农户共同参与，减少了300吨木材和化肥的使用量，大幅降低了购买菌棒基质的成本，产生了900万元的经济效益，改善了太湖周边因焚烧芦苇带来的环境破坏情况。这项技术还申请了国家专利，入围湖州市市级科技攻关项目。不仅如此，他同步开始尝试利用灵芝菌棒内的椴木粉碎作为肥料种植樱桃番茄。经过多次尝试，这样种出的番茄

亩产量高、口味佳，还获得了省级樱桃番茄金奖的荣誉。次年，通过和浙江大学、浙江省农科院等单位的产学研深入合作，他让原来生长在高原的羊肚菌成功在湖州实现了有土栽培，并达到了亩产500斤的高产目标。

经过5年的经营，园区面积从之前的82亩扩充到现在的498亩，目前大棚面积达290亩，喷滴灌覆盖面积达380亩，年产值1300万元。沈钻专带领公司获得了"浙江省现代农业科技示范基地""浙江省科技型中小企业""湖州市重点农业龙头企业"等荣誉称号。

生活中的沈钻专乐观谦虚，脸上总带着微笑。他追求科学，相信科学技术与实践的结合能帮助实现乡村振兴。他始终洋溢着对土地、对乡村的热爱，并希望将这份热爱传递。2023年，他联合湖州中学在伟祥生态园内成立了浙江湖州中学劳动教育实践基地，为广大湖州青少年提供学习现代农业知识、感受农耕文化、树立科学意识、参与科学实践的农学平台。

三、勇担使命，将青春献乡村

在创业路上经历了风雨的沈钻专时时记着要带领大家一起致富。每当其他农户向他讨教经验时，他总是倾囊相授，不遗余力地给予经验和技术上的支持。为了助力农户增收，他于2012年成立了湖州农汇果蔬专业合作社，提出以"公司+合作社+农户"形式来发展订单农业，还为农户提供免费种苗、传授先进种植技术，通过提升标准化生产能力提高市场竞争力，通过合作社集体的力量加大与杭州萧山农产品批发市场、浙北大厦等大型农贸市场和商超的合作，打开了农产品销路。目前，合作社每年和农户签订优质果蔬订单800余吨，带动规模种植主体80余户，带领周边2000余户村民共同致富增收。疫情期间，"订单蔬菜"模式成为保障了湖州、上海、杭州等长三角重点城市的菜篮子。

2019年，沈钻专抓住政府扶贫契机，带领团队远赴四川省青川县，对当地观音店83户贫困户进行对口帮扶，指导他们学习食用菌规模化生产。历经200多天的技术培训和实景栽培，青川县的农民现在也学会了种植灵芝、羊肚菌、大球盖菇，真正做到从为贫困地区输血到为贫困地区造血的精彩转变。

2022年3月8日，家乡织里镇出现新冠确诊病例，沈钻第一时间挺身而出，联系镇防疫工作人员："我农场里有当季的樱桃番茄，你告诉我哪里需要，我去送。"在湖州疫情最严重的时候，沈钻专无偿向区疾控中心、妇保院、织里镇政府等9家单位以及白蘋洲、紫荆、曼安尼等70余个检测点和隔离酒店运送物资10余吨。

天道酬勤、大胆创新与坚持不懈让沈钻专获得了回报。他本人入选为湖州市"南太湖精英人才计划"乡村振兴领军人才，荣获浙江省"百姓学习之星"、浙江省"青牛奖"百强候选人、湖州市农民专家、吴兴区"十大杰出青年"等称号。杭州亚运会湖州市赛事分指挥部还为他颁发了荣誉证书，对他在火炬传递活动期间做出的积极贡献予以肯定。每一项荣誉都在不断地证明着他的选择没有错，证明着他的努力有成效。还有一项特殊的荣誉让沈钻专倍感骄傲，那就是以他的创业故事为原型的原创视频《高山来客》在第十届亚洲微电影艺术节"中国税收"单元荣获"最佳作品奖"。视频重现了他返乡创业的"来时路"，"高山来客"有希望、国家政策有支撑，都支持了他作为农创客的梦想，并将在乡村振兴的路上继续支持他一往无前。

"千淘万漉虽辛苦，吹尽狂沙始到金。"从土地出发，又回归土地，父辈的辛勤是奋斗钻研的动力，朴实深厚的土地是创业的底气，这些都不断支持着他在传承与振兴中一路生花。怀抱初心，脚踏实地坚守在乡村，不断钻研着技术，为乡村振兴寻找更多可能性，正如他的名字一样，秉持着"钻"的精神、坚持着"专"的态度，久久为功。他将经历的风雨汇入土地，不断滋养着他的土地、他的乡亲、他的村庄，谱写出金黄的乡村振兴之歌。

供稿单位：共青团湖州市吴兴区委员会

撰稿人：姚玥

案例6 "打印"健康,海归博士3D"造骨骼"

张靖,1986年生,陕西西安人,中共党员,本硕毕业于清华大学,博士毕业于美国南加州大学,智塑健康科技(嘉兴)有限公司创始人。智塑健康科技(嘉兴)有限公司依托完全自主知识产权的算法平台及独特的3D打印技术开发功能型数字骨科器械系列产品,填补了国际上骨科植入体定制核心技术的空白,并成功打入国际高端医疗器械市场。该公司产品已获两张美国食品药物监督管理局(Food and Drug Administration,FDA)注册证。张靖在3D打印技术和产业化应用领域深耕17年,拥有100项专利。曾获美国航空航天局挑战赛特等奖、国际智能语音及人工智能产品创新大赛一等奖、全国博士后创新创业大赛金奖、创业中国最具投资价值奖等荣誉。现为共青团嘉兴市委委员,桐乡市青年联合会委员。

一、持之以恒,深耕增材制造领域十七载

一副黑框眼镜,一身干净整洁的休闲服装,坐立时如同一棵青松一样笔挺,这便是张靖博士给人的第一印象。在学习掌握先进技术后,他毅然决然选择回国,与妻子孙陆博士等合伙人共同创立了智塑健康科技(嘉兴)有限公司。这是一家拥有完整自主知识产权和核心技术研发团队的科技企业,依靠自主开发的数字材料核心算法平台,其在短短几年间迅速成为3D打印领域的新势力。他们在桐乡"打印"人体骨骼,正挺起"中国脊梁"。

"从早到晚,除了吃饭,其他时间都在了解技术前沿、洽谈合作伙伴、开越洋视频

会议、处理公司日常事务以及思考公司的发展和规划。"张靖始终步履不停地穿梭在办公室和车间之间,接待着来访的客人、朋友,以及处理厂区里的人和事。"我们的产品即将在美国上市,由于时差关系,我们常常是白天忙完了,晚上回家还得继续网上办公,抓紧一切时间跟美国那边开会沟通。"为了缩短通勤距离,将更多的时间投入工作,张靖把家安在公司附近。在他看来,创业就是将时间用到极致。

鲜花与掌声的背后夹杂着汗水,创新与探索的过程中艰辛也在所难免。他们清楚并明白地选择走一条别人不愿走、不敢走的路,承受着艰辛,也享受着在前沿领域"披荆斩棘"的快乐。

作为国内早期接触3D打印技术的科研人员,从清华大学到南加州大学,张靖始终不忘初心,一直从事3D打印的研发和应用。早在2007年,张靖便已经进入了增材制造领域,深入研究了金属3D打印前沿技术和市场应用,系统研究过金属3D打印领域从硬件到材料以及加工工艺整个流程。硕士期间,他完成了电子束金属3D打印设备整机控制系统的开发,实现了数字化的高效控制模式,将设备性能提升一代。

在南加州大学攻读博士学位期间,张靖曾带领20多位研究生开展科研工作,所开发的项目在100多个参赛项目中获得了美国航空航天局挑战赛的特等奖。张靖在增材制造工艺方面的系统研究,帮助智塑健康在医疗领域产品的开发中,从理念到质量控制以及效率都占据行业领先优势。

2017年初,浙江清华长三角研究院(以下简称"长三院")波士顿孵化器成立。张靖夫妇创立的智塑健康是最早一批入驻波士顿孵化器的项目之一。在创业初期,长三院给予了智塑健康一系列的孵化支持。在长三院的牵线搭桥下,张靖带领团队第一次来到桐乡,实地考察了桐乡经济开发区,这里优越的创新创业环境让张靖和团队心生向往,便将回国的目的地设置在了桐乡。

二、不断探索,做骨骼植入体中的"脊梁"

个性化3D打印骨植入治疗讲求一个"快"字,即快速地满足植入体安全、功能匹配的需求。而传统的3D打印公司很难达到这个要求——美国最快的3D打印定制也需要两三个月,要让高性能3D打印人体骨骼真正应用于治疗,必须大大压缩设计与生产的时间。

人体骨骼都很奇妙，也很复杂，种族、年龄、性别都决定了骨骼的差异性，同一位置的骨骼都是不一样的，更别提不同部位的骨骼了。但如今常用的传统植入体还无法实现"性能定制"，只能由医生根据患者实际情况，对传统植入体进行打磨后，才能用于替换患者受损骨骼，不论是适应性、安全性还是耐久性都有待提升。

要研发打造更为优质的新型植入体，需要同时考虑骨长入效果、力学性能、安全性、可制作性、制作成本等多个问题。这困扰了不少与智塑健康走相同路径的研发团队。团队的首个研发目标就是对人体骨骼进行快速的性能定制建模。用什么办法可以实现快速的、易于操作的设计建模？前提是把数据建模过程由人工试错改为自动化。

智塑健康开发的数字化材料技术，以结构对材料进行改造，能够根据不同部位骨科的性能需求进行调整，因而智塑健康也将服务于患者需要治疗的所有部位的骨骼。"成年人体有206块骨骼，我们'承包'了所有受损骨骼的修复，提供优质的服务。"张靖笑言。

三、回国创业，选择桐乡

2020年5月，智塑健康正式落户桐乡，成为桐乡经济开发区引进的又一高科技、数字化、创新型企业。"优质的政府服务、优越的配套设施、优良的区位条件等吸引了我们团队，让智塑健康最终选择来到桐乡经济开发区。"张靖说。

说是回国创业，其实智塑健康已然是一家成熟的科技创新企业：孵化于哈佛大学创新实验室，拥有一套具有完全自主知识产权的定制化、数字化算法平台，已申请和授权专利百余项，自主研发的3D打印颈椎、腰椎融合器都获得了美国食品药品监督管理局的510(k)上市许可。

落户桐乡经济开发区3年多，张靖已经完成了团队的搭建。如今，他的团队里有20多名骨干成员，均来自清华大学、北京大学、哈佛大学、南加州大学等国内外顶级学府，专业涉及3D打印、算法、材料、骨力学、医学等多个领域。

"随着全球人口老龄化发展，与骨骼健康相关的疾病越发突出，未来市场对骨科器械的个性化需求只增无减，这是我们实现社会价值的时期，从企业发展的角度来讲，市场前景巨大。"面对未来，张靖充满信心。"我们已经完成了数千万元融资，这些资金主要用于技术研发、产品开发和市场拓展。我们的新厂房满足中国国家药品监督管理局、美国食品药品监督管理局、欧洲CE标准,也已经投入使用了。"张靖带领团队始终致力于提高中国精准医疗服务与预防水平,降低服务成本,提升老龄人口、运动人群等的舒适度与幸福感。在国际舞台上引领产业重构,用先进科技与产品服务人类健康。

17年来,张靖始终深耕在一个领域,始终坚持最初的方向,以其所学,持续创新,制造出有"脊梁"的骨骼植入体,做有"脊梁"的企业。也正是这样的科研精神,书写了当代科研人员的华彩篇章,也为桐乡的高质量发展提供了更多智力支撑。

供稿单位:共青团桐乡市委员会

撰稿人:王永鑫

案例7　与中药材结缘的"90后"乡村致富带头人

张璐,1991年生,浙江省武义县人,中共党员,一个退伍后回到村里发展的年轻人。现任武义县下徐宅农业开发有限公司总经理、武义县松树下村党支部书记、村委会主任,浙江省农村青年致富带头人协会会员。曾担任共青团浙江省第十五届代表大会武义县青年联合会委员,获浙江省最美退役军人、浙江省青春助力乡村振兴带头人"青牛奖"、浙江省青年创业导师、金华市优秀青年、武义县"红领新青年"等奖项和荣誉称号。

一、投身乡村,"90后"乡村治理领头雁

在2015年退伍后,张璐选择回到家乡下徐宅村成为一名团支部书记,投身于乡村治理工作。在村里历练的时候他目睹了村民们辛勤耕耘却收入微薄的艰辛,坚定了为家乡摘帽致富的决心,他协助处理日常村务,深入了解基层工作流程和村民需求。其间,他积极参与扶贫帮困、政策宣传等工作,积累了丰富的农村工作经验,并逐步展现出了领导才能和对乡村发展的独特见解。2020年,29岁的张璐在村党组织换届选举中脱颖而出,当选为松树下村的党支部书记,成为武义县新一届村班子中,最年轻的"90后"村支书。他深知这份责任的重大,也深刻了解"绿水青山就是金山银山"理念,誓言要以实际行动带领乡亲们走上乡村振兴之路。上任之初,他便着手开展村庄发展规划调研,与村两委成员、党员代表及村民进行广泛交流,共同描绘村庄

发展的蓝图。

二、不忘初心，做不负青春的逐梦人

从决定留在村里发展的那一刻起，张璐就时刻牢记习近平总书记"新农村建设一定要走符合农村实际的路子，遵循乡村自身发展规律，充分体现农村特点"的重要讲话精神，思考如何把年轻人带回农村，把产业留在家乡。

"我要响应习近平总书记的号召、响应乡村振兴战略的号召，要找到下徐宅村自己的'土'地方，发展的'土'办法。"张璐通过参加县第一期红领新青年培训班，实地学习临安、安吉、磐安等地经验，深入田间地头，结合下徐宅村丰富的山水资源、土壤特性和气候条件等，对村集体经济发展有了初步的构思。从村团支书变身"新农人"，他从村庄治理到了村庄发展，为下徐宅村找到了种植中药材的致富之路。

三、主动谋划，当好乡村振兴领路人

"我想带村民过上好日子，让每家每户都盖上新房子。"但是下徐宅村坐落于安地水源保护区上游，生态环境保护存在诸多限制。要怎么发展？要种什么类型的中药材？张璐想到了中药材三叶青。他在村两委的支持下召开村民代表大会，发动群众流转土地共同参与三叶青的种植。为了带动大家，张璐一次次挨家挨户上门做工作，传达种植三叶青的好处，在张璐的建议与投资带动下，以种植发展林下三叶青为主的武义县白姆乡下徐宅农业开发有限公司成立，这是白姆乡原下徐宅行政村的村集体产业，村民们可以带地入股。但是一开始，村民们并没有那么信任他，一个年轻人，虽然读过书，当过兵，但是没有农村工作经验；村庄的基础设施陈旧落后，影响着生产生活；村里的产业发展乏力，老人们观念陈旧，不愿改变现状。"年轻人哪里懂种田哦！""种三叶青真的能赚钱吗？""我年纪大了，山林荒着也不瞎折腾了"……村民的不信任和质疑是张璐一开始听到最多的话。面对质疑，张璐积极争取团县委、农业农村局等的支持，找到想要发展村集体经济的村干部，说服他们带头干，挨家挨户上门做工作，通过党员会、村民代表会等机会宣传种植中药材的条件和好处，把村民的土地投入和收益模式摆在明面上，一桩桩一件件说明白。说起连连吃闭门羹的这段往事，张璐倒

是大度坦然："换成我，也要仔细考虑，仔细合计。所以我就一家一家走访，最后大家还是同意了，同意了就好。"

四、"三变改革"，做扎根乡土的实践者

2018年3月，下徐宅自然村102户314人终于全部签署了山林入股协议。6月，他借着白姆乡创建"国药小镇"的东风，以村集体形式成立了下徐宅农业开发有限公司，联合下徐宅村班子，鼓励村民带地入股。以流转土地转化为股金，入股下徐宅农业开发有限公司的创新方式，实现了"三变"改革（资源变资产、资金变股金、农民变股东），激活了农村沉睡的资源，让村民、村集体、公司形成了有效的利益联结机制，共享乡村发展成果，带动原下徐宅102户314人全部入股三叶青中药材产业建设，通过"人人入股，人人分红"模式，走上了产业振兴、共同富裕的路子。以三叶青为主，发展中药材产业，村集体产业就这样跨出了第一步。2022年底，下徐宅村314人每人获得分红4800余元，带动周边闲置劳动力40余人实现家门口就业，每年人均增收2万余元。村集体增收30余万元，实现了村集体依靠上级部门输血到自身造血的转变。

五、青春有为，做共同富裕的带头人

2020年，张璐当选为松树下村党支部书记后，一边管理着公司基地，一边还要时刻关注村民们的心理与动向，回应新并村村民的诉求。"既然大家把土地交了出来，那就要让他们安心。"张璐这样解释自己的"保姆"形象。于是，为了让村民们更安心、更放心，张璐又根据村民们的实际情况，尽可能地在基地给他们安排就业岗位，使留守在村里的老年劳动力得到了"充分利用"，50多户农户通过参与基地建设在家门口实现增收。同时开展党员帮带低保户的认领模式，流转承包40亩精准帮扶区块，吸纳附近闲散劳动力，实现家门口就业，利用岭上毛竹资源，与武义县10余个村共建共富，解决村庄毛竹资源浪费问题，实现10余个村村集体年均增收共24万余元。

他深知共同富裕是部分到整体的逐步富裕，这一系列完全可复制的乡村振兴模式，在帮扶本村集体经济发展的同时，与多个经济薄弱村党支部打造了中药材党建联盟，以点带面，结合当地自然环境，帮扶武义县三个经济薄弱村发展林下经济，并为他

们提供技术支撑、资金杠杆、包收保障等服务，帮助这三个村全部摘掉了经济薄弱村的帽子，1850余名村民每年切实增收3500余元，实现了村集体、村民的共同发展，共同富裕。

六、持之以恒，成为村民满意的知心人

2023年张璐抢抓美丽乡村建设、空心村改造机遇，申报省"一事一议"项目，顺应村民要求，乘势而上，通过拆除老旧房子、新区建设、民宿改造对村庄重新规划，通过道路硬化、村庄亮化、环境美化改善村庄环境，提升村民幸福指数，做好松树下村基础设施建设，为农旅融合夯实基础。

为了使村集体经济进一步发展，张璐还研究起了农家乐、"三叶青麻糍"等中药材附属产品，下一步他还将针对农产品进行深加工，通过三产深度融合，挖掘农村资源的价值所在，他这一可复制的乡村振兴模式，被浙江卫视、金华卫视等先后进行报道，被评为2021年度富民增收"十佳案例"。

如今，这个村集体中药产业园已经初显规模，主营三叶青中药材，成功打造出近800亩的林下中药材产业示范基地。张璐估摸着，等三叶青收成之时，200亩的效益可以突破千万元。下一步，他还打算将三叶青产业链进行延伸，深入学习贯彻落实习近平总书记"因地制宜大力发展特色产业，推进农村一、二、三产业融合发展，拓宽农民增收致富渠道"的重要讲话精神，着力做好"土特产"文章，以产业振兴促进乡村全面振兴。

供稿单位：共青团武义县委员会

撰稿人：章乐

案例8 "一盒故乡"打包"乡愁"

姜鹏,1988年生,衢州龙游县人,中共党员,现任龙游不亦乐乎电子商务有限公司总经理,龙游县溪口青春联合会会长。曾获第四届"中国创翼"创业创新大赛浙江省二等奖并获"全国创翼之星"称号、全国"创青春"青年创新创业大赛银奖,他创办的公司获评浙江省首批百家示范共富工坊、省级"青创农场"等。2023年,他喜获浙江省乡村振兴青年先锋"青牛奖",为衢州市唯一。其主导设计的"竹韵"茶叶罐入选杭州亚运会伴手礼。

一、童年味道,"85后"龙游小伙回乡圆创业梦

2016年,姜鹏放弃了城市的优厚待遇,凭一腔热情返乡创业。他当时带回了自己掌镜拍摄的一组纪实照片——父母、乡邻、亲戚朋友,各色人等正在包粽子、蒸发糕、晒笋干、干农活,热火朝天,充满烟火气,每一张照片都散发着满满的龙游味道。

创业伊始,姜鹏也吃尽了苦头。为策划一期中秋节营销活动,姜鹏找到在湖镇种无花果的农户祝大叔,和他一起在果园里精心挑选、采摘,以"童年的味道"为名,设计包装进行推销。短短3天,姜鹏就收到了千余份订单。"但是,因为我们没有经验,这么好的一个策划没有得到买家的好评,最后算算还亏钱。"姜鹏说,当时大家没考虑到农产品易压坏、易腐烂的特性,运输过程会有一定的损耗率。"在快递时,一不小心无花果就会被压坏。当一张张无花果被压坏的照片传过来时,我们也很难受,最后退款了事。"被这样的售后问题困扰,原来"几个月就能回本"的美好预期也成了泡影。

一直对姜鹏创业给予很大支持的父母开始着急了，他们说这样还不如回杭州找份工作。姜鹏不甘心放弃："我就是个喜欢折腾的人，越挫败越想挑战自己。"一次次失败、一次次尝试，姜鹏慢慢给产品配上冰袋、包气泡膜，加上物流、冷链技术越来越成熟，他们接到消费者负面反馈的次数越来越少，公司也逐渐开始盈利了。

二、"一盒故乡"，搭建"互联网+"电商平台

"龙游的农特产品很多，很好。如何让传统的农特产品用现代的理念设计、制作、包装，通过电商的平台销售出去，需要大家来出点子。"

经过多次摸爬滚打，2018年，姜鹏正式成立了"一盒故乡"品牌，同时开发了线上"微商城"，以文创来带动产品销售的品牌理念也越来越明晰。"其实'一盒故乡'这个名字，我已经使用了很久。每当我们离开家乡时，装着家乡特产的箱子都是满满的。我常想，能不能有这样一个盒子，它可以把所有的一切都装进去。"

就这样，从粽子、发糕到冬笋、酥饼，各种各样的龙游特产，通过一个个小盒子到达了更远的地方。除了这些，姜鹏还尝试做了龙游特产超市"土冒"连锁超市，将"一盒故乡"搬进溪口美食老街。

而随着销路的打开，姜鹏开始不满足于只围绕吃食做文章。"龙游是中国的竹子之乡，蓑衣、木马、木凳……这些竹编木制品也是我们小时候的回忆。各个乡村都有老手工艺人，但是他们被逐渐遗忘了。"

于是，姜鹏带着团队深入龙游的各个乡村，与一位位老匠人深入沟通，寻找适合做产品的"回忆"。找到自己想要的产品之后，姜鹏同样对这些手工艺品进行重新设计，让它们更符合当代人的审美和生活需求。一个个本应该在博物馆当摆设的竹编产品，经过他们的文创改造，在日常生活中也有了用处。

姜鹏创立"一盒故乡"品牌，旨在包装具有龙游特色元素的产品，囊括当地特色的民风民俗、独特的传统技艺、地道的风味美食、秀丽的自然风光，挖掘更多独具匠心的农特产品和手工艺品，让在外的龙游人都能吃上原汁原味的家乡美食，拥有来自记忆深处的童年老物件。在他的带领下，一群回乡创业的"乡村少年"，创新"互联网+乡村"思路，探索农旅文创融合发展，以青春赋能助力共同富裕。

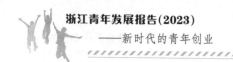

三、"乡愁邮局"，打造线下文创体验空间

姜鹏一直致力于挖掘"乡愁元素"，共创"乡愁经济"，打造记得住乡愁的乡村文创体验空间。他保护和利用好传统建筑5栋、地方文化遗产15项，使得废弃的老建筑成为服务乡亲、乡贤、旅客、创客的特色空间。通过体验、参观、展销、传艺等形式，扶持农村非遗传承人、民间艺人收徒传艺150多名，通过直播、电商、新零售等方式销售农特产品（销售额共600多万元），手工艺品10多万件，从而实现当地农民增收，复兴当地民间艺术。

姜鹏将"乡愁邮局"和"一盒故乡"融合在一起，打造成书信馆、手信馆，游客不仅可以邮寄书信、明信片，还能将家乡美食、工艺品寄给在外的龙游人。邮局面积不大但五脏俱全，有主打龙游家乡美景、美食元素的主题明信片、系列老物品摆件等。邮局根据营业期间所出现的问题进行改进，将其打造成人们心中的"情感驿站"，也希望通过这些"乡愁"产品吸引更多在外游子回乡发展。

2020年初，"乡愁邮局"与中国邮政合作签署《快递助农》协议，让山区的农产品以更优惠的价格，更加有趣的方式通过"乡愁邮局"分享给远方的游子、游客。

"不仅是为了'一盒故乡'，更为了乡村的发展。"下一步，姜鹏及其团队将更加注重本地非遗产品的开发与销售。"我想对这些传统手工艺品进行改良，让它们顺应时代的潮流，成为符合现代化的产品，走出去、流传下去。"

"乡愁邮局"上线后，也吸引了清华美术学院、中国美术学院等许多知名院校，他们纷纷和姜鹏团队建立了研学游合作。其中，姜鹏团队和清华大学美术学院的林乐成教授联合探索、构建了"一个大师+2个手艺人+N个农民"的创新助农模式，让原住民能在家门口就业，让传统手艺回归当下生活。与省二轻集团合作建立浙江省手艺业合作联社、手工艺培训基地，让老手艺遇见新设计。

2022年，"乡愁邮局"项目荣获浙江省"创青春"青年创新创业大赛铜奖。

四、共同富裕，为家乡注入青春动能

多年来，姜鹏始终保持初心，积极参与农村电商公共服务工作，先后参与开展多次电商助农工作,发起"我为家乡代言""游子回乡说""故乡有好货县长来直播""遇见锦鲤遇见你""慢行大街""塔石花开·山河无恙"等多场直播专题活动,全国农民丰收节期间发起"丰收直播"50余场,带动销售橘柚300万斤,手工粿印和小板凳、公筷等手工艺品10万多件。特别值得一提的是,他在疫情期间发起"山海协作,共战疫情"电商助农活动,获得了衢州市、宁波市政府的大力支持和肯定。

2020年初,姜鹏全程参与龙游县溪口镇"溪口乡村振兴综合体"建设工作,在疫情期间克服困难,顺利完成乡村振兴综合体的建设,并作为运营商负责综合体的日常运营工作。围绕"直播经济""乡愁经济"定期推出"竹够好听、竹够好玩、竹够好吃、竹够好用"四大系列主题活动,为老街商户和周边群众提供线上销售渠道和直播带货培训,发展本地特色的竹产业、竹文化、竹文旅,推动龙南山区竹产业三产深度融合发展。

对于老式竹木产品,姜鹏团队也重新设计并进行文创化开发,使之更加符合现代人的审美需求。团队设计改造的"小木马"摘得"国家旅游商品大赛"铜奖,随后推出的"小竹马"也成为当地的网红产品。针对传统的竹编手艺,姜鹏联合清华大学美术学院对手艺进行再开发、再设计,之后邀请老手艺人加入,通过"大师带导师,导师带工匠,工匠带农民"的传帮带模式,以"前店后坊"的方式生产、售卖竹编制品。现在已有170多户笋农和29名竹编师傅与姜鹏团队合作,竹产品年销售额已逾千万元。

目前,姜鹏团队平均每天上线一个新产品,网店销售产品种类共几千款,手工艺品占了大多数。"不仅是为了'一盒故乡',更为了乡村的发展。"姜鹏说,未来一段时间,团队会更加注重这些非遗产品的开发与销售,希望这些传统手工艺品能顺应时代的潮流,走出去、流传下去,带动更多的老街居民增收。如今,随着家乡农产品和手工艺品的电商化和文创化的开发,仅通过线上渠道,就帮助180多户老街居民就业,每年户均增收1.5万元。

"原先我们要出去打工,现在在家里就能就业。"随着品牌越做越大,"微商城"上"溪口老街"。居民们也源源不断地加入进来。空闲之余,姜鹏还会随着当地居民上山,挖掘"土货",想办法打开销路。

目前,"一盒故乡"等创客项目已成为龙游县文创标杆和村直播领军团队,并入围全省乡村运营"十大业态"。以"一盒故乡"为核心,探索"创客回归、山区共富"新模式,集聚了一批涉及种植养殖、陶瓷创作、竹产品加工、电商直播、数字经济、乡村研学

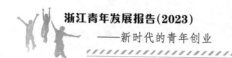

等类型的青年创业群体。2022年初，传承革命前辈的溪口联谊会精神，以姜鹏为首的10余名青创客共同发起成立了"溪口青春联合会"，由姜鹏担任首届会长，目前，已累计吸引120多名青年回乡。他先后与龙游县域26个村建立合作，成立共富工坊6家，签约农创客22名，手艺人40余名，为家乡开发特色伴手礼180多件，累计销售竹编等手工艺品、特色农产品价值5000多万元，助力村集体平均年增收30万余元。

像姜鹏一样千千万万的青创客，既是"振兴龙游"这道开放性考题的答卷书写者，也是共同富裕的推进者，他们正以新的活力、新的构思，在共同富裕这个大舞台上共享、共创、共融、共生。

供稿单位：共青团龙游县委员会

撰稿人：翁乃洁

案例9 "数字+农业"让涌泉蜜橘令人"忘不了"

林东东,1990年生,浙江临海人,民建成员,海归新农人。现任浙江忘不了柑橘专业合作社理事长、临海市忘不了农业科技有限公司董事长、台州市第六届政协委员、台州市青年农业产业化促进会会长。曾获第二届全国乡村振兴青年先锋奖、浙江省乡村振兴带头人"青牛奖"、浙江省农村青年致富带头人标兵、浙江最美"90后"、2019年浙江省"金牛奖"提名奖、台州市优秀政协委员、台州市劳动模范等奖项和荣誉称号。

一、电商快车道,跑出发展加速度

2008—2010年在英国留学期间,林东东看到国外品质较低的柑橘卖出了涌泉蜜橘达不到的天价,这让从小在橘田里长大的林东东坚定了回乡发展壮大柑橘产业的想法。回国后,他接手了父辈们创立的忘不了柑橘合作社。2012年,凭借自身敏锐的市场洞察力,林东东提议把橘子放在网上卖,可这个想法遭到了合作社老一辈的否决。年轻人有着敢于拼、不服输的赤热心,为了说服老一辈支持自己做电子商务,林东东搜集国内电商发展现状与未来趋势报告,在此基础上,围绕柑橘产业特点,梳理出了一份《"忘不了"柑橘品牌入驻第三方电商平台营销方案》。方案里,他列举了生鲜电商的成功经验,合作社理事会被东东真诚的态度、清晰的思维和严谨的方案打动,同意了与当时的电商巨头——本来网合作。合作之初,销量平平,不仅物流成本高居不下,损耗多,赔偿率也高。柑橘行业运输损耗过高、周转次数多、仓储条件差导致品质下降等短板暴露无遗。在经过反思后,林东东没有放弃,他改变了方法,将一箱箱橘子通过卡车,批量送到网站的生鲜仓库,再由网站方同城配送。在补齐运输、损耗两大短板后,凭借优质、新鲜、高配、低耗的优势,"忘不了"柑橘赢得北京"橘粉"们的认可,柑橘季平均日销3000余斤。

这一年,是"忘不了"电商元年,在试水电商成功后,林东东紧锣密鼓地敲定了与其他第三方电商平台、大型商超的合作,自建"忘不了"水果旗舰店、微商城等互联网直营店,运用公众号、短信群发、展销会、朋友圈等推广渠道组织活动策划、粉丝互动,先进的做法,让"忘不了"柑橘搭上了电商快车道,他还主动参与了国家863项"柑橘信息化示范基地"建设。

二、数字化转型,带动农户奔共富

踏石留印、抓铁有痕,这是林东东始终坚持的创业态度。这些年来,他紧扣"品牌建设""产业增效""乡村振兴""高质量"等关键词开辟新领域,勇闯新赛道,把柑橘产业规划图变成效果图,效果图变成了竣工图。创业初期,林东东发起的"忘不了农村电商服务e站"项目在首届临海青年创业大赛的41个项目中脱颖而出。之后,他牵头组建了临海市首家镇级电商协会并任会长,会聚了近200位农村青年返乡创业,与志同道合的青年们共同助力乡村振兴,带领"忘不了"团支部获得"全国五四红旗团支部"荣誉,设立公共法律服务站、临海乡村振兴学院实践基地,经常组织座谈会交流,进行电商培训学习,带领成员在建设现代农业、推广农业科技应用、生鲜包装改革和产品品牌营销等方面创新创业,通过抱团帮助成员单位每年减少近300万元物流成本,直接带动100多户农户享受红利。

返乡青年的团结精神、时代的殷殷嘱托,催人奋进。为解决产业发展难题,他义不容辞,全心投身于现代农业事业。2017年他提交了《关于加速推进我市现代农业机械化建设的提案》,该提案得到了主管部门的倾斜扶持并侧重落实,截至2023年,仅涌泉镇的果园就铺设了近1400条"小火车"轨道。小火车轨道的铺设,实现了山地果园肥料轻便上山和果实轻松下山,降低了果园作业劳动强度,每亩至少减少劳力4工。他深深懂得现代农业的发展离不开农业科技强有力的支撑,积极倡导"科技兴农"发展方针，一贯坚持标准化种植、绿色防控，推广应用轻简化、节本增效作业系统，譬如肥水药一体化(一根皮管覆盖全园)、喷滴灌作业、山地轨道运输车等，直接服务带动社员基地8100亩，辐射带动涌泉基地4.5万亩。

2020年，他投资5000多万元，带领企业购置1.5万平方米土地，打造长三角地区目前最大、最先进，也是浙江省第一条6通道柑橘数字化分选线的柑橘采后服务中心，建设品牌建设服务中心、分级处理服务中心、交易服务中心等数字功能区。投产的分选线实现上料机械化、分选数字化、称重智能化和品控标准化，面向临海市20余万亩柑橘基地提供代加工分选，分选能力达到每小时3万斤，在不损伤果肉的情况下可以对果径、果皮色度、光洁度、酸度等8个指标做出测量判断，差异化分选后可让农户增收1元/公斤。林东东还将分选线面向全市20余万亩柑橘基地提供加工分选服务，年处理商品果预计可达1.5万吨，推动农产品增值2000万元以上。

三、品牌促升级，实现产业化经营

心中有方向，脚下有力量。当初合作社正朝着围绕柑橘、杨梅、枇杷等当地特色水果的多元业务方向持续发展，但在经营管理中找不准自己的发力点，林东东意识到业务的多元化消耗了大量的精力，是继续主张多元化百花齐放，还是主营柑橘独领风骚？在征询专家意见、内部讨论后，林东东直面干事创业的痛点，明确了主攻方向，坚定了"专注柑橘、持续创新"的品牌经营理念，树立起"品质第一、用户满意、员工幸福、农民增收"16字企业核心价值观，升级塑造了"忘不了"新LOGO。兼具立体、时尚而又淳朴的新LOGO，一经面世就受到了市场的肯定，成功申请外观设计专利5项，美术作品著作权2项。信息化示范基地里，其利用手机实时对基地进行智能预警防范、温湿度智能控制、精准肥水管理、远程农田监控，让原本在11月成熟的柑橘提前至7月份上市，精品果率提高了30%，智能温室栽培的反季节橘子，在柑橘空档期卖出了10元/个，被CCTV-7《致富经》栏目专题报道。

为了进一步提高品牌效应，林东东创立了合作社服务农户，基地提供技术指导、品种示范推广，农户则负责安心生产的"公司+合作社+基地+农户"产业化经营，带领"忘不了"柑橘先后成功竞选世界浙商上海论坛专用橘、全国名特优新农产品目录、浙江特色伴手礼、长三角特色伴手礼、"台州国际马拉松唯一指定用橘"等。最近3年，

随着《天天向上》《遍地英雄》《寻味明州》等栏目的宣传推广，"临海一奇，吃橘带皮"的临海涌泉柑橘被推向全国，节目点击流量突破3个亿。林东东还策划了"琪食忘不了"梁咏琪明星同款，实现一天内创广告0投放收益近百万的业绩。利用"橘子哥喊你来，做忘不了蜜橘共建人"的邀请，春节期间乐享"疯狂的橘子"通关游戏赢充值卡等形式多样的情感互动，带领"忘不了"年创产值6000多万元。

"百年老店、百万客户、百亿品牌"是他心中的企业远景蓝图，当下，临海市忘不了农业科技有限公司正朝着集标准化种植、数字化加工、精准化销售和社会化服务于一体的农业重点龙头企业按下快进键，开启新征程。而从传统农业到数字农业，从线下销售到线上销售，这位"90后""橘子哥"林东东已经慢慢改变种橘子这一父辈们赖以生存的产业，他走出的新路子，是一条"数字+农业"的共富路，正带动更多的农户实现增收致富。

供稿单位：共青团临海市委员会

撰稿人：王筱琼

案例10　电商追梦，云和"小木头"飞向大世界

王华，男，1988年生，浙江云和人。现任浙江淘乐玩具有限公司总经理，云和县政协委员，云和县乡村振兴新青年和农创客协会会长。曾被评为"2019中国农村电商致富带头人"、浙江省创业先锋、浙江省青年创业导师、丽水市"十大新锐网商"等。

一、电商初兴起，青年试锋芒

浙江之南，坐落着一座依山傍水的小城——云和。近年来，云和一直大力发展木玩产业，"木玩之城"的美誉闻名全国。木玩产业繁荣发展的背后，以王华为代表的青年创客正跳脱传统运营模式，开辟创业之路，用青春的力量奏响时代最强音。

和大多数男生一样，王华为了给喜欢的网络游戏充值，第一次使用了淘宝，发现网上充值给他带来了前所未有的便利。从那以后，他便敏锐地发现了自己的第一个商机——代充值服务，短短一个月的时间，他就赚到了自己在网上的第一桶金。尽管金额不大，但作为同龄人中"触网"的先行者，这简单的经历，给他带来了深远的影响。从嗅到商机，到学习淘宝规则，再到网店开张，王华对电子商务网上创业产生了浓厚的兴趣，从此他便走上了网创之路。

2007年，由于外需持续低迷、国内生产成本不断上升，以出口为主的木玩行业屡遭重创，这样的大背景下，许多企业纷纷调转船头准备进军国内市场。这时，年仅20

岁的王华率先嗅到了电子商务的新商机,他意识到渠道单一是云和木玩在销售上的一大不足之处,于是他萌生了一个新想法,将电商与云和县的传统产业——木制玩具相结合,并将其作为自己事业的新起点。在这个过程中,单打独斗的王华也是感慨颇多。尽管困难重重,但性格坚毅、不屈不挠的王华,带着对木制玩具的使命感与实现自身价值的责任感,始终坚持着对这份事业的执着,最终赢得了投资人的信任,得到了合伙人的入股。2010年4月,丽水市第一家以电子商务命名的纯网络销售企业"丽水淘乐电子商务有限公司"应运而生,率先进驻淘宝网"淘宝商城",不承想,他由此缔造了一段网上创业的新传奇。

创业初期,没有人愿意相信一个来自穷乡僻壤、初出茅庐的小伙子,再加上对创业缺乏经验,他举步维艰。一边是无限大的市场,一边是资金短缺、厂家不信任带来的货源供应不足等问题,为了突围,他的团队开始前往全国各地进行考察,向其他相关企业学习经验。2011年9月,在台湾的学习考察中,一个同事的孩子牙掉了,被家长保存在小盒子里。结合乳牙盒的市场开拓不足的情况,他萌生了联合云和木玩制作木制乳牙盒的想法。这小小的创意一定程度上打破了外界对木玩产业的传统认知,让他受到天使投资人的青睐,加上自身的努力,他度过了创业前期的资金困难时期。

作为新一代木玩人涉足电子商务的"试验品",淘乐电子商务有限公司的玩具专营网店打破了以往木玩企业自产自销的格局,先后吸收了本地近百家木制玩具企业加盟供货,主打品牌有木玩世家、丹妮奇特、幼得乐、比好、全家欢等,在整合本地品牌力量的同时,拉长了木玩业的产业链。在王华的带领下,淘乐用了不到两年时间,从一个淘宝商城普通商铺,发展成为淘宝商城全国销量十强旺铺,公司员工从起先3人发展到30多人,订单量从原来的一天几单发展到一天近1000单,在创业的第二年销售额已经突破1700万元。在他的带领下,在这样一个开放的平台,受益的是更多家企业,例如哈曼得玩具厂一款专利玩具创造了80余万元的销售额;双益玩具厂6000多套外贸串珠尾货参与团购活动,半小时内就被抢购一空;江丰玩具厂上线"秒杀"的2000套数字积木,15分钟内就全部被拍走……

二、同舟齐破浪,活水常新生

王华给人的第一印象是朴实、阳光,在他的身上看不到老板的架子,和公司的员工们像朋友一样相处。在企业的管理方面,王华采取了"阿米巴"经营管理模式——自己充当"船长"的角色,负责把握好公司的大方向;而员工则作为"水手",落实具体事务。该模式是依靠全体成员的智慧和努力,让每一位员工都能成为主角,主动参与经营,进而实现"全员参与经营"的目标。具体实施过程中,他带领公司营造了"让员工成为老板"的创业氛围,希望达到"共同创业型"企业的效果。他在产品设计研发、生产、销售等过程中采用员工入股、共同经营的组织管理模式,为团队注入了新鲜血液,也促进了团队的不断创新。通过几年的摸索与尝试,"员工持股创业"已成为淘乐的一大特色,吸引了许多有志青年加入淘乐运营团队,而他们也为团队不断注入新的活力。

在合作创业的过程中,王华细心地指导员工如何从市场的方向构思产品,从消费者的角度理解产品,他是员工们的领路人。在员工的眼中,他平易近人。员工常说,他不像一个老板,更像一位同事。除此之外,他还积极倡导快乐工作、快乐生活的理念。受其影响,公司一直致力于为员工打造良好的工作环境及丰富的业余生活,这大大提升了团队的活力。

在仓库管理方面,淘乐也开创了新模式。采用科学化仓库管理模式让订单的错发率降低至千分之一。这样精细化的管理模式,得到了代理商的认可,使得更多的代理商放心让淘乐做代发货的工作。

从代理销售木制玩具,到创立电商品牌"乐木";从原先的3人,壮大到现今的47人;从丽水第一家以公司形式注册的电子商务企业,到跻身进淘宝商城全国销量十强旺铺……淘乐团队在多个方面开拓创新,奋发有为,交出了一份优秀的答卷。

三、心存云和意,助力后来者

在发展壮大自己电商事业的同时,王华也不忘共同富裕的初心,慷慨地为云和青年创业者、其他木玩工厂、其他电商提供无偿帮助,带着责任感为云和木玩电商产业

的蓬勃发展做出巨大的贡献。公司的快速发展,同时也间接带动了当地物流、网络销售蓬勃发展,截至2023年底,云和县以淘乐为代表的电子商务企业有近500家,活跃网店1322家,网络零售额突破了21亿元大关。

王华在云和电商的荒地建起了一片绿洲,也为后起的青年创业者带来了阴凉。他将玩具生产与自主运营、零售以及批发业务结合起来,代理了云和县10余个玩具品牌,为县内诸多小工厂开辟内销渠道,又在发展自己品牌的同时不断拓展分销业务,为云和县新青年创业就业提供机会。为使行业有更加包容、开放、共享、互助的生态环境,王华等人发起组建"云和县网上创业联盟",促成青年网商电子商务创业园的成立,联盟成立之初就已有木玩网店卖家、供应商、服务商等500多家会员加入,从业人员有1500多人。"云和县网上创业联盟"的成立标志着云和木玩电商即将翻开崭新的一页,更标志着云和木玩电商草根创业者畅游网络世界的开始。

秉承着"分享传播"的理念,王华和家乡青年一同分享电子商务运营的经验和淘乐团队的快乐。作为县农村青年致富带头人协会的会长,在地方团委和农业农村局的支持下,他整合各方资源,围绕农创客培育、企业经营服务、公益事业等重点,开展会员服务和联合会工作。同时,为了持续地为地区木玩产业注入新鲜血液,让更多年轻人了解家乡产业,他积极组织会员单位为大学生提供实习实践岗位。一直以来,淘乐和云和县中等职业技术学校一直保持着良好的合作关系,定期开展交流座谈会、开设上机学习的课程,让电子商务班的学生们感受实战操作的魅力,让他们走出校门便能够上手工作。

"大众创业、万众创新"是中国经济发展新常态下的"双引擎"之一。王华积极响应,将这一理念落小落细落实,促成了全国首个阿里巴巴公共服务项目在云和县正式启动。近年来,以阿里巴巴中文站服务平台聚拢和输出的优质电商服务资源为依托,云和企业快速地找到了电商产业渠道。此后,他精确定位,为云和电商发展扮演"店小二"的角色,通过5个方面的专业电商培训,为大众创业点燃了星星之火,为传统产业的转型升级传递了新的火炬。在这样的背景下,云和县依托木制玩具独特的产业优势,以省级农村电子商务创新发展示范区、省级电子商务示范县、省产业集群跨境电商试点等各项试点工作为抓手,精心组织,强化措施,狠抓落实,初步构建起"木制玩具+互联网"的传统产业与新兴业态融合发展新模式,在"互联网+"的路上越走越远。

"百年创新路,雏凤有新声。"王华把自己的创新热情与家乡、社会联系起来,诠释了新时代的"创新魂";家乡的产业发展也助力着王华一行人在创新路上一往无前。

"为青年一代解缚,给青年一代机遇,让不羁的好奇心有枝可依,让自发的责任感不被冷落。"王华这样说道。面对当代不少青年陷入"内卷"的困境,他认为自己一路走来,最重要的就是坚持与创新。人们也相信他的热情必将感染新一代创造者,让他们在无边无际的蓝海上空自由搏击,共谱"海阔天空我自飞"的创新篇章。

供稿单位:共青团云和县委员会

撰稿人:王青青

案例11 让非遗成为乡村振兴"新动力"

李金晶,1996年生,2019年创业,开设"青瑾造物社"手工体验店,率先在舟山掀起一股手工热潮。在国家大力扶持乡村振兴、推动共同富裕的政策影响下,她将业务向乡村延伸,在马岙街道团结村开设了"居山小院"非遗工坊。"居山小院"非遗工坊以传统工艺为主题,通过研发推广非遗手作体验等方式,让更多人接触舟山非遗,了解和传承中国传统文化。同时,工坊也致力于推动当地经济发展,帮助农民增加收入。她用新的思维去传承非遗老手艺,为农村的发展注入了新鲜的血液,也为乡村振兴贡献了自己的力量,2023年她被评为"舟山市创业之星""善治马岙建设优秀个人",并被赋予"共富岙里,同心奔赴"马岙团结村荣誉村民称号。而"居山小院"则在2023年被评为舟山市乡村创业示范点,由定海区团区委授予"马岙青遗社"称号。

一、兴趣之水,浇灌理想之树

作为10年汉服爱好者,李金晶长期从事汉服及非遗传统文化推广。在大学期间,她积极组织和参加校内外的各类传统文化活动,曾策划并组织了多场汉服展示、传统礼仪讲座等活动,吸引了众多同学和社会人士的关注。她还积极参与到各类汉服社团和志愿者团队中,与其他汉服爱好者共同探讨汉服文化的传承与发展。这些活动的成功举办,使得越来越多的人认识到了汉服和传统文化的魅力,也为她积累了丰富的组织和推广经验。

在长期从事汉服及非遗传统文化推广的过程中,李金晶对传统文化有了更加深刻的认知和见解。她认为，传统文化是一个民族的精神支柱，是民族文化的瑰宝。在现代社会，我们应该更加重视对传统文化的保护和传承，让更多的人了解和热爱我们的民族文化。为此，她决定将自己的人生目标定为传承和推广中国传统非遗文化，为弘扬民族文化贡献自己的力量。

因家中长辈都出身于农村，虽然文化程度不高但动手能力极强，在这样的家庭氛围熏陶下，李金晶自小热爱手作。毕业返舟后，她发现真正为年轻人服务的手工领域非常稀缺，于是将爱好与理想一并转化为事业，开始了创业之路。自2019年开始，从一家仅有20平方米的小店起步，从汉文化衍生手工制品到各类精巧的现代手工艺品，她逐渐在创业过程中结交了许多志同道合的朋友，并开始扩大店面，到如今已经拥有面积200平方米的"青瑾造物社"定海店，开设手工项目40余种，涉猎广泛。

近两年，李金晶因为经常与伙伴一起到马岙拍摄采风视频，被马岙淳朴的风土人情、原生态的乡村环境所吸引。在和千年马岙文旅公司的沟通过程中，她逐渐产生了想要扎根马岙，创建新业态的想法。在街道及当地文旅等部门的牵头、支持下，她于2023年初选址马岙街道团结村，租下了一套面积300平方米的农家院落，打造"居山小院"非遗工坊。工坊现在已成为众多年轻群体假日休闲、亲子研学、企业团建的好去处，来参观体验的年轻人络绎不绝。

二、坚守初心，赓续非遗之美

创业以来，李金晶带领她的团队逐步钻研、开发各类手工品类，以丰富舟山年轻人业余生活。"居山小院"开设以后，她更是将全部精力用于探索如何将传统非遗融合进现代手作，让非遗更"接地气"。传统非遗有制作难度大、工序复杂、工期长、对操作技术要求较高、需要长年累月的技巧积累等特点，普通人很难通过一次展览或一篇简短的科普文章来切身感受文化的美。为了努力开发出能体现舟山特色的新兴手工项目，她的团队曾多次前往外地优秀非遗工坊国研。通过查找书籍、视频资料进行学习研究，她深入地了解非遗技艺的精髓，加上自己反复实操测试，筛选制作工具材料，最终确保了新兴非遗体验项目的质量和实用性。

经过一段时间的努力，李金晶的团队终于推出了10余种门槛更低、更易上手的新兴非遗体验项目。这些项目不仅保留了传统非遗技艺的独特魅力，还融入了现代

审美和实用需求,使得更多人能够轻松参与其中,感受传统文化的魅力。

如现在广受大家喜爱的"螺钿镶嵌"体验,源于浙江省级非遗"舟山螺钿镶嵌制作技艺",通过提取出其中最适合体验的制作环节"点螺",用光感胶代替传统的有一定致敏性的大漆,学员花一小时左右便能制作出胸针、发簪、发夹、耳钉等实用配饰。"海岛竹编"项目是定海区的区级非遗项目,原本竹编项目需要劈篾、拉篾、编织等多道工序,简化后,以最有体验感的"编织"工序作为体验项目,通过趣味动手的形式,让舟山以及外地的居民游客都能近距离感受海岛文化魅力。

随着这些新兴非遗体验项目的成功推出,越来越多的年轻人开始关注并参与到非遗文化的传播与传承中来。他们通过亲手制作传统非遗作品,不仅能体验到传统技艺的乐趣,还能深入了解舟山本土文化的历史和内涵。这种独特的文化体验,也为他们的生活增添了更多色彩和乐趣。

三、工匠精神,孕育成功之果

互联网给文化的传播提供了一个非常广阔的平台。以前,由于传播手段有限,很多非遗文化只能被一小部分人熟知和传承,但是互联网的出现和发展打破了空间的桎梏,使得非遗能够为更多人了解和学习。近两年,李金晶所带领的团队通过和诸多单位展开合作,利用线上短视频宣传+线下手作课程相结合的方式,多方面推广非遗与手作。如今,她所在团队自己打造的线上自媒体账号"青瑾造物社"和"居山小院",在各大短视频平台已拥有近1万名粉丝,播放浏览量累计500多万。

除两家门店的日常经营外,团队更是在创业过程中,累积了百余场手工沙龙执教经验,经手学员数千名,学员上至花甲老人,下至垂髫小儿,广受好评。团队足迹遍布舟山各地,与舟山本地多家商场购物中心、房地产企业、车企、美容业以及各类企事业单位等达成合作意向,进行手作沙龙教学活动。李金晶利用业余时间学习活动策划、编排,针对不同的客户需求设计提供不同的手作沙龙方案,让不同年龄不同爱好的学员都能找到自己喜爱的手工项目。如和舟山市博物馆一起开展"十指灵动手工体验课程";参与定海区文化馆"艺享空间"活动,并将其作为固定点位之一开展教学课程近20场;策划执行定海区图书馆的若干场传统节庆手工活动;参与开展定海团区委"礼堂伙伴"非遗下乡活动;开设市工人文化宫"舟工课堂"手工培训系列课程;等等。

通过承办、开展各类手工课程,她成功地将传统手工和非遗文化推向更多的受众群体。

李金晶的计划不仅仅是推广非遗文化和提升马岙当地的文化活力,她还希望能够为村里的剩余劳动力创造更多的就业机会。为了实现这一目标,她正在着手创建一个手作式共富工坊。这个工坊将成为村里剩余劳动力的一个就业平台。通过提供培训和技能指导,他们将有机会学习和提高手工艺制作的技能。这不仅可以帮助他们找到稳定的工作,还可以提高他们的经济收入。同时,这也将为周边村民提供更多的就业机会,帮助他们增加收入。

除了推广非遗文化,团队还着手开发文创周边产品。他们将门店内现有手作品类与用户需求的主题IP相结合,以手工制品的形式呈现。这样不仅可以满足用户对个性化、独特产品的需求,还能够在体现IP内容的同时,更好地宣传舟山文化。通过开发文创产品,团队可以将舟山的文化元素融入产品设计中,使产品更具地域特色和文化内涵。同时,这也有助于推广舟山的非遗文化,让更多人了解和欣赏这些独特的手工艺品。

此外,团队还将积极与当地文化和旅游部门合作,助力马岙当地的文化焕发新活力,进一步宣传和推广舟山的非遗文化。通过展示手工艺品的制作过程和背后的文化故事,他们吸引了更多的观众和媒体的关注,进一步推动了舟山文化的传承和发展。

李金晶表示,她希望通过自己的团队和"居山小院",让更多的人了解和喜欢舟山的非遗文化,从而激发他们对传统文化的热爱和尊重。同时,她也希望这些新兴非遗体验项目能够帮助更多的年轻人找到自己的兴趣爱好,丰富他们的业余生活,为传统文化的传承和发展注入新的活力,同时也希望能够为乡村振兴做贡献。

"青春孕育无限希望,青年创造美好明天。"李金晶在创业过程中,准确定位自身理想,将自身的发展与社会的发展相结合,以"工匠之风"精益求精。既带动身边人就业,又助推乡村共富,实实在在体现了身为青年创业者的担当,在青年群体中有着良好的榜样带头作用。

供稿单位:舟山市定海区马岙街道团工委

撰稿人:张梦玲

参考文献

〈中文文献〉

布尔迪厄,2020.区分:判断力的社会批判[M].刘晖,译.北京:商务印书馆:300.

蔡莉,单标安,2013.中国情境下的创业研究:回顾与展望[J].管理世界(12):160-169.

车俊,2018.走好浙江乡村振兴之路谋好城乡融合发展新篇[EB/OL].(2018-09-11)
[2024-05-10].http://cpc.people.com.cn/n1/2018/0911/c162854-30286022.html.

陈彬,2015."创业"中的创业学院[N].中国科学报,2015-8-6.

陈吉,2022.身体、关系与场景叙事:短视频的女性参与和赋能策略[J].现代传播(中
国传媒大学学报),44(2):114-121.

陈伟,王秀锋,孙伟男,2020.政策工具视角下"大众创业,万众创新"政策文本量化研
究[J].科学管理研究,38(2):10-17.

陈武林,杨无敌,2023.创新创业教育政策执行的制约因素及路径调适:基于政策执行
过程模型的解释[J].江苏高教(1):44-50.

程诚,2017.同伴社会资本与学业成就:基于随机分配自然实验的案例分析[J].社会
学研究(6):141-164,245.

程玲,向德平,2018.能力视角下贫困人口内生动力的激发:基于农村反贫困社会工作
的实践[J].中国社会工作研究(2):115-139.

创青春,2022.团浙江省委:数字化改革为引领,重塑共青团服务青年创新创业体制机

制[EB/OL].(2016-11-17)[2024-05-10].https://mp.weixin.qq.com/s? __biz=MzIwMD
M2NzI2OA==&mid=2652506761&idx=2&sn=de8cf5a37b75fd42d47acf533cda9d01&ch
ksm=8d10e742ba676e547be4539b5345eff72a3ce549fb40eb79dc78d3c5c90dbf8c33e89
0482936&scene=27.

淳安县人民政府,2022.以高质量创新创业教育赋能共同富裕[EB/OL].(2022-06-29)
[2024-05-10].http://www.qdh.gov.cn/art/2022/6/29/art_1229660540_1821703.html.

崔蓉,翟凌宇,孙亚男,2023.中国数字经济空间关联网络结构及其影响因素[J].经济
与管理评论,39(6):95-108.

丁述磊,刘翠花,李建奇,2024.数实融合的理论机制、模式选择与推进方略[J].改革
(1):51-68.

董根洪,2014.实施"八八战略",从"两创""两富"迈向"两美"[EB/OL].(2014-07-11)
[2024-05-10].https://zjrb.zjol.com.cn/html/2014-07/11/content_2736881.htm?div=-1.

段锦云,王朋,朱月龙,2012.创业动机研究:概念结构、影响因素和理论模型[J].心理
科学进展(5):698-704.

段义孚,2017.空间与地方:经验的视角[M].王志标,译.北京:中国人民大学出版
社:44.

冯朝睿,徐宏宇,2023.数字乡村建设评价指标体系构建及其实践效用[J].云南师范
大学学报(哲学社会科学版),55(4):109-120.

傅国云,傅婧,2016.社区的复兴:丹麦克里斯钦尼亚社区治理经验的借鉴[J].金华职
业技术学院学报,16(4):19-24.

葛中锋,2011.基于资源观的企业创新网络演化研究.[D].哈尔滨:哈尔滨工业大学.

共青团中央,2022.被吹爆的数字经济,能给年轻人带来哪些挑战和机会? 这个论坛
告诉你[EB/OL].(2022-07-21)[2024-05-10].https://mp.weixin.qq.com/s/CdnNYW1
mNguMys8RBLVL6A.

古川,尹宁,赵利梅,2021.社会网络与产业生态交互赋能下青年返乡创业的演进机制
[J].农村经济(9):128-134.

顾桥,2003.中小企业创业资源的理论研究[D].武汉:武汉理工大学.

郭润萍,龚蓉,陆鹏,2024.战略学习、组织敏捷性与机会迭代:基于数字化新创企业的
实证研究[J].外国经济与管理(7):22-37.

国家统计局,2021.数字经济及其核心产业统计分类(2021)[EB/OL].(2021-5-27)
　　[2024-05-10].https://www.gov.cn/gongbao/content/2021/content_5625996.htm.

杭州市人民政府,2023.《杭向未来·大学生创新创业三年行动计划(2023—2025年)实
　　施细则》政策解读[EB/OL].(2023-12-15)[2024-05-10].https://www.hangzhou.gov.
　　cn/art/2023/12/15/art_1229063385_1839115.html.

何继新,孟依浩,暴禹,2021.中国高校创新创业政策供给特征及组合评估:一个三维
　　框架的量化分析[J].黑龙江高教研究,39(2):92-99.

何庆江,雷祺,吴学兰,2022.基于政策梳理的高校创新创业教育问题研究[J].黑龙江
　　高教研究,40(3):133-138.

胡望斌,焦康乐,张亚会,2019.创业认知能力:概念、整合模型及研究展望[J].外国经
　　济与管理(10):125-140.

黄首晶,杜晨阳,2017.试析社会、高校、政府在高校创业教育中的主体功能:基于中美
　　的比较分析[J].比较教育研究,39(9):79-88,111.

黄震方,张子昂,李涛,等,2024.数字赋能文旅深度融合的理论逻辑与研究框架[J].
　　旅游科学,38(1):1-16.

贾康,韩娇,2023.创新创业对经济高质量发展的影响及其空间溢出效应:数字化转型
　　的中介作用[J].经济体制改革(6):33-42.

金银亮,罗成一,2023.应用型本科院校创新创业教育生态共同体的构建[J].黑龙江
　　高教研究,41(7):144-149.

金泽虎,邓超,2024.长三角地区数字经济高质量发展效应:基于进口贸易的视角[J].
　　华东经济管理(3):12-22.

巨量算数,2023.抖音电商发布《2023丰收节抖音电商助农数据报告》[EB/OL].(2023-
　　09-23)[2024-05-10].https://trendinsight.oceanengine.com/arithmetic-report/detail/
　　1004? source=m_etoutiao.html.

旷宗仁,左停,王顺,2021.乡村产业与人才如何振兴?:基于76个贫困县青年创业人
　　员的调查与分析[J].江苏海洋大学学报(人文社会科学版),19(3):131-139.

黎淑秀,2020.全球青年就业趋势研究:为青年提供优质的就业政策[J].中国青年社
　　会科学,39(1):117-127.

李晨,2020.浙江启动青春助力乡村振兴"青牛奖"寻访活动[EB/OL].(2020-05-05)

[2024-05-10].https://baijiahao.baidu.com/s?id=1665860383176620840&wfr=spider&for=pc.

李春玲,2023.大学生就业选择的趋同与分化:理性选择与社会分化[J].北京大学教育评论(3):51-68,188-189.

李国和,曹宗平,2018.农民工返乡创业面临的多重风险与防控策略探究:基于适度鼓励与引导的视角[J]改革与战略,34(2):159-162.

李庆雷,高大帅,2021.数字游民:互联网时代的新型旅居群体[N].中国旅游报,2021-10-20(003).

李志东,2023.数字营商环境如何驱动青年创新创业:基于多城市的政策和调研分析[J].青年探索(3):57-68.

梁光苇,宋壮,2022.从自我异化到文化反哺:短视频视角下乡村青年影像空间的文化转向[J].中国传媒科技(8):21-25.

梁静怡,2023.走,去安吉看不坐班的年轻人[EB/OL].(2023-22-04)[2024-05-10].https://www.thepaper.cn/newsDetail_forward_22094631.

廖理,谷军健,袁伟,等,2021.新冠肺炎疫情下中国创业市场分析[J].清华金融评论(10):107-112.

林炳坤,2022.乡村振兴背景下我国数字乡村建设存在的问题及对策[J].乡村科技,13(16):23-26.

林兆木,2023.增强消费对经济发展的基础性作用[N].人民日报,2023-10-18.

刘娇萌,2020.央视网报道对科技人物的媒介形象塑造[J].传播力研究,4(8):170,172.

刘霞,2010.新企业创业要素体系的构建研究[J].科技管理研究(18):255-257.

罗敏,2019.从"离乡"到"返乡":青年参与乡村振兴的行动逻辑:基于H省Z市1231名青年的问卷调查分析[J].中国青年研究(9):11-17.

吕昂,方问禹,2024."千团万企"出海拓市助力浙江外贸"稳中有进"[N].高管信息·浙江,2024-1-29.

吕康银,陈思,贾利雯,2023.数字经济如何影响就业选择?:基于工作动机的作用机制[J].经济与管理研究,44(12):24-43.

麦蔼文,2020.新冠肺炎疫情人物报道的特征与策略:基于6个市场化媒体公众号189

篇报道的分析[J].青年记者(24):36-37.

毛郅昊,汪涵,2023.杭州昂首阔步迈向科技成果转移转化首选地[EB/OL].(2023-02-03)[2024-05-10].https://www.hangzhou.gov.cn/art/2023/2/3/art_812262_59073072.html.

梅罗维茨,2002.消失的地域:电子媒介对社会行为的影响[M].肖志军,译.北京:清华大学出版社:307.

梅伟惠,2020.高校创业教育的组织模式与运行机制创新研究[M].杭州:浙江大学出版社.

莫斯可,2013.传播政治经济学[M].2版.胡春阳,黄红宇,姚建华,译.上海:上海译文出版社:16,170.

彭华涛,王敏,2012.创业企业社会网络演化的试错机理:基于群体案例研究[J].科学学研究,30(8):1228-1236.

人民数据研究院,北京师范大学新闻传播学院,粉笔,2023.青年群体职业规划数据分析报告(2023)[EB/OL].(2023-10-19)[2024-05-10].https://kdocs.cn/l/cpE1ufiWkg68.

任杰,2020."三农"类短视频的传播策略研究[D].长沙:湖南大学.

任静,丛红艳,2023.乡村短视频中"田园意象"的影像表达与文化意蕴[J].商业经济(11):123-125,156.

邵庆祥,裘文意,肖紫嫣,等,2024.基于类型教育的中国特色产业学院创新实践[J].在线学习(3):71-73.

沈睿,2021.政务新媒体视角下地级市政府形象塑造研究:以南通市为例[D].上海:东华大学.

沈云慈,2020.地方高校创新创业教育支持体系的构建:基于产学研协同全链条融通视角[J].中国高校科技(12):72-76.

施力维,2023.为了营商环境更舒适,浙江走出舒适区——"一号改革工程"如何攻坚[EB/OL].(2023-04-18)[2024-05-10].https://www.zj.gov.cn/art/2023/4/18/art_1554467_60100998.html.

施永川,王聪敏,2022.高校创新创业教育教学体系建设:问题、路径与成效[J].大学与学科,3(2):104-113.

施永川,王聪敏,2023.美国高校驻校企业家制度的缘起、组织形式与启示[J].高校教育管理,17(1):59-68.

松阳共青团,2022.@松阳创业青年,"青创贷"又双叒来了![EB/OL].(2022-10-06)
　　[2024-05-10].https://mp.weixin.qq.com/s?__biz=MzA5OTEwNTczMw==&mid=2650
　　497490&idx=1&sn=43ec5c29fd4152ea0c3862c23d46bdd3&chksm=8888af78bfff266e8
　　c6f5888c227d9cb5755afa01de0c248fc711223958ffe6be2bfb02c5b1d&scene=27.

宋庆宇,付伟,2023.关注乡村振兴中的"数字乡民"[J].中国果业信息,40(6):2.

孙俊,黄永春,杨晨,等.2019.兼职型创业者的生成机制研究:基于资源与能力理论视
　　角[J].软科学(11):6-10.

孙锐,孙雨洁,2021.我国地方创新创业人才引进政策量化研究[J].科学学与科学技
　　术管理,42(6):29-44.

汤临佳,梅子,郭元源,2022.我国"创业创新"系列政策实施效果研究:基于政策组合
　　效应的视角[J].科研管理,43(5):34-43.

汪蕾,蔡云,陈鸿鹰,2011.企业社会网络对创新绩效的作用机制研究——基于浙江的
　　实证[J].科技管理研究,31(14):59-64.

王敖,2023.乡村振兴背景下"三农"自媒体短视频传播现状及问题研究[D].蚌埠:安
　　徽财经大学.

王婧,2023.数字游民:一半旅行,一半工作[N].中国青年报,2023-5-16(012).

王磊,杨晓倩,张鹏程,等,2022.兼听则明:高管社会网络与企业投资决策同伴效应
　　[J].管理科学学报(6):81-99.

王苗苗,李华,王方,2018.大众创新创业政策发展评估:基于政策工具、创新创业周
　　期、政策层级[J].中国科技论坛,34(8):25-33,57.

王名,蓝煜昕,高皓,等,2021.第三次分配:更高维度的财富及其分配机制[J].中国行
　　政管理(12):103-111.

王思霓,2023.数字经济背景下青年人才培养模式及对策研究[J].中国青年研究,
　　(4):20,36-42.

王玉玲,施琪,2021.县域视野下青年返乡创业研究[J].中国青年研究(7):23-28.

魏江,权予衡,2014."创二代"创业动机、环境与创业幸福感的实证研究[J].管理学报
　　(11):1349-1357.

魏泽虹,俞慧娜,徐可,等,2021.大学生创新创业大赛项目成果转化现状分析与对策

研究:基于浙江十所本科院校的调查[J].科技与创新(22):25-26,29.

吴沉浮,2022.《中国青年报》返乡创业农村青年媒介形象呈现研究[D].长春:吉林大学.

吴菲,2023.返乡创业青年女性的短视频赋权与性别角色协商[J].中国青年研究(8):96-103.

吴绍玉,王栋,汪波,等,2016.创业社会网络对再创业绩效的作用路径研究[J].科学学研究,34(11):1680-1688.

习近平,2007.之江新语[M].杭州:浙江人民出版社.

习近平,2022.论党的青年工作[M].北京:中央文献出版社:20.

夏柱智,2017.嵌入乡村社会的农民工返乡创业:对H镇38例返乡创业者的深描[J].中国青年研究(6):5-11.

项国鹏,黄玮,2016.创业扶持方式与新创企业绩效的关系研究[J].科学学研究(10):1561-1568.

徐冠群,朱珊,2023.返乡青年短视频媒介实践考察[J].云南社会科学(3):177-186.

徐小洲,等,2023.经济转型升级与创新创业教育发展策略[M].北京:高等教育出版社.

徐悦然,周瑜珈,林丹丹,等,2023.数字经济背景下大学生创新创业影响因素分析[J].科技创业月刊,36(S1):56-61.

许敬辉,王乃琦,郭富林,2023.数字乡村发展水平评价指标体系构建与实证[J].统计与决策,39(2):73-77.

薛志谦,2017.我国青年创业扶持政策的现状、价值及优化[J].中国青年研究(2):77,84-89.

杨俊,金敖,叶文平,2023.创新驱动创业的微观触发机制:基于决断的理论模型[J].管理学季刊,8(4):70-83.

杨俊,朱沉,于晓宇,2022.创业研究前沿:问题、理论与方法[M].北京:机械工业出版社.

杨文燮,2016.高校制度创业教育模式及运行机制研究:基于高校思想政治教育深化延伸的新视角[D].南京:东南大学.

姚昊,叶忠,卢红婴,2019.大学生创新创业教育支持体系运行机制研究:基于江苏省

25所高校的实证分析[J].重庆高教研究,7(6):105-115.

姚山季,经姗姗,陆伟东,2023.科产教融合视角下的创新创业教育改革:举措、成效与保障[J].中国大学教学(10):82-89.

伊馨,2021.数字新业态人才创业胜任力的培养范式与路径[J].中国成人教育（13）:35-39.

佚名,2016.创二代:如何在传承与创新中成长[EB/OL].(2024-02-23)[2024-05-10].http://www.chuangerdai.com.cn/zzjg_show.aspx? id=4.

佚名,2022.浙江大学探索推进"四个融合"深化创新创业教育改革.[EB/OL].(2022-01-14)[2024-04-10].http://www.moe.cn/jyb_xwfb/s6192/s133/s192/202201/t20220114_594340.html.

佚名,2023.浙江举行优化营商环境支持市场经营主体高质量发展新闻发布会[EB/OL].(2023-8-18)[2025-05-10].http://www.scio.gov.cn/xwfb/dfxwfb/gssfbh/zj_13836/202308/t20230818_752048.html.

佚名,2023.丽水市农民人均可支配收入增幅实现全省"十四连冠"[EB/OL].(2023-01-30)[2024-05-10].http://www.lishui.gov.cn/art/2023/1/30/art_1229218389_57343075.html.

尹国俊,鲁松,陈劲松,2024.创新创业教育深度融合专业教育的双螺旋模式探索与实践:以浙江大学为例[J].当代教育论坛(3):92-100.

尹金荣,吴维东,任聪静,等,2023.高校创新创业教育内涵式发展的困境、对策及展望:基于浙江大学20年创新创业教育的探索与实践[J].高等工程教育研究(3):150-154.

禹明蒙,2022.返乡青年短视频实践中的自我呈现研究[D].郑州:河南大学.

袁方成,李敏佳,2023.整体性赋权:乡村振兴背景下妇女发展路径创新:以"留守妇女共富学堂"项目为分析对象[J].华中农业大学学报(社会科学版)(4):156-166.

云南共青团,2023."云南青年创业省长奖"奋斗故事——数字经济篇[EB/OL].(2023-11-19)[2024-05-10].https://mp.weixin.qq.com/s/qHaayfMzasZGzbAN_fE7LQ.

曾明,2022.《人民日报》"数风流人物"专栏典型人物形象研究[D].南宁:江西财经大学.

曾一果,罗敏,2022.乡村乌托邦的媒介化展演:B站"野居"青年新乡村生活的短视频实践[J].福建师范大学学报（哲学社会科学版）(1)：119-131，172.

曾照英，王重鸣，2009.关于我国创业者创业动机的调查分析[J].科技管理研究(9)：285-287.

张凤娟，潘锦虹，2022.我国高校创新创业教育政策的范式变迁及其嬗变逻辑[J].高等工程教育研究(5)：151-156.

张鸿，王思琦，张媛，2023.数字乡村治理多主体冲突问题研究[J].西北农林科技大学学报（社会科学版），23(1)：1-11.

张士军，1995.论青年游民问题[J].青年研究(7)：5-9.

张雪纯，房钦政，2023.数字游民的身份探析：群体画像、空间流动与在地实践[J].科技传播(6)：96-99.

赵峰，陈志芳，武国鑫，2022.基于政策工具视角的创新创业人才政策分析：以17个城市的相关政策为例[J].科学管理研究，40(4)：144-149.

赵练达，2020.中国数字乡村建设问题研究[D].大连：辽宁师范大学.

赵玲霞，2020.清远市政务微信发展现状及问题探究[J].城市党报研究(10)：87-91.

赵涛，张智，梁上坤，2020.数字经济、创业活跃度与高质量发展：来自中国城市的经验证据[J].管理世界(10)：65-76.

浙江省教育厅，2015.浙江省教育厅关于积极推进高校建设创业学院的意见[EB/OL].(2015-08-31)[2024-05-10].http://zjedu.gov.cn/news/144098633313254525.html.

浙江省农业农村厅，2023.浙江省农业农村厅关于省十四届人大一次会议宁7号建议的答复[EB/OL].(2023-11-22)[2025-05-10].https://www.zj.gov.cn/art/2023/11/22/art_1229709046_5209315.html.

浙江省人力资源和社会保障厅，2022.浙江省人力资源和社会保障厅 浙江省发展和改革委员会 浙江省财政厅关于支持山区26县就业创业高质量发展的若干意见[EB/OL].(2022-07-11)[2025-05-10].http://rlsbt.zj.gov.cn/art/2022/7/11/art_1229506668_2411255.html.

浙江省人力资源和社会保障厅，2022.中共浙江省委组织部 浙江省人力资源和社会保障厅等17部门关于进一步做好高校毕业生等青年就业创业工作的通知[EB/OL].(2022-06-29)[2025-05-10].http://rsj.jinhua.gov.cn/art/2022/8/8/art_1229560860_1787167.html.

浙江省人力资源和社会保障网,2023.吴伟斌厅长在全国"2023年高校毕业生等青年就业创业推进计划"暨浙江省"百万岗位进校园"专项行动启动仪式上介绍专项行动筹备情况[EB/OL].(2023-04-19)[2025-05-10].https://rlsbt.zj.gov.cn/art/2023/4/19/art_1389524_58934170.html.

浙江省人民政府办公厅,2015.浙江省人民政府关于支持大众创业促进就业的意见[EB/OL].(2015-07-21)[2025-05-10].https://www.zj.gov.cn/art/2015/7/27/art_1229621660_2407337.html.

浙江省人民政府办公厅,2016.浙江省人民政府办公厅关于推进高等学校创新创业教育的实施意见[EB/OL].(2016-01-14)[2025-05-10].https://www.gov.cn/zhengce/2016-01/14/content_5057433.htm.

浙江省人民政府办公厅,2017.浙江省人民政府关于做好当前和今后一段时期就业创业工作的实施意见[EB/OL].(2017-10-18)[2025-05-10].https://www.zj.gov.cn/art/2017/10/18/art_1229620863_2396329.html.

中共中央文献研究室,2016.习近平关于科技创新论述摘编[M].北京:中央文献出版社:119.

《中国城市金融》编辑部,2014.大力拓展县域市场的"蓝海"[J].中国城市金融,2014(8):1.

中国人民大学中国宏观经济分析与预测课题组,2023.大调整下温和复苏的中国宏观经济:2022—2023年中国宏观经济报告[J].经济理论与经济管理,43(4):13-35.

中国新就业形态研究中心,2022.电商平台大学生就业创业研究报告(2022)[EB/OL].(2022-11-04)[2025-05-10].https://mp.weixin.qq.com/s/hJ_4XDHI7TYrtaKFdaV2cA.

朱丽,2016.新常态背景下大学生创业教育支持体系构建研究[J].高教探索(6):117-120.

卓泽林,龙泽海,蒋玉佳,2023.京津冀、长三角和粤港澳大湾区三大区域创新创业教育体系比较研究[J].复旦教育论坛,21(01):71-78.

（外文文献）

BRETT A G, DAVID B A, PATRICIA P M, 2004. The emergence of entrepreneurship policy[J]. Small business economics, 22: 313-323.

CASTELLS M, 1996. The rise of the network society[M]. Cambridge, MA: Blackwell: 1-594.

COOK D, 2023. What is a digital nomad? Definition and taxonomy in the era of mainstream remote work[J]. World leisure journal, 65(2): 256-275.

ETZKOWITZ H, LEYDESDORFF L, 2000. The dynamics of innovation: from national systems and "Mode 2" to a Triple Helix of university-industry-government relations [J]. Research policy, 29(2): 109-123.

GIGAURI I, APOSTU S-A, POPESCU C, 2023. Digital transformation: threats and opportunities for social entrepreneurship[M]//AKKAYA B, TABAK A. Two faces of digital transformation. Leeds: Emerald Publishing Limited: 1-17.

KIERKEGAARD S, 1969. The concept of dread [M]. Princeton N. J.: Princeton University Press:691.

MAKIMOTO T, MANNERS D, 1997. Digital Nomad[M]. New York: John Wiley & Sons.

MASENYA T M, 2021. Technopreneurship development: digital strategy for youth self-employment in the digital economy [M]//SANDHU K. Handbook of research on management and strategies for digital enterprise transformation. Hershey: IGI Global: 196-218.

MÜLLER A, 2016. The digital nomad: buzzword or research category? [J]. Transnational social review: a social work journal, 6(3): 344 - 348.

NASH C, M H JARRAHI, W SUTHERLAND, 2020. Nomadic work and location independence: the role of space in shaping the work of digital nomads[J]. Human behavior and emerging technologies (11).

OMAROVA A, NIYAZOV M, TUREKULOVA A, et al., 2024. Socio-economic development of youth policy in the context of digital transformation[J]. Montenegrin journal of economics, 20(1): 197-208.

PARRY M, 2020. Science and technology parks and universities - facing the next industrial revolution[J]. Higher education in the Arab World: building a culture of innovation and entrepreneurship(June): 109-140.

RAPPAPORT A, 2002. In praise of paradox: a social policy of empowerment over prevention[J]. American journal of community psychology, 9(1): 1-25.

SHUKLA A, KUSHWAH P, JAIN E, et al., 2021. Role of ICT in emancipation of digital entrepreneurship among new generation women [J]. Journal of enterprising communities: people and places in the global economy, 15(1): 137-154.

STEBBINS R A, 2018. The sociology of leisure: an estranged child of mainstream sociology[J]. International journal of the sociology of leisure, 1(3):43-53.

STEBBINS R A,2001. Serious leisure[J]. Society (May/June), 38: 53-57.

STEBBINS R A,2007. Serious leisure: a perspective for our time[M]. New Brunswick: Transaction Publishers.

STEININGER D M, 2018. Linking information systems and entrepreneurship: a review and agenda for IT-associated and digital entrepreneurship research[J]. Information systems journal, 29(2): 363-407.

STEVENSON L A, LUNDSTRÖM A, 2005. Entrepreneurship policy: theory and practice[M]. Berlin: Springer Science and Business Media Inc.

STRAUSS A L, 1987. Qualitative analysis for social scientists [M]. Cambridge: Cambridge University Press.

VELDHOVEN Z V, VANTHIENEN J, 2021. Digital transformation as an interaction-driven perspective between business, society, and technology [J]. Electronic markets, 32(2): 629-644.

后 记

本书是在共青团浙江省委指导下,由浙江省青年工作联席会议办公室联合浙江省青年发展研究中心、浙江省青年研究会组织编写的"浙江青年发展报告"系列蓝皮书的第四部作品。全书由"浙江高质量发展过程中的青年创业""青年创业支持体系构建与效能""青年创业多样实践""青年创业典型样本"等4部分组成,精准分析和呈现了新时代浙江青年创业的发展状况和生动样态。

本书由蔡宜旦、卫甜甜负责统筹及统稿工作,在编写过程中,得到了社会各界的大力支持,共青团浙江省委为本书编写、出版提供了关键性指导和经费保障。浙江各级团组织、相关职能部门为创业青年典型样本报送和大调研提供了帮助。来自东南大学、浙江师范大学、浙江传媒学院、浙江树人学院、温州大学、浙江越秀外国语学院、浙大宁波理工学院、国网浙江省电力有限公司、浙江省青少年事务所、中共义乌市委党校、共青团舟山市委、共青团嘉善县委等高校和单位的课题组提供了资料翔实、论证周密、见解独到的研究成果,拓展了本书的理论视域。浙江工商大学出版社的工作人员、浙江省团校政研中心和科研部教师参与了本书的多轮编校工作,为本书的编辑出版付出了诸多心力。再次对各相关单位机构、团队、个人表示衷心感谢!

《浙江青年发展报告(2023)——新时代的青年创业》编写组

2024年4月